U0864905

财政部“十二五”职业教育规划教材·财务会计类

财经法规与会计职业道德

主　编　石　倩　刘皓森

副主编　陈艳梅　王庆彤

刘　丹　亓翠兰

大连出版社

内容简介

本教材共分为五个项目,主要包括会计法律制度、结算法律制度、税收法律制度、财政法规制度、会计职业道德等。在每个项目前制定了学习目标,给出了知识目标与能力目标,以便学生明确学习目的;设置了情境导入,能使学生带着解决问题的态度深入学习。在每个项目后面设置了项目小结,总结本项目内容;设置了从业资格训练,对学生进行能力训练,并与会计从业资格证书考试有效衔接。

图书在版编目(CIP)数据

财经法规与会计职业道德/石倩,刘皓淼主编. —大连:大连出版社,2014.9
财政部"十二五"职业教育规划教材. 财务会计类
ISBN 978-7-5505-0730-2

Ⅰ.①财… Ⅱ.①石… ②刘… Ⅲ.①财政法-中国-职业教育-教材
②经济法-中国-职业教育-教材 ③会计人员-职业道德-职业教育-教材
Ⅳ.①D922.2 ②F233

中国版本图书馆 CIP 数据核(2014)第 144755 号

出 版 人:刘明辉
策划编辑:成秉权
责任编辑:乔 丽
责任校对:李玉芝
封面设计:布洛戈营销策划
版式设计:乔 丽
责任印制:徐丽红

出版发行者:大连出版社
地址:大连市西岗区长白街 12 号
邮编:116011
电话:(0411)83620416/83621075
传真:(0411)83610391
网址:www.dlmpm.com
电子信箱:hjj@dlmpm.com
印 刷 者:大连美跃彩色印刷有限公司
经 销 者:各地新华书店

幅面尺寸:170mm×240mm
印 张:14.5
字 数:298 千字

出版时间:2014 年 9 月第 1 版
印刷时间:2014 年 9 月第 1 次印刷
书 号:ISBN 978-7-5505-0730-2
定 价:28.00 元

如有印装质量问题,请与我社营销部联系
购书热线电话:(0411)83620416/83621075

出版说明

高等职业教育既是我国高等教育体系的重要组成部分,也是我国职业教育体系的重要组成部分。近年来,我国高等职业教育蓬勃发展,为现代化建设培养了大批高素质技能型专门人才,展现了其独有的优势。

高等职业教育教材建设是高等职业院校三大基本建设之一,高质量的教材是培养高质量优秀人才的基本保证。为了编写和出版具有高等职业教育特色的教材,满足教学需要,服务高等职业教育事业,我社依据《国家中长期教育改革和发展规划纲要(2010～2020年)》基本指导思想,以及教育部全国职业教育与成人教育工作会议精神,本着"将教材内容与职业相衔接,注重工学结合"的原则,投入大量资源,经过精心策划和多方联络,集中了国家级示范院校等国内知名高职院校的一线教师,隆重推出财政部"十二五"职业教育规划教材。

本系列教材立足于高职高专财务会计类专业,为了使本系列教材既科学、先进,又合理、可行,我们在编写过程中充分吸收了教学改革的最新成果,突出体现了以下几个特点:

1. 教材定位创新。本系列教材主要针对中小微企业的需要,按照任务导向,依照会计工作的实际流程编写。

2. 教材衔接创新。本系列教材紧密结合从业资格考试和职称考试等内容;适当加入专升本考试内容,兼顾高职和本科的衔接,方便专升本考试的辅导学习。

3. 教材体例创新。本系列教材为任务导向式教材,包括"情境导入"、"任务描述"、"任务分析"、"知识准备"、"工作步骤"、"任务评价"、"情境总结"等栏目,体例上更新颖、活泼。

4. 打造网络教学资源包——章后习题答案、每章自测题、模拟试卷及答案、教学课件,多媒体光盘等。

高等职业教育正在快速成长,教学实践日新月异,要使教材建设满足和促进职业教育的发展,需要教育主管部门、教学单位、任课教师和专业教材出版机构的共同努力。我们真诚希望,这套系列教材能满足最新教学改革的需要,为高等职业教育人才培养工作提供教学资源支持,为高等职业教育做出应有的贡献。

大连出版社

前　言

高职教育的目标是培养技术技能型人才，所以高等职业教育教材应突出对学生专业能力的培养。财经类专业除了培养学生专业应用能力外，还应加强对学生职业道德的培养。财经法规与会计职业道德是财经类专业必修课之一，是与专业知识和技能课程紧密结合的以培养学生法律意识和职业道德为目标的一门专业核心课程。

本教材共分为五个项目：项目一为会计法律制度，项目二为支付结算法律制度，项目三为税收法律制度，项目四为财政法规制度，项目五为会计职业道德。我们在每个项目中，制定了学习目标，给出了知识目标与能力目标，以便学生明确学习目的；设置了情境导入，能使学生带着解决问题的态度深入学习。在每个项目后面设置了项目小结，总结本项目内容；设置了从业资格训练，对学生进行能力训练，并与会计从业资格证书考试有效衔接。在附录中，收入了《中华人民共和国会计法》，便于学生查看学习。

本教材适合高职高专院校财经类专业教学使用，也适合在职公司管理人员、财务人员、会计人员自学使用。

本教材由石倩、刘皓淼担任主编，负责全书写作大纲的拟定和编写的组织工作，并对全书进行了总纂。陈艳梅、王庆彤、刘丹和亓翠兰任副主编。具体分工如下：项目一由石倩编写，项目二由刘皓淼编写，项目三由陈艳梅、亓翠兰编写，项目四由王庆彤编写，项目五由刘丹编写。

在本教材的编写过程中，我们做出了最大的努力，但由于水平有限，不足之处在所难免，恳请各位读者在使用教材的过程中提出宝贵意见。

编　者

目　录

项目一

会计法律制度

学习目标

知识目标：通过本项目的学习，学生能够了解会计法律制度的构成和会计工作管理体制；掌握会计核算与会计监督的内容；掌握会计机构和会计人员、法律责任等相关规范。

能力目标：学生能够领会相关会计制度的含义，掌握办理会计核算的各个程序，了解违反会计法律制度的法律责任，并能在实际工作中正确加以运用。更重要的是培养遵守会计相关法律制度的职业素质及良好的职业习惯。

【情境导入】

编制虚假财务报告应承担的法律责任

万兴公司是一家国有大型企业。2002 年 12 月，公司总经理针对公司效益下滑将面临亏损的情况，电话请示正在外地出差的董事长。董事长指示把财务会计报告做得"漂亮"一些，总经理把这项工作交给公司总会计师，要求按董事长意见办。总会计师授意会计科科长按照董事长的要求把财务会计报告做"漂亮"，会计科科长对当年度的财务会计报告进行了技术处理，虚拟了若干笔无交易的销售收入，从而使公司报表由亏变盈。经诚信会计师事务所审计后，公司财务会计报告对外报出。

2003 年 4 月，在《中华人民共和国会计法》（以下简称《会计法》）执行情况检查中，当地财政部门发现该公司存在重大会计作假行为，依据《会计法》及相关法律、法规、制度，拟对该公司董事长、总经理、总会计师、会计科科长等相关人员进行行政处罚，并分别下达了行政处罚告知书。万兴公司相关人员接到行政处罚告知书后，均要求举行听证会。

在听证会上，有关当事人做了如下陈述：

公司董事长称："我前一段时间出差在外，对公司情况不太了解，虽然在财务会计报告上签字并盖章，但只是履行会计手续，我不能负任何责任。具体情况可由公司总经理予以说明。"

公司总经理称："我是搞技术出身的，主要抓公司的生产经营，对会计我是门外汉，我虽在财务会计报告上签名并盖章，那也只是履行程序而已。以前也是这样做的。我不应该承担责任。有关财务会计报告情况应由公司总会计师解释。"

公司总会计师称："公司对外报出的财务会计报告是经过诚信会计师事务所审计的，

他们出具了无保留意见的审计报告。诚信会计师事务所应对本公司财务报告的真实性、完整性负责,承担由此带来的一切责任。"

会计科科长称:"我是按照领导的要求做的,领导让做什么,我就做什么。即使有责任,也是领导承担责任,与我无关。"

他们的说法都对吗?通过本项目的学习,根据我国会计相关法律制度规定,我们将分析该公司董事长、总经理、总会计师、会计科科长在听证会上的陈述是否正确。

【情境解析】

从事会计工作应当了解掌握会计法律制度的构成、会计核算的法律规定、会计监督的法律规定、会计机构和会计人员的法律规定及违反会计法的法律责任。

会计法律制度是指国家权力机关和行政机关制定的各种会计规范性文件的总称。我国会计法律制度包括会计法律、会计行政法规、国家统一的会计制度、地方性会计法规。

关于会计核算的法律规定应当掌握以下内容:各单位必须根据实际发生的经济业务事项进行会计核算,填制会计凭证,登记会计账簿,编制财务会计报告。会计资料必须符合国家统一的会计制度的规定。经济业务发生时必须取得或填制原始凭证,并根据审核无误的原始凭证编制记账凭证,原始凭证和记账凭证必须具备规定的基本要素。会计账簿是以会计凭证为依据,对全部经济业务进行全面、系统、连续、分类的记录和核算的簿记,是由一定格式、相互联系的账页所组成的。会计簿记是会计资料的主要载体之一,也是会计资料的重要组成部分。各单位应当按照国家有关规定设置总账、明细账、日记账和其他辅助性账簿,根据审核无误的会计凭证,按照记账规则登记会计账簿,并及时对账和结账,做到账证相符、账账相符、账实相符、账表相符。财务会计报告是企业和其他单位向有关各方面及国家有关部门提供财务状况和经营成果的书面文件。财务会计报告由会计报表、会计报表附注和财务情况说明书组成。财务会计报告的编制依据、编制要求、提供对象、提供期限等必须执行国家统一的会计制度规定。单位负责人是单位对外提供财务会计报告的责任主体。我国采用公历年度为会计年度,即每年的 1 月 1 日 ~12 月 31 日为一个会计年度。会计核算以人民币为记账本位币,业务收支以人民币以外的货币为主的单位,可以选定其中一种货币作为记账本位币,但是编报的财务会计报告应当折算为人民币。会计记录文字必须使用中文,民族自治地方和在我国境内的外国组织可以同时使用另外一种文字记录。会计档案是指记录和反映经济业务事项的重要历史资料和证据,一般包括会计凭证、会计账簿、财务会计报告以及其他会计资料等会计核算的专业材料。会计档案应当妥善保管,保管期满的会计档案,应当按规定程序销毁。

关于会计监督的法律规定应当掌握以下内容:会计监督是会计的基本职能之一,是我国经济监督体系的重要组成部分。会计监督包括内部监督、社会监督和政府监督。各单位应当建立、健全本单位内部会计监督制度。单位内部会计监督制度,其本质是一种内部控制制度。内部会计监督的主体是会计机构和会计人员,内部会计监督的对象是各单位的经济活动。社会监督主要是指通过注册会计师及其所在的会计师事务所依法对委托单位的经济活动进行审计,并据实作出客观评价的一种监督形式,它是一种外部监督。政府监督也是一种外部监督,主要是指政府财政部门代表国家依据法律、行政法规的规定和部门的职责权限,对有关单位的会计行为、会计资料所进行的监督检查。它与单位内部的会计监督、社会监督共同构成我国的会计监督体系。

关于会计机构和会计人员的法律规定应当掌握以下内容:各单位应当根据会计业务的需要设置会计机构,或者在有关机构中设置会计人员并指定会计主管人员;不具备设置条件的,应当委托经批准设立从事会计代理记账业务的中介机构代理记账。会计工作必须建立内部稽核和内部牵制制度,内部稽核是单位会计机构对于会计核算工作进行的一种自我检查或审核工作;内部牵制制度就是指凡是涉及款项和财物收付、结算及登记等任何一项工作时,必须由两人或两人以上分工办理,以起到相互制约作用的一种工作制度。从事会计工作必须持有会计从业资格证书,会计从业资格证书的管理实行属地原则,会计从业资格证书实行注册登记和年检制度。担任单位会计机构负责人(会计主管人员)的,应具备一定的任职资格。会计专业职务是区分会计人员从事业务工作的技术等级,会计专业职务分为高级会计师(高级职务)、会计师(中级职务)、助理会计师、会计员(初级职务)。会计专业技术资格实行考试制度。在职会计人员实行继续教育制度,会计人员每年必须完成规定学时的继续教育。会计人员调动工作或离职时,应按规定办理交接手续。

我们应当掌握违反会计法的法律责任:哪些行为是违反会计法律制度的行为,以及违反会计制度的法律行为应当承担的法律责任。

掌握会计法律制度是做好会计工作的前提,只有掌握会计法律制度,才能遵循并坚持会计法律制度,最终才能做好会计工作。

在本情境中,万兴公司董事长、总经理、总会计师、会计科科长是财务会计报告的签章主体,董事长、总经理、总会计师授意、指使、强令会计机构、会计人员伪造、变造会计凭证、会计账簿,编制虚假财务会计报告的行为违反了会计法律制度的规定,应当承担相应的法律责任。会计科科长伪造会计凭证,变造会计凭证、会计账簿,编制虚假财务会计报告,应当承担相应的法律责任。从他们各自的陈述看,他们的陈述理由看似合理,却没有任何法律依据。由此可以得出:该公司会计工作不能做好的重要原因是该公司的相关负责人及会计人员不懂得《会计法》。只有掌握《会计法》的有关规定,才能做好会计工作。

任务一　会计法律制度的概念与构成

【任务描述】

使学生对我国现行的会计法律制度的构成有所了解和掌握。

【任务分析】

熟悉会计法律制度的构成;在理解各法律制度的基础上,准确分析法律与法规、制度的区别。

【知识准备】

了解会计法律制度存在的意义和基本构成。

一、会计法律制度的概念

会计法律制度是指国家权力机关和行政机关制定的各种会计规范性文件的总称,包括会计法律、会计行政法规、会计规章等。它是调整会计关系的法律规范。

任何一个经济组织的活动都不是独立存在的。作为经济管理工作重要组成部分的会计,首先表现为单位内部的一项经济管理活动,即对本单位的经济活动进行核算和监督。在处理经济业务事项中,必然会涉及、影响有关方面的经济利益,例如,供销关系、债权债务关系、信贷关系、分配关系、税款征纳关系等等。会计机构和会计人员在办理会计事务过程中以及国家在管理会计工作过程中发生的经济关系称为会计关系。处理上述各种经济关系,就需要用会计法律制度来规范。

二、会计法律制度的构成

我国会计法律制度的基本构成如下:

(一)会计法律

会计法律是指由全国人民代表大会及其常委会经过一定立法程序制定的有关会计工作的法律。例如,1999 年 10 月 31 日第九届全国人大常委会第十二次会议修订通过的《会计法》,它是会计法律制度中层次最高的法律规范,是制定其他会计法规的依据,也是指导会计工作的最高准则。

(二)会计行政法规

会计行政法规是指由国务院制定并发布或者由国务院有关部门拟订并经国务院批准发布,调整经济生活中某些方面会计关系的法律规范。会计行政法规的制定依据是《会计法》。例如,国务院发布的《企业财务会计报告条例》、《总会计师条例》等。

(三)国家统一的会计制度

国家统一的会计制度指国务院财政部门根据《会计法》制定的关于会计核算、会计监督、会计机构和会计人员以及会计工作管理的制度,包括会计部门规章和会计规范性文件。会计部门规章是根据《中华人民共和国立法法》规定的程序,由财政部制定,并由部门首长签署命令予以公布的制度办法,例如,2005 年 1 月以财政部第 26 号部长令签发的《会计从业资格管理办法》、2001 年 2 月 20 日以财政部第 10 号部长令签发的《财政部门实施会计监督办法》和 2006 年 2 月 15 日以财政部第 33 号部长令签发的《企业会计准则——基本准则》等。会计规范性文件是指主管全国会计工作的行政部门即国务院财政部门以文件形式印发的制度办法,例如,2006 年 2 月 15 日财政部印发的《企业会计准则第 1 号——存货》等 38 项具体准则及 2006 年 10 月 30 日印发的《企业会计准则——应用指南》、《企业会计制度》、《金融企业会计制度》、《小企业会计制度》、《会计基础工作规范》、《会计从业资格管理办法》,以及财政部与国家档案局联合发布的《会计档案管理办法》等。会计规范性文件的制定依据是会计法律、会计行政法规和会计部门规章。

(四)地方性会计法规

地方性会计法规指省、自治区、直辖市人民代表大会及其常委会在与会计法律、会计行政法规不相抵触的前提下制定的地方性会计法规。它也是我国会计法律制度的重要组成部分。

【职业资格训练 1－1】

《会计法》属于(　　)。

A. 会计法律　　B. 会计行政法规

C. 会计部门规章　　D. 会计规范性文件

【答案】A

【解析】会计法律是指由全国人民代表大会及其常委会经过一定立法程序制定的有关会计工作的法律。例如,1999 年 10 月 31 日第九届全国人大常委会第十二次会议修订通过的《会计法》。

任务二　会计工作管理体制

【任务描述】

使学生对会计工作的管理体制有所了解和掌握,并能与所学的会计相关课程的内容相结合。

【任务分析】

从事会计岗位工作需要了解会计工作管理的权限,了解会计人员以及单位内部会计工作的管理。

【知识准备】

会计工作管理体制是指国家划分会计工作管理权限的制度。它包括的内容有四个方面:一是会计工作由谁管理;二是会计制度的制定权限;三是会计人员的管理;四是单位内部的会计工作管理。我国会计工作管理体制的总原则是统一领导、分级管理。

一、会计工作的主管部门

《会计法》第七条规定:“国务院财政部门主管全国的会计工作。县级以上地方各级人民政府财政部门管理本行政区域内的会计工作。”其中,明确规定了会计工作由谁管理和在会计工作管理体制上实行统一领导、分级管理的原则。新中国成立以来,会计工作一直由财政部门管理,有了一定的基础,积累了一定的工作经验。同时,财务会计工作同国家财政收支的关系十分密切,它是财政的一项基础工作。所以,《会计法》规定了会计工作由各级财政部门管理的体制。

二、会计制度的制定权限

《会计法》第八条规定:“国家实行统一的会计制度。国家统一的会计制度由国务院财政部门根据本法制定并公布。国务院有关部门可以依照本法和国家统一的会计制度制定对会计核算和会计监督有特殊要求的行业实施国家统一的会计制度的具体办法或者补充规定,报国务院财政部门审核批准。中国人民解放军总后勤部可以依照本法和国家统一的会计制度制定军队实施国家统一的会计制度的具体办法,报国务院财政部门备案。”其中,明确规定了制定会计制度的权限。规定会计制度制定的权限,是会计工作实行统一领导、分级管理原则的一个重要方面。当前,在我国实行社会主义市场经济的条件下,还必须从宏观上对国民经济进行计划和管理,使各地区、各部门、各单位在办理会计事务中有统一的制度作依据,使会计核算正确地体现财政、财务制度有关规定的要求,保证会计这一信息系统及时、正确地为国民经济计划和管理提供分类科学、口径统一的会计资料。因此,由国务院财政部门制定国家统一的会计制度是完全必要的。这些国家统一的会计制度是在全国范围内实施的会计工作管理方面的规范性文件,主要包括三个方面:一是国家统一的会计核算制度,如《企业会计准则——基本准则》和各具体准则及其应用指南、《事业单位会计准则》、《企业会计制度》、《金融企业会计制度》、《小企业会计制度》等;二是国家统一的会计机构和会计人员管理制度,如《总会计师条例》、《会计从业资格管理办法》、《会计专业技术资格考试暂行规定》等;三是国家统一的会计工作管理制度,如《会计档案管理办法》、《会计人员工作规则》等。

但是,由于各地区、各部门的具体情况千差万别,由国务院财政部门制定包罗万象的会计制度,实际上也不可能。因此,在国务院财政部门制定国家统一的会计制度的基础上,还需要由各地区、各部门制定符合《会计法》要求的、符合实际情况的会计制度或者补充规定,报国务院财政部门审核批准或者备案后实行。

三、会计人员的管理

1. 从事会计工作的人员,必须取得会计从业资格证书。担任单位会计机构负责人(会计主管人员)的,除取得会计从业资格证书外,还应当具备会计师以上专业技术职务资格或从事会计工作3年以上经历。

2. 财政部门负责会计从业资格管理、会计专业技术职务资格管理、会计人员评优表彰奖惩,以及会计人员继续教育等。

对于会计人员的管理问题,将在本项目任务五“会计机构和会计人员”中具体说明。

四、单位内部的会计工作管理

《会计法》规定:单位负责人对本单位的会计工作和会计资料的真实性、完整性负责;应当保证财务会计报告真实、完整;应当保证会计机构、会计人员依法履行职责,不得授意、指使、强令会计机构和会计人员违法办理会计事项。单位负责人是指单位法定代表人或者法律、行政法规规定代表单位行使职权的主要负责人。《会计法》赋予了单位负责人在单位内部会计工作管理中的权力和责任。

【职业资格训练1-2】

我国从事会计工作人员的基本任职条件是(　　)。

A. 取得会计专业技术资格　　B. 取得会计从业资格证书

C. 取得中专以上专业学历　　D. 担任会计专业职务

【答案】B

【解析】从事会计工作的人员,必须取得会计从业资格证书。

任务三 会计核算

【任务描述】

使学生对我国现行的会计核算相关法规的内容有所了解和掌握,并能与所学的会计相关课程的内容相结合,较好地运用法律规定规范会计核算。

【任务分析】

从事会计岗位工作需要熟悉相关的会计法规,其中,会计核算的相关法规是重中之重,必须培养学生在将要从事的会计工作中,面对复杂的经济环境,领会、掌握、运用会计核算的相关法规解决具体问题的能力。

【知识准备】

会计核算是会计工作的重要组成部分,是会计的基本职能之一。会计核算的法律规定是各单位进行会计核算应当遵循的基本规范。会计核算的相关法律规定,一般包括如下几个方面。

一、会计核算的基本要求

(一)会计信息质量要求

会计信息质量要求是会计核算必须遵循的一般原则,是进行会计核算的指导思想和衡量会计工作成败的标准。它体现着社会化大生产对会计核算的基本要求,反映着市场经济条件下会计核算的基本规律。财政部于2006年发布的《企业会计准则——基本准则》中规定了八项会计核算的信息质量要求:

1. 可靠性。可靠性是指企业应当以实际发生的交易或者事项为依据进行会计确认、计量和报告,如实反映符合确认和计量要求的各项会计要素及其他相关信息,保证会计信息真实可靠,内容完整。

可靠性要求做到内容真实、数字准确、资料可靠。《会计法》规定:"各单位必须根据实际发生的经济业务事项进行会计核算,填制会计凭证,登记会计账簿,编制财务会计报告。任何单位不得以虚假的经济业务事项或者资料进行会计核算。"

2. 相关性。相关性也称有用性,是指企业提供的会计信息应当与财务会计报告使用者的经济决策需要相关,有助于财务会计报告使用者对企业过去、现在或者未来的情况作出评价或者预测。

3. 可理解性。可理解性是指企业提供的会计信息应当清晰明了,便于财务会计报告使用者理解和使用。

4. 可比性。可比性是指企业提供的会计信息应当具有可比性。

同一企业不同时期发生的相同或者相似的交易或者事项,应当采用一致的会计政策,不得随意变更。确需变更的,应当在附注中说明。

不同企业发生的相同或者相似的交易或者事项,应当采用规定的会计政策,确保会计信息口径一致,相互可比。

5. 实质重于形式。实质重于形式是指企业应当按照交易或者事项的经济实质进行会计确认、计量和报告,不应仅以交易或者事项的法律形式为依据。

6. 重要性。重要性是指企业提供的会计信息应当反映与企业财务状况、经营成果和现金流量等有关的所有重要交易或者事项。对于在会计核算过程中的交易或事项应当区别其重要程度,采用不同的核算方式。对资产、负债、损益等有较大影响,并进而影响财务会计报告使用者据以作出合理判断的重要会计事项,必须按照规定的会计方法和程序进行处理,并在财务会计报告中予以充分、准确的披露;对于次要的会计事项,在不影响会计信息真实性和不至于误导财务会计报告使用者作出正确判断的前提下,可适当简化处理。

7. 谨慎性。谨慎性也称稳健性,是指企业对交易或者事项进行会计确认、计量和报告应当保持应有的谨慎,不应高估资产或者收益、低估负债或者费用。

8. 及时性。及时性是指企业对于已经发生的交易或者事项,应当及时进行会计确认、计量和报告,不得提前或者延后。

(二)会计资料的基本要求

会计资料是在会计核算过程中形成的、用来记录和反映实际发生的经济业务事项的资料,包括会计凭证、会计账簿、财务会计报告和其他会计资料。会计资料是记录会计核算过程和结果的载体,是反映单位财务状况和经营成果、评价经营业绩、进行投资决策的重要依据。会计资料同时也是一种重要的社会信息资源。

因此,会计资料必须符合国家统一的会计制度的规定。为了保证会计资料的真实性、统一性,我国政府建立了一系列规章制度,对会计资料进行规范,收到了良好的效果。目前用于规范会计资料的国家统一的会计制度主要有:1996 年 6 月 17 日财政部发布的《会计基础工作规范》,1998 年 8 月 21 日财政部、国家档案局发布的《会计档案管理办法》,以及财政部发布的《企业会计准则——基本准则》及具体准则和应用指南、《企业会计制度》、《企业会计准则》、《小企业会计制度》等。

生成和提供虚假会计资料是一种严重违法行为。“任何单位和个人不得伪造、变造会计凭证、会计账簿及其他会计资料,不得提供虚假的财务会计报告。”针对我国经济生活中存在的伪造、变造会计资料和提供虚假会计资料的情况,《会计法》特别作出了上述规定。所谓伪造会计凭证、会计账簿及其他会计资料,是指以虚假的经济业务事项为前提编造不真实的会计凭证、会计账簿和其他会计资料;所谓变造会计凭证、会计账簿及其他会计资料,是指用涂改、挖补等手段来改变会计凭证、会计账簿等的真实内容,歪曲事实真相的行为,即篡改事实;所谓提供虚假的财务会计报告,是指通过编造虚假的会计凭证、会计账簿及其他会计资料或直接篡改财务会计报告上的数据,使财务会计报告不真实、不完整地反映财务状况和经营成果,借以误导、欺骗会计资料使用者的行为,既包括单位及其工作人员为单位内部的非法目的而实施的伪造、变造会计资料和提供虚假财务会计报告的行为,也包括为他人伪造、变造会计资料和提供虚假财务会计报告提供方便的行为。这种会计资料所记录和反映的经济业务事项的内容与实际发生的经济业务事项严重相违背,是一种虚假的会计资料,这种行为属于严重的违法行为。

（三）会计电算化的基本要求

会计电算化是现代企业会计核算的基本手段。用电子计算机技术代替手工会计核算是现代科学技术和企业生产经营过程的有机结合，是今后会计核算的发展方向。

用电子计算机进行会计核算与手工会计核算，在会计法律上的规定是相同的。因为两者使用的原始会计资料是一致的，由此产生的其他会计资料也必须是相同的；不同之处是，在实行会计电算化后，除了部分原始会计资料以外，其他会计资料是由电子计算机按照规定的程序生成。为保证电子计算机生成的会计资料真实、完整和安全，《会计法》对会计电算化作出了两方面规定：一是使用的会计核算软件必须符合国家统一的会计制度的规定。会计软件是会计电算化的重要手段和工具，会计软件是否符合国家统一的会计制度规定的核算要求和会计人员的习惯，是保证会计资料质量和会计工作正常进行的重要前提。因此，法律上要求实行会计电算化的单位，使用的会计软件必须符合国家统一的会计制度的规定，实践上必须通过我国财政部的审核批准。二是用电子计算机软件生成的会计资料必须符合国家统一的会计制度的要求。

二、会计核算的内容

一个经济组织在生产经营和业务活动中，会产生各种经济业务事项。经济业务事项一般包括经济业务和经济事项两类。经济业务是指一个经济组织与其他经济组织或个人之间发生的各种经济利益交换，如产品销售；经济事项是指在一个经济组织内部发生的具有经济影响的各类事件，如计提折旧。《会计法》规定，下列经济业务事项应当办理会计手续，进行会计核算：

（一）款项和有价证券的收付

款项是指作为支付手段的货币资金，一般包括现金、银行存款以及其他视同现金和银行存款使用的外埠存款、银行汇票存款、银行本票存款、在途货币资金、信用证存款、保函押金和各种备用金等。有价证券是指表示一定财产拥有权或支配权的证券，如国库券、股票、企业债券和其他债券等。款项和有价证券是各单位中流动性最强的资产，由于其具有高度的流动性，在会计核算过程中容易出现这样或那样的问题。因此，加强对款项和有价证券的管理和控制是非常重要的。各单位要按照国家统一会计制度的规定，真实、及时地对款项和有价证券进行核算，以保证这类资产的安全与完整。

（二）财物的收发、增减和使用

财物是单位财产物资的简称，是反映一个单位进行或维持经营管理活动的具有实物形态的经济资源，一般包括原材料、燃料、包装物、低值易耗品、在产品、商品等流动资产和房屋、建筑物、机器、设备、设施、运输工具等固定资产。这类资产涉及各单位生产过程中的劳动资料、劳动工具和劳动手段，是任何一个经济组织都不可或缺的。这些资产的价值一般较大，也是日常业务活动重要组成部分，如果这类资产在会计核算中出现问题，就会直接影响到生产经营活动的正常进行。因此，各单位必须加强对单位财物收发、增减和使用环节的管理，严格按照国家统一会计制度的规定进行核算，维护单位正常的生产经营秩序和会计核算程序。

（三）债权债务的发生和结算

债权是单位收取款项的权利，一般包括各种应收和预付款项等。债务则是指单位承担的、能以货币计量的、需要以资产或劳务偿付的义务，一般包括各项借款、应付和预收款项以及应交款项等。随着商品经济的发展，商业信用程度的加强，各单位之间发生的债权和债务活动是不可避免的经济业务事项，必须进行会计核算。因此，各单位要加强对债权债务的核算，及时、真实、完整地核算和反映单位的债权债务，处理好与其他部门和个人之间的财务关系，以防范非法行为在债权债务环节的发生。

（四）资本、基金的增减

会计核算中的资本是指所有者权益中的投入资本。基金是各单位按照法律、法规的规定而设置或筹集的、具有特定用途的专项资金，例如社会保险基金、教育基金等。资本、基金增减的会计核算，要遵循国家有关的法律法规，它具有很强的政策性，要严格按照合同、协议、董事会决议或政府部门的有关文件等办理。

（五）收入、支出、费用、成本的核算

收入是指企业在销售商品、提供劳务及让渡资产使用权等日常活动中所形成的经济利益的总流入。支出是行政事业单位或社会团体在履行法定职能、发挥特定功能时所发生的各项开支，以及企业在正常生产经营活动以外的支出和损失。费用是指企业在销售商品、提供劳务等日常活动中所发生的经济利益流出，通常包括生产成本和期间费用。成本是指企业为生产某种产品而发生的费用，它与一定种类和数量的产品相联系，是对象化了的费用。收入、支出、费用、成本都是计算和判断单位经营成果及其盈亏状况的主要依据，各单位应当重视收入、支出、成本、费用环节的管理，按照国家统一会计制度的规定，正确核算收入、支出、费用、成本。

（六）财务成果的计算和处理

财务成果主要是指企业和企业化管理的事业单位在一定时期内通过从事经营活动而在财务上所取得的结果，具体表现为盈利或亏损。财务成果的计算和处理一般包括利润的形成和利润的分配两个部分，它涉及企事业单位、国家等各方面的经济利益。因此，各单位必须严格按照国家统一会计制度的规定，正确计算和处理财务成果。

（七）其他事项

其他事项是指除上述六项经济业务事项以外的、按照国家统一会计制度规定应办理会计手续和进行会计核算的经济业务事项。随着我国经济的不断发展，新的会计业务不断出现，有关会计制度不可能对所有未来发生的会计事项都有规定，但对这些新出现的会计事项，也必须进行会计核算和反映。

三、会计核算的相关规定

（一）会计年度的规定

《会计法》规定，会计年度自公历 1 月 1 日起至 12 月 31 日止。按照持续经营原则，通常情况下，一个单位的业务经营活动，总是连续不断地进行的。而按照会计分期原则，又必须对企业的业务活动进行分期核算，以考核企业在一定期间的财务成果。因此，会计核算时就必须将连续不断的经营过程人为地划分为若干相等的时期，分期进行结算，分期编制财务会计报告，分期反映单位的财务状况和经营成果。这种分期进行会计核算的时间区间，在会计上称为会计期间。《企业财务会计报告条例》规定，会计期间分为年度、半年度、季度和月度，以满足单位经营管理和投资者对会计资料的需要。

世界各国对会计分期的规定是有区别的。我国的会计年度采用公历制，这是为了与我国的财政、计划、统计、税务等年度保持一致，以便于国家宏观经济管理，因为各单位按年度提供的会计资料是国家宏观调控的重要依据。

（二）记账本位币的规定

《会计法》规定，会计核算以人民币为记账本位币。业务收支以人民币以外的货币为主的单位，可以选定其中一种货币作为记账本位币，但是编报的财务会计报告应当折算为人民币。

货币作为商品的一般等价物，是衡量一般商品价值的共同尺度，具有价值尺度、流通手段、贮藏手段和支付手段等特点。各单位日常的生产经营活动错综复杂，使用实物的计量单位千差万别，无法在量上进行比较，也不便于实物管理和会计计量、计算。因此，会计核算选择了货币作为计量单位，使会计核算的对象表现为价值运动，从而能够全面综合反映单位的生产经营活动和业务活动的全过程，反映单位的财务状况和经营成果。货币计量是会计核算的基本假设之一。

人民币是我国的法定货币，在我国境内具有广泛的流通性。因此，《会计法》规定，我国境内各单位的会计核算以人民币为记账本位币，单位的一切经济业务事项通过人民币进行核算反映。随着改革开放的不断深入，人民币以外的其他币种在一些单位的日常会计核算中占据了主导的地位。对此，《会计法》规定，可以选用人民币以外的货币作为记账本位币。但是，在选择人民币以外的货币作为记账本位币时，必须遵守“业务收支以人民币以外的货币为主”的原则，而且记账本位币一经确定，不得随意变动。以人民币以外的货币作为记账本位币的单位，在编制财务会计报告时，应当依据国家统一会计制度的规定，按照一定的外汇汇率折算为人民币反映，以便于财务会计报告使用者阅读和使用，也便于税务、工商等部门通过财务会计报告计算应缴税款和工商年检。

（三）会计文字记录的规定

1. 会计记录文字应当使用中文

我国是个多民族、多语言文字的国家，改革开放以后，大量外国经济组织在我国投资办企业，所使用的语言文字丰富多样。

会计资料作为一种商业语言和社会资源，必须使用规范统一的文字才能使会计资料的使用者真正全面地了解会计资料反映的实际情况。因此，《会计法》规定，会计记录的文字应当使用中文。根据这一规定，在我国境内所有国家机关、社会团体、公司、企业、事业单位和其他组织的会计记录文字都必须使用中文。这是法定要求，违反这一规定就是违法行为，应当承担法律责任。

2. 民族自治地方和在我国境内的外国组织可以同时使用另外一种文字

为了方便使用不同文字的人阅读会计资料,《会计法》规定,会计记录在使用中文的前提下,可以同时使用民族自治地区通用的一种民族文字;在我国境内的外国经济组织的会计记录,在使用中文的前提下,可以同时使用一种外国文字。使用中文是强制性的,使用其他通用文字是备选性的,不能理解为可以使用中文,也可以使用其他通用文字。

(四)会计凭证的规定

会计凭证是记录经济业务事项的发生和完成情况,明确经济责任,并作为记账依据的书面证明,是会计核算的重要会计资料。填制、审核会计凭证是会计核算工作的首要环节,对会计核算过程、会计资料质量都起着至关重要的作用。会计凭证按照填制程序和用途的不同分为原始凭证和记账凭证。

1. 原始凭证

原始凭证是在经济业务事项发生时由经办人员直接取得或者填制,用以表明某项经济业务事项已经发生或完成情况、明确有关经济责任的会计凭证。它是会计核算的原始依据。原始凭证按照来源的不同,可分为外来原始凭证和自制原始凭证两种;按照格式是否一致,可以分为统一印制的具有固定格式的原始凭证(如发票、各种结算凭证)和各单位印制的无统一格式的内部凭证(如领料单、入库单等)。

(1)原始凭证的内容。按照《会计基础工作规范》规定,原始凭证应包括如下内容:原始凭证名称;填制原始凭证的日期;填制原始凭证的单位名称或者填制人员的姓名;接受原始凭证的单位;经济业务事项名称;经济业务事项的数量、单价和金额;经办经济业务事项人员的签名或盖章;等等。

(2)原始凭证的填制和取得。填制或取得原始凭证,是会计核算工作的起点。一般情况下,原始凭证都是由经济业务事项经办人员取得或填制的,涉及的人员较广,人员所具备的专业知识也参差不齐。为了使会计工作能够顺利进行,《会计法》规定,办理经济业务事项的单位和人员,都必须填制或取得原始凭证并及时送交会计机构。这一规定包含了两层含义:一是办理经济业务事项时必须填制或取得原始凭证;二是填制或取得的原始凭证必须及时送交会计机构。对于"及时"的时间界限,一般理解为一个会计结算期。这样就能够保证会计核算工作的正常进行和当期会计资料的真实、完整。

(3)原始凭证的审核。审核原始凭证,是确保会计资料质量的重要措施之一,也是会计机构、会计人员的重要职责。《会计法》对审核原始凭证问题作出了具体规定:①会计机构、会计人员必须按照法定职责审核原始凭证。②会计机构、会计人员审核原始凭证应当按照国家统一的会计制度的规定进行。③会计机构、会计人员对不真实、不合法的原始凭证,有权不予受理,并向单位负责人报告,请求查明原因,追究有关当事人的责任;对记载不准确、不完整的原始凭证予以退回,并要求经办人员按照国家统一会计制度的规定进行更正、补充。

(4)原始凭证错误的更正。为了规范原始凭证的内容,明确相关人员的经济责任,防止利用原始凭证进行舞弊,《会计法》、《会计基础工作规范》对原始凭证错误的更正作出了具体规定。规定内容包括:①原始凭证所记载的各项内容均不得涂改。②原始凭证记载的内容有错误的,应当由开具单位重开或更正,更正工作须由原始凭证出具单位进行,并在更正处加盖出具单位印章。③原始凭证金额出现错误的,不得更正,只能由原始凭证开具单位重新开具。④原始凭证开具单位应当依法开具准确无误的原始凭证,对于填制有误的原始凭证,负有更正和重新开具的法律义务,不得拒绝。

2. 记账凭证

记账凭证是对经济业务事项按其性质加以归类、确定会计分录,并据以登记会计账簿的会计凭证。

(1)记账凭证的内容。根据《会计基础工作规范》规定,记账凭证应当具备以下内容:填制记账凭证的日期;记账凭证的名称和编号;经济业务事项摘要;应记会计科目、方向和金额;记账符号;记账凭证所附原始凭证的张数;记账凭证的填制人员、稽核人员、记账人员、会计机构负责人和会计主管人员的签名或印章;等等。

(2)记账凭证的编制。编制记账凭证在会计核算过程中是非常重要的环节,是会计正确提供信息的关键。《会计法》对编制记账凭证的程序和要求作出了规定,强调了两方面的要求:一是记账凭证编制必须以原始凭证及有关资料为依据;二是作为记账凭证编制依据的,必须是经过审核无误的原始凭证和有关资料。

(五)会计账簿的规定

1. 依法建账的法律规定

依法建账是会计核算中的最基本要求之一。建账是会计工作中的重要一环,是如实记录和反映经济活动情况的重要前提。这里所说的依法建账的"法",既包括《会计法》、《会计基础工作规范》等,也包括其他法律、行政法规,如《中华人民共和国税收征收管理法》(以下简称《税收征管法》)、《中华人民共和国公司法》(以下简称《公司法》)等。

根据这些法律的规定,各单位在建账时应遵守以下几点:

(1)国家机关、社会团体、企业、事业单位和其他经济组织,要按照要求设置会计账簿,进行会计核算。不具备建账条件的,应实行代理记账。

(2)设置会计账簿的种类和具体要求,要符合《会计法》和国家统一的会计制度的规定。

(3)各单位发生的经济业务应当统一核算,不得违反规定私设会计账簿进行登记、核算。

会计账簿是以会计凭证为依据,对全部经济业务进行全面、系统、连续、分类的记录和核算的簿记,是由一定格式、相互联系的账页所组成的。会计簿记是会计资料的主要载体之一,也是会计资料的重要组成部分。会计账簿的主要作用是,对会计凭证提供的大量分散数据或资料进行分类归集整理,以全面、连续、系统地记录和反映经济活动情况,是编制财务会计报告,检查、分析和控制单位经济活动的重要依据。各单位要依法设置的会计账簿包括:

(1)总账。也称总分类账,是根据总账科目开设的账簿,用于分类登记单位的全部经济业务事项，提供资产、负债、资本、费用、成本、收入和成果等总括核算资料。总账一般使用订本账。

(2)明细账。也称明细分类账，是根据总账科目所属的明细科目设置的，用于分类登记某一类经济业务事项，提供有关明细核算资料。明细账一般使用活页账。

(3)日记账。是一种特殊的序时明细账，它是按照经济业务事项发生的时间先后顺序，逐日逐笔地进行登记的账簿。包括现金日记账和银行存款日记账。日记账一般使用订本账。

(4)其他辅助账簿。也称备查账簿，是为备忘备查而设置的。在实际会计实务中，主要包括各种租借设备、物资的辅助登记簿，有关应收、应付款项的备查簿，担保、抵押备查簿等。

2. 登记会计账簿的规定

根据有关规定，会计账簿的登记应满足以下要求：

(1)根据经过审核无误的会计凭证登记会计账簿。依据会计凭证登记会计账簿，是基本的会计记账规则，是保证会计账簿记录质量的重要一环。

(2)按照记账规则登记会计账簿。《会计工作基础规范》中规定的记账规则包括：会计账簿应当按照连续编号的页码顺序登记；会计账簿记录发生错误或隔页、缺号、跳行的，应当按照会计制度规定的方法更正，并由会计人员和会计机构负责人(会计主管人员)在更正处盖章，以明确责任等等。

(3)实行会计电算化的单位，其会计账簿的登记、更正，也应当符合国家统一的会计制度的规定。

(4)禁止账外设账。各单位发生的各项经济业务事项应当在依法设置的会计账簿上统一登记、核算，不得私设账外账。

3. 账目核对

账目核对也称对账，是保证会计账簿记录质量的重要程序。

根据《会计法》的规定，账目核对要做到账实相符、账证相符、账账相符和账表相符。

(1)账实相符。账实相符是会计账簿记录与实物、款项实有数核对相符的简称。保证账实相符，是会计核算的基本要求。企业的业务活动是资金运动和实物运动的统一过程，会计账簿记录的主要是价值量运动，而实物运动在一定程度上是脱离价值运动的。要全面反映企业实物、款项的增减变化情况，就必须在会计账簿记录上如实记录、登记，通过会计账簿记录与实物、款项的实有数相核对，可以检查、验证会计账簿记录的正确性，发现财产物资和现金管理中存在的问题，有利于查明原因、明确责任，有利于改善管理、提高效益，有利于保证会计资料真实、完整。

(2)账证相符。账证相符是会计账簿记录与会计凭证有关内容核对相符的简称。保证账证相符，也是会计核算的基本要求。会计账簿记录是根据会计凭证等资料登记的，会计凭证是会计账簿登记的基础。通过账证核对，可以检查、验证会计账簿记录和会计凭证的内容是否正确无误,以保证会计账簿资料真实、完整。各单位应当定期将会计账簿记录与其相应的会计凭证记录(包括时间、编号、内容、金额、记账方向等)逐项核对,检查是否一致。

(3)账账相符。账账相符是会计账簿之间对应记录核对相符的简称。保证账账相符,也是会计核算的基本要求。会计账簿之间,包括总账各账户之间,总账与明细账之间,总账与日记账之间,会计机构的财产物资明细账与保管部门,使用部门的有关财产物资明细账之间,存在着内在联系。通过定期核对,可以检查、验证、确认会计账簿记录的正确性,便于及时发现问题,纠正错误,保证会计资料的真实、完整和准确无误。

(4)账表相符。账表相符是会计账簿记录与会计报表有关内容核对相符的简称。保证账表相符,同样也是会计核算的基本要求。会计报表是根据会计账簿记录及有关资料编制的,会计账簿和相关资料是编制会计报表的基础,两者之间存在着必然的联系。通过检查账表之间的相互关系,可以发现其中是否存在违法行为。

(六)财务会计报告的规定

1. 财务会计报告的构成

财务会计报告是企业和其他单位向有关各方面及国家有关部门提供其在某一特定日期财务状况和某一会计期间经营成果、现金流量的文件。根据《会计法》和《企业财务会计报告条例》的规定,财务会计报告由会计报表、会计报表附注和财务情况说明书组成。

(1)会计报表。会计报表是财务会计报告的主要组成部分。它是根据会计账簿记录和有关资料,按照规定的报表格式,总括反映一定会计期间的经济活动和财务收支情况及其结果的一种报告文体。会计报表主要包括资产负债表、利润表、现金流量表、所有者权益变动表。资产负债表反映企业在某一特定日期的财务状况。利润表反映企业在一定会计期间的经营成果。现金流量表反映企业一定会计期间现金和现金等价物的流入和流出情况。所有者权益变动表反映企业一定会计期间构成所有者权益的各个组成部分当期的增减变动情况。资产负债表、利润表、现金流量表是企业的基本报表,它们反映的是财务会计报告使用者所共同关心的一些信息。

(2)会计报表附注。会计报表附注是对会计报表的补充说明,也是财务会计报告的重要组成部分。会计报表附注主要包括两类内容:一是对会计报表各要素的补充说明;二是对会计报表中无法描述的其他财务信息的补充说明。按照《企业会计准则第30号——财务报表列报》的规定,会计报表附注一般应按如下顺序和内容进行披露:①财务报表的编制基础;②遵循企业会计准则的声明;③重要会计政策的说明,包括财务报表项目的计量基础和会计政策的确定依据等;④重要会计估计的说明,包括下一会计期间内很可能导致资产、负债账面价值重大调整的会计估计的确定依据等;⑤会计政策和会计估计变更以及差错更正的说明;⑥对已在资产负债表、利润表、现金流量表和所有者权益变动表中列示的重要项目的进一步说明,包括终止经营税后利润的金额及其构成情况等;⑦或有和承诺事项、资产负债表日后非调整事项、关联方关系及其交易等需要说明的事项。企业还应当在附注中披露在资产负债表日后、财务报告批准报出日前提议或宣布发放的股利总额和每股股利金额(或向投资者分配的利润总额)。此外,下列各项未在与财务报表一起公布的其他信息中披露的,企业应当在附注中披露:①企业注册地、组织形式和总部地址;②企业的业务性质和主要经营活动;③母公司以及集团最终母公司的名称。

(3)财务情况说明书。财务情况说明书是对单位一定会计期间内财务、成本等情况进行分析总结的书面文字报告,也是财务会计报告的重要组成部分。财务情况说明书全面提供公司、企业和其他单位生产经营、业务活动情况,分析总结经济业绩和存在的不足,是财务会计报告使用者,特别是单位负责人和国家宏观管理部门了解和考核有关单位生产经营和业务活动开展情况的重要资料。按照《企业财务会计报告条例》的规定,财务情况说明书至少应包括如下内容:①企业生产经营的基本情况;②利润实现和分配情况;③资金增减和周转情况;④对企业财务状况、经营成果和现金流量有重大影响的其他事项。

2. 财务会计报告的编制

财务会计报告的编制,是会计核算工作的重要环节。《会计法》、《企业财务会计报告条例》以及《企业会计准则第 30 号——财务报表列报》对编制依据、编制要求、提供对象、提供期限等问题作出了明确规定。

(1)财务会计报告的编制依据。各单位的财务会计报告必须根据经过审核的会计账簿记录和有关资料编制。依据经过审核的会计账簿记录和有关资料编制财务会计报告,是保证财务会计报告质量的重要环节。编制财务会计报告的主要目的是为投资者、债权人和其他财务会计报告使用者提供对决策有用的财务会计资料和信息,促进社会资源的合理配置,为国家和社会公众服务。保证作为财务会计报告编制依据的会计账簿记录和其他有关资料的真实、完整,严格的审核正是一个不可或缺的重要环节。

(2)财务会计报告的编制要求、提供对象、提供期限应当符合法定要求。

①财务会计报告的编制要求。各单位的财务会计报告应当依法编制。财务会计报告是一个单位经营和业务活动、财务状况的综合反映,是各财务会计报告使用者进行有关决策的重要依据,也是政府部门进行宏观经济管理的重要依据。因此,各单位应保证财务会计报告的编制符合法律、行政法规和国家统一的会计制度的要求。《企业会计准则第 30 号——财务报表列报》对财务报表的编制提出如下基本要求:企业应当以持续经营为基础,根据实际发生的交易和事项,按照《企业会计准则——基本准则》和其他各项会计准则的规定进行确认和计量,在此基础上编制财务报表;财务报表项目的列报应当在各个会计期间保持一致,除另有规定外,不得随意变更;性质或功能不同的项目,应当在财务报表中单独列报,但不具有重要性的项目除外,性质或功能类似的项目,其所属类

别具有重要性的,应当按其类别在财务报表中单独列报;财务报表中的资产项目和负债项目的金额、收入项目和费用项目的金额一般不得相互抵销;当期财务报表的列报,至少应当提供所有列报项目上一可比会计期间的比较数据,以及与理解当期财务报表相关的说明,但其他会计准则另有规定的除外。

②财务会计报告的提供对象。各单位的财务会计报告应当按照规定的对象,向本单位、本单位的有关财务关系人(如投资者、债权人)以及政府有关管理部门(如财政部门、税务部门)等提供,以便于有关的财务关系人及政府部门及时了解单位经营和业务活动情况,据此作出相关决策。

③财务会计报告的提供期限。《企业财务会计报告条例》规定,财务会计报告分为年度、半年度、季度和月度财务会计报告。《企业会计准则》规定,企业至少应当按年编制财务报表。年度财务报表涵盖的期间短于一年的,应当披露年度财务报表的涵盖期间,以及短于一年的原因。对外提供中期财务报告的,还应遵循《企业会计准则第32号——中期财务报告》的规定。

(3)向不同的会计资料使用者提供的财务会计报告,其编制依据应当一致。《企业财务会计报告条例》第三十六条规定,企业向有关各方提供的财务会计报告,其编制基础、编制依据、编制原则和编制方法必须一致。以不同的依据编制的财务会计报告,实际上是虚假的财务会计报告,是一种严重违法行为,必须依法制止和惩治。

(4)财务会计报告的编制依据、编制要求、提供对象、提供期限等具体要求,由国家统一的会计制度规定。《企业财务会计报告条例》、《企业会计准则》和《企业会计制度》对此均有明确的规定。

3. 财务会计报告的注册会计师审计

《会计法》规定,凡是法律、行政法规规定会计报表、会计报表附注和财务情况说明书应当经过注册会计师审计的单位,应当将注册会计师及其所在的会计师事务所出具的审计报告,随同财务会计报告一并提供,以示本单位的财务会计报告已经注册会计师审计,增强财务会计报告使用者对财务会计报告的信任度。由注册会计师对财务会计报告进行审计,这是保证财务会计报告质量的重要措施,也是便于财务会计报告使用者有效利用财务会计报告的重要手段。

4. 财务会计报告的签章程序和财务会计报告的责任主体

《会计法》规定,财务会计报告应当由单位负责人和主管会计工作的负责人、会计机构负责人(会计主管人员)签名并盖章;设置总会计师的单位,还须由总会计师签名并盖章。在财务会计报告上签章是明确责任的重要程序,目的是督促签章人对财务会计报告的内容严格把关并承担责任。

《会计法》、《企业财务会计报告条例》规定,单位负责人应当保证财务会计报告真实、完整。单位负责人是单位对外提供的财务会计报告的责任主体。财务会计报告虽然主要由会计人员编制,但财务会计报告的编制不是会计人员的个人行为,财务会计报告所反映的情况是单位全体经营管理人员工作成果的综合体现。单位负责人作为法定代表人,依法代表单位行使职权,应当对本单位对外提供的财务会计报告的质量负责。

(七)财产清查的规定

财产清查是会计核算工作的一项重要程序,特别是在编制年度财务会计报告之前,必须进行财产清查,并对账实不符等问题根据国家统一的会计制度的规定进行会计处理,以保证财务会计报告反映的会计信息真实、完整。财产清查制度是通过定期或不定期、全面或部分地对各项财产物资进行实地盘点和对库存现金、银行存款、债权债务进行清查核实的一种制度。通过清查,可以发现财产管理工作中存在的问题,以便查清原因,改善经营管理,保护财产的完整和安全;可以确定各项财产的实存数,以便查明实存数与账面数是否相符,并查明不符的原因和责任,制定相应措施,做到账实相符,保证会计资料的真实性。《会计法》规定,各单位应当定期将会计账簿记录与实物、款项及有关资料相互核对,保证会计账簿记录与实物及款项的实有数额相符。

(八)会计档案管理的规定

会计档案是指记录和反映经济业务事项的重要历史资料和证据,一般包括会计凭证、会计账簿、财务会计报告以及其他会计资料等会计核算的专业材料。具体包括:(1)会计凭证类:原始凭证、记账凭证、汇总凭证、其他会计凭证;(2)会计账簿类:总账、明细账、日记账、固定资产卡片、辅助账簿、其他会计账簿;(3)财务报告类:月度、季度、年度财务报告,包括会计报表、附表、附注及文字说明,其他财务报告;(4)其他类:银行存款余额调节表、银行对账单、其他应当保存的会计核算专业资料、会计档案移交清册、会计档案保管清册、会计档案销毁清册。财务预算、计划、制度等文件材料属文书档案。会计档案对于单位总结经济工作,指导单位的生产经营和事业管理,查验经济财务问题,防止贪污舞弊,研究经济发展的方针、战略都具有重要作用。因此,各单位必须加强对会计档案的管理,确保会计档案资料的安全和完整,并充分加以利用。

会计档案管理是一项技术性、政策性都很强的工作,财政部和国家档案局于 1998 年修订了《会计档案管理办法》,对会计档案的立卷、归档、保管、调阅和销毁,以及单位变更后的会计档案管理等问题作出了明确的规定。

1. 会计档案应当妥善保管

会计档案由单位会计机构负责整理归档,并保管 1 年,期满后,移交单位的档案机构或指定专人继续保管。单位会计档案不得借出,如有特殊需要,经本单位负责人批准后可以提供查阅或者复制原件。采用电子计算机进行会计核算的单位,应当保存打印出的纸质会计档案。

2. 会计档案保管的期限

会计档案保管期限分为永久和定期两类,定期保管期限分为 3 年、5 年、10 年、15 年和25年五类。企业会计档案保管期限见表1－1。

表1－1　　企业会计档案保管期限表

档案名称	保管期限	备注
会计凭证类		
原始凭证	15年	
记账凭证	15年	
汇总凭证	15年	
会计账簿类		
总账	15年	包括日记总账
明细账	15年	
日记账	15年	现金和银行存款日记账保管25年
固定资产卡片		固定资产报废清理后保管5年
辅助账簿	15年	
财务报告类		包括各级主管部门汇总财务报告
月、季度财务报告	3年	包括文字分析
年度财务报告（决算）	永久	包括文字分析
其他类		
会计档案移交清册	15年	
会计档案保管清册	永久	
会计档案销毁清册	永久	
银行存款余额调节表	5年	
银行对账单	5年	

会计档案保管期限从会计年度终了后第一天算起。

3. 会计档案应当按规定程序销毁

保管期满的会计档案，应由单位档案机构会同会计机构提出销毁意见，共同鉴定，编制会计档案销毁清册，报单位负责人批准后，由单位档案机构和会计机构共同派员监销。保管期满但未结清的债权债务原始凭证和涉及其他未了事项的原始凭证，不得销毁，应当单独抽出立卷，保管到未了事项完结时为止。正在项目建设期间的建设单位，其保管期满的会计档案不得销毁。

【职业资格训练1－3】

下列各项中，属于会计档案的有（　　）。

A. 原始凭证　　　　B. 记账凭证

C. 会计账簿　　　　　　　　　　　　　　D. 财务会计报告

【答案】ABCD

【解析】会计档案是指记录和反映经济业务事项的重要历史资料和证据，一般包括会计凭证、会计账簿、财务会计报告以及其他会计资料等会计核算的专业材料。

【工作步骤】

应用案例：

林某自 1997 年起担任某县万民有限责任公司（国有企业）总经理。2003 年 12 月，因公司业绩突出，林某受到组织部门预备提拔的考核，准备升任该县某局副局长。在考核中，组织部门接到举报，举报人说林某在任职期间有指使和放任财务人员做假账、打击压制坚持原则的会计人员郑某等问题。随即，该县财政、审计、统计方面组成联合调查组对该公司近些年特别是林某任总经理期间的账目进行了全面的检查，结果发现：

1. 该公司设置大小两套账，大账对外，小账对内。

2. 不按规定进行会计资料保管，致使原始资料被毁损，灭失严重。

调查组向该县会计主管部门——县财政局通报上述情况。县财政局因此对该公司作出责令限期整改，并罚款 3.6 万元，要求该公司恢复郑某会计职务和会计级别待遇的处理决定。对林某有关违法事实，根据《会计法》作出了书面意见，反馈回组织部门，最后移送检察院进入司法程序。

案例评析：

根据《会计法》规定，各单位必须依法设置会计账簿，并保证其真实、完整（第三条）；任何单位或者个人不得以任何方式授意、指使、强令会计机构、会计人员伪造、变造会计凭证、会计账簿和其他会计资料，提供虚假财务会计报告（第五条）。

根据《会计法》的规定，违反本法规定，有下列行为之一的，由县级以上人民政府财政部门责令限期改正，可以对单位并处 3 000 元以上 5 万元以下的罚款；对直接负责的主管人员和其他直接人员，可以处 2 000 元以上 2 万元以下的罚款；属于国家工作人员的，还应当由其所在单位或者有关单位依法给予行政处分：

1. 不依法设置会计账簿的；

2. 私设会计账簿的；

3. 未按照规定填制、取得原始凭证或者填制、取得的原始凭证不符合规定的；

4. 以未经审核的会计凭证为依据登记会计账簿或者登记会计账簿不符合规定的；

5. 随意变更会计处理方法的；

6. 向不同的会计资料使用者提供的财务会计报告编制依据不一致的；

7. 未按照规定使用会计记录文字或者记账本位币的；

8. 未按照规定保管会计资料，致使会计资料毁损、灭失的；

9. 未按照规定建立并实施单位内部会计监督制度或者拒绝依法实施的监督或者不如实提供有关会计资料及有关情况的；

10. 任用会计人员不符合会计法规定的。

违反以上规定的行为构成会计违法行为,会计人员应当把握会计合法行为与违法行为的界限。

《会计法》规定,会计人员有上述所列行为之一,情节严重的,由县级以上人民政府财政部门吊销会计从业资格证书。有关法律对上述所列行为的处罚另有规定的,依照有关法律的规定办理。

在本案例中,万民有限责任公司设置大小两套账,大账对外,小账对内,不按规定进行会计资料保管,致使原始资料被毁损、灭失严重。

任务四 会计监督

【任务描述】

使学生对我国现行的会计监督职能有所了解和掌握,并能与所学会计相关课程的内容相结合,较好地履行会计监督职能。

【任务分析】

从事会计岗位工作需要熟悉相关的会计监督职能。会计监督是我国经济监督体系的重要组成部分,必须培养学生在将要从事的会计工作中,面对复杂的经济环境,领会、掌握、运用会计监督的方法和能力。

【知识准备】

会计监督是会计的基本职能之一,是我国经济监督体系的重要组成部分。目前,我国已形成了三位一体的会计监督体系,包括单位内部监督、以政府财政部门为主体的政府监督和以注册会计师为主体的社会监督。

一、单位内部会计监督

(一)单位内部会计监督的概念

单位内部会计监督,是指一个单位为了保护其资产的安全完整,保证其经营活动符合国家法律、法规和内部规章要求,达到提高经营管理水平和效率,防止舞弊,控制风险等目的,而在单位内部采取的一系列相互联系、相互制约的制度和方法。这是单位内部为保证会计秩序、防止有关部门人员故意违法、预防单位内部管理失控的重要会计监督制度,其本质是一种内部控制制度。

《会计法》对单位内部会计监督制度的基本内容和要求作出了原则性规定,主要包括以下几项:一是会计事项相关人员的职责权限应当明确;二是重大经济业务事项的决策和执行的相互监督、相互制约程序应当明确;三是进行财产清查;四是对会计资料进行内部审计。

(二)单位内部会计监督的主体和对象

根据《会计法》、《会计基础工作规范》和《内部会计控制规范(试行)》的规定,各单位的会计机构、会计人员对本单位的经济活动进行会计监督。内部会计监督的主体是各单位的会计机构、会计人员;内部会计监督的对象是单位的经济活动。

尽管单位内部会计监督的主体是各单位的会计机构、会计人员,但内部会计监督不仅仅是会计机构、会计人员的事情，单位负责人应当积极支持、保障会计机构、会计人员行使会计监督的职权。根据《会计法》的规定，单位负责人负责单位内部会计监督制度的组织实施，对本单位内部会计监督制度的建立及有效实施承担最终责任。

（三）单位内部会计监督制度的基本要求

单位内部会计监督的内容十分广泛，涉及人、财、物等诸多方面，各单位应当根据实际情况建立、健全本单位内部会计监督制度。根据《会计法》的规定，单位内部会计监督制度应当符合以下要求：

1. 记账人员与经济业务或会计事项的审批人员、经办人员、财物保管人员的职责权限应当明确，并相互分离、相互制约。

2. 重大对外投资、资产处置、资金调度和其他重要经济业务事项决策和执行的相互监督、相互制约程序应当明确。

3. 财产清查的范围、期限和组织程序应当明确。

4. 对会计资料定期进行内部审计的办法和程序应当明确。

（四）会计机构和会计人员在单位内部会计监督中的职权

1. 对违反《会计法》和国家统一的会计制度规定的会计事项，有权拒绝办理或者按照职权予以纠正。单位内部会计监督，在许多情况下，是通过单位内部的会计机构、会计人员在处理会计业务过程中进行的。由于会计机构、会计人员对会计业务及相关法规、制度有比较全面的了解和掌握，对会计事项是否合法的界限比较清楚，而单位内部的其他人员不具有他们这种优势，因此，由会计机构、会计人员在处理会计业务过程中严格把关，对会计业务实行监督，可以有效地防范会计违法行为的发生，这也是单位负责人的会计责任得以具体落实的重要措施。

2. 发现会计账簿记录与实物、款项及有关资料不相符的，按照国家统一的会计制度规定有权自行处理的，应当及时处理；无权处理的，应当立即向单位负责人报告，请求查明原因，作出处理。会计资料是会计工作的最终产品，对自己工作的结果实施有效的控制和监督，是会计机构、会计人员的基本职责。单位的财产物资及其货币表现，是会计工作的对象。保证单位内部的账实、账款、账账与账表相符，是法律、单位内部负责人对会计工作的基本要求，也是加强物资管理的重要措施。

因此，《会计法》规定，会计机构、会计人员对单位内部的会计资料和财产物资有权实施监督。

二、会计工作的政府监督

（一）会计工作的政府监督的概念

会计工作的政府监督主要是指财政部门代表国家对单位和单位中相关人员的会计行为实施监督检查，以及对发现的会计违法行为实施行政处罚。它是一种外部监督。

（二）会计工作的政府监督的主体

《会计法》规定："国务院财政部门主管全国的会计工作。县级以上地方各级人民政府财政部门管理本行政区域内的会计工作。"财政部门是《会计法》的执法主体，是会计工作的政府监督实施主体。

此外,《会计法》规定,除财政部门外,审计、税务、人民银行、银行监管、证券监管、保险监管等部门依照有关法律、行政法规规定的职责和权限,可以对有关单位的会计资料实施监督检查。例如,《税收征管法》规定,税务机关有权检查纳税人的账簿、记账凭证、报表和有关资料。前款所列监督检查部门对有关单位的会计资料依法监督检查后,应当出具检查结论。有关监督检查部门已经作出的检查结论能够满足其他监督检查部门履行本部门职责需要的,其他监督检查部门应当加以利用,避免重复查账。这些规定明确地表明:在对单位会计行为监督过程中,除了财政部门以外,其他有关政府部门对相关单位会计资料实施的监督检查也属于会计工作的政府监督范畴。其他政府部门对单位会计实施监督检查,必须在法定的职责范围内进行,而且要避免重复查账。

(三)财政部门实施会计监督的对象和范围

根据《财政部门实施会计监督办法》的规定,财政部门实施会计监督检查的对象是会计行为,并对发现的有违法会计行为的单位和个人实施行政处罚。违法会计行为是指公民、法人和其他组织违反《会计法》和其他有关法律、行政法规、国家统一的会计制度的行为。

根据《会计法》的规定,各单位必须依照有关法律、行政法规的规定,接受有关监督检查部门依法实施的监督检查,如实提供会计凭证、会计账簿、财务会计报告和其他会计资料以及有关情况,不得拒绝、隐匿、谎报。

根据《会计法》的规定,财政部门可以依法对各单位的下列情况实施监督:

1. 各单位是否依法设置会计账簿。具体包括:按照国家的相关法律、行政法规和国家统一的会计制度的规定,各单位是否依法设置会计账簿;已经设置会计账簿的单位,所设置的会计账簿是否符合相关法律、行政法规和国家统一的会计制度的要求;各单位是否存在账外账的违法行为等。

2. 各单位的会计凭证、会计账簿、财务会计报告和其他会计资料是否真实、完整。具体包括:各单位对所发生的经济业务事项是否及时办理会计手续,进行会计核算;各单位的会计资料(会计凭证、会计账簿、财务会计报告)是否与实际发生的经济业务事项相符,是否做到账实相符、账证相符、账账相符、账表相符;各单位提供的财务会计报告是否符合相关法律、行政法规和国家统一的会计制度的规定等。

3. 各单位的会计核算是否符合《会计法》和国家统一的会计制度的规定。具体包括:各单位会计核算的内容是否真实、完整;所采用的会计年度、记账本位币、会计处理方法、会计记录文字等是否符合法律、行政法规和国家统一的会计制度的规定;各单位对资产、负债、所有者权益、收入、支出、费用、成本、利润的确认、计量、记录和报告是否符合国家统一的会计制度的规定;各单位会计档案保管是否符合法定要求等。

4. 各单位从事会计工作的人员是否具备从业资格。具体包括:各单位从事会计工作的人员是否取得了会计从业资格证书并接受财政部门的管理;会计机构负责人是否符合条件等。

此外,国务院财政部门和省、自治区、直辖市人民政府财政部门,依法对注册会计师、会计师事务所和注册会计师协会进行监督、指导。财政部门对会计师事务所出具审计报告的程序和内容进行监督。

三、会计工作的社会监督

(一)会计工作的社会监督的概念

会计工作的社会监督主要是指由注册会计师及其所在的会计师事务所依法对委托单位的经济活动进行审计、鉴证的一种监督制度。此外,单位和个人检举违反《会计法》和国家统一的会计制度规定的行为,也属于会计工作社会监督的范畴。

(二)注册会计师及其所在的会计师事务所业务范围

根据《中华人民共和国注册会计师法》(以下简称《注册会计师法》)的规定,注册会计师是依法取得注册会计师证书并接受委托从事审计和会计咨询、服务业务的执业人员。注册会计师依法承办如下两方面的业务:

1. 审计业务,具体包括:(1)审查企业财务会计报告,出具审计报告;(2)验证企业资本,出具验资报告;(3)办理企业合并、分立、清算事宜中的审计业务,出具有关报告;(4)法律、行政法规规定的其他审计业务。

2. 承办会计咨询、服务业务,主要包括:设计会计制度,担任会计顾问,提供会计、管理咨询;代理纳税申报,提供税务咨询;代理、申请工商登记,拟订合同、章程和其他业务文件;办理投资评价、资产评估和项目可行性研究中的有关业务;培训会计、审计和财务管理人员;其他会计咨询、服务业务。

为规范会计行为,保证会计资料的质量,确实实现注册会计师审计业务的公平、公正、公开,《会计法》增加了对注册会计师审计业务的规定,对委托人、注册会计师和会计师事务所的行为进行了规范。

1. 委托单位应当如实地向注册会计师提供相关的会计资料。

这是其法定的责任和义务,是保证注册会计师审计工作得以顺利开展的重要基础。注册会计师开展审计业务,是依据委托人提供的会计资料和相关情况,按照规定的审计规则、审计程序进行的。

如果委托人不能提供完整的会计资料和相关信息,注册会计师的审计业务就无法正常开展,出具的审计报告就不可能达到公开、公正的要求。

2. 任何人不得干扰注册会计师独立开展审计业务。

注册会计师开展审计业务,有其规定的规则、程序和方法,其出具的审计报告具有法律效力,其法律责任由注册会计师及其会计师事务所承担。注册会计师的工作要客观、公正,不能受任何其他外界的干扰,任何与委托单位有关的部门和个人,都不得示意、胁迫注册会计师出具不实、不当的审计报告。

3. 财政部门对会计师事务所出具的审计报告有监督的责任。

《注册会计师法》规定:“国务院财政部门和省、自治区、直辖市人民政府财政部门,依法对注册会计师、会计师事务所和注册会计师协会进行监督、指导。”这一规定明确了财政部门对注册会计师进行管理的职能和权限。各级财政部门对注册会计师的工作负有管理和指导的责任，要加强对注册会计师、会计师事务所和注册会计师协会的管理、监督和指导。

【职业资格训练 1－4】

下列不属于单位内部会计监督要实现的工作目标的是(　　)。

A. 保证资产的安全和完整，保证账面资产与实存资产定期核对相符

B. 保证单位领导提出的各项指标的实现

C. 保证所有交易和事项以正确的金额，在恰当的会计期间及时记录于会计账户，使会计报表的编制符合会计准则的要求

D. 保证会计记录的可靠性和及时提供真实的会计信息

【答案】B

【解析】单位内部会计监督是为了保护单位资产的安全、完整，保证其经营活动符合国家法律、法规和单位内部有关管理制度，提高经营管理水平和效率，而在单位内部采取的一系列相互制约、相互监督的制度和方法，对内部经济活动的合法性、合理性和会计资料的真实性、完整性以及本单位内部预算执行情况进行监督。会计监督实质上是内部管理、内部控制的表现，它的目的是保证依照法律的规定处理会计事务，保证单位的资金安全和正确使用，遵守国家统一的会计制度，保证会计工作质量。

【工作步骤】

应用案例：

2014 年 3 月 5 日，某商业公司会计人员张某在审核一托收付款凭证时，无意中发现其商品单价每台高出合同价 40 元，总差价为 24 000 元。当时业务部门已经在付款凭证上核对、签字，同意付款，并且由于该批商品进货及时、对路，已经全部售出，为公司赚了一笔可观的利润，进货业务员也因此受到公司领导的好评。但张某想到自己是会计，必须实事求是、真实反映，于是，在发现托收凭证与合同不符后，张某找到业务员，要求核实情况。业务员一听要核实进货价格，态度蛮横地拒绝了张某的要求。张某又要求他提供合法的凭据，否则拒付差额款。业务员说对方是电话通知涨价的，合同价已更改。张某给供货方打电话，查询此事。对方回答：货款未涨，但我方业务员已“借”走现金 24 000 元，要求一并托收。事实真相查清后，会计人员张某向单位负责人作了专题汇报。

案例评析：

《会计法》规定：“会计机构、会计人员对违反本法和国家统一的会计制度规定的会计事项，有权拒绝办理或者按照职权予以纠正。”这是《会计法》对会计人员在会计监督中的职责权限的规定。它包括以下含义：

1. 会计机构、会计人员有权拒绝办理或纠正违法会计事项。单位内部会计监督，在许多情况下，是通过单位内部的会计机构、会计人员在处理会计业务过程中进行的。由于会计机构、会计人员对会计业务及相关法规、制度有比较全面的了解和掌握，对会计事项是否合法的界限比较清楚，单位内部的其他人员是不可能具有他

们这种优势的，因此，由会计机构、会计人员在处理会计业务过程中严格把关，对会计业务实行监督，可以有效地防范违法会计行为的发生，这也是单位负责人的会计责任得以具体落实的重要措施。

2. 发现会计账簿记录与实物、款项及有关资料不相符的，按照国家统一的会计制度规定有权自行处理的，应当及时处理；无权处理的，应当立即向单位负责人报告，请求查明原因，作出处理。会计资料是会计工作的最终产品，会计对自己工作的结果实施有效的控制和监督，是会计机构、会计人员的基本职责。单位的财产物资及其财产物资的货币表现，是会计工作的对象。保证单位内部的账实、账款、账账与账表相符，是法律、单位内部负责人对会计工作的基本要求，也是加强物资管理的重要措施。因此，《会计法》规定，会计机构、会计人员对单位内部的会计资料和财产物资有权实施监督。

在本案例中，张某作为会计人员，根据《会计法》赋予会计人员的职权，依法履行了在会计监督中的职责，杜绝了违法会计行为的发生，确实起到了单位内部会计监督的作用。

任务五　会计机构和会计人员

【任务描述】

使学生对我国的会计机构和会计从业人员有所了解和掌握，并能与所学的会计相关课程的内容相结合，较好地掌握会计机构的设立和会计从业人员应具备的条件。

【任务分析】

会计人员是直接从事会计工作的人员，通过学习，掌握各单位的会计机构是否健全及会计人员应具备的条件。

【知识准备】

会计机构是各单位办理会计事务的职能机构，会计人员是直接从事会计工作的人员。各单位应建立健全会计机构，配备数量和素质都相当的、具备从业资格的会计人员，这是各单位做好会计工作，充分发挥会计职能作用的重要保证。因此，《会计法》对会计机构的设置和会计人员的配备作出了具体的规定。

一、会计机构的设置

“各单位应当根据会计业务的需要，设置会计机构，或者在有关机构中设置会计人员并指定会计主管人员；不具备设置条件的，应当委托经批准设立从事会计代理记账业务的中介机构代理记账。”这是《会计法》对设置会计机构问题作出的规定。

（一）根据业务需要设置会计机构

各单位是否设置会计机构，应当根据会计业务的需要来决定，即各单位可以根据本单位会计业务的繁简情况决定是否设置会计机构。一个单位是否需要设置会计机构，一般取决于以下几个方面的因素：

1. 单位规模的大小。从有效发挥会计职能作用的角度看，实行企业化管理的事业单位，大、中型企业应当设置会计机构；业务较多的行政单位、社会团体和其他组织也应设置会计机构。而那些规模很小的企业、业务和人员都不多的行政单位，可以不单独设置会计机构,将会计业务并入其他职能部门,或者委托代理记账。

2. 经济业务和财务收支的繁简。大、中型单位的经济业务复杂多样,在会计机构和会计人员的设置上应考虑全面、合理、有效的原则,但是也不能忽视单位经济业务的性质和财务收支的繁简问题。有些单位的规模相对较小,但其经济业务复杂多样,财务收支频繁,也要设置相应的会计机构和会计人员。

3. 经营管理的要求。经营管理上对会计机构和会计人员的设置要求是最基本的,如果没有经营管理上对会计机构和会计人员的要求,也就不存在单位对会计的要求了。单位设置会计机构和会计人员的目的就是适应单位在经营管理上的需要。随着科学技术的进步,单位会计机构和会计人员的要求与手工会计核算相比有了很大的不同。及时性、准确性、全面性比其他任何时候对会计机构和会计人员的要求都高。因此,如何设置会计机构和会计人员是单位会计设置中的重要课题。

(二)不设置会计机构的,应设置会计人员并指定会计主管人员

会计主管人员是负责组织管理会计事务、行使会计机构负责人职权的负责人,不同于通常所说的"会计主管"、"主管会计"、"主办会计"。一个单位如何配备会计机构负责人,主要应考虑单位的实际需要,不能使用"一刀切"的做法,要求完全统一标准。实际上,凡是设置了会计机构的单位,都配备了会计机构负责人。《会计法》规定,应在会计人员中指定会计主管人员,目的是强化责任制度,防止出现会计工作无人负责的局面。《会计基础工作规范》中,对会计人员配备、会计岗位设置的原则作了规定,如规定"会计工作岗位,可以一人一岗、一人多岗或者一岗多人";会计岗位可以包括:会计机构负责人或者会计主管人员、出纳、财产物资核算、工资核算、成本费用核算、财务成果核算、资金核算、往来核算、总账报表、稽核、档案管理等。

二、代理记账

(一)代理记账的概念

代理记账是指从事代理记账业务的社会中介机构接受委托人的委托办理会计业务。委托人是指委托代理记账机构办理会计业务的单位。代理记账机构是指从事代理记账业务的中介机构。

财政部于2005年1月22日发布了《代理记账管理办法》,对代理记账机构设置的条件、代理记账的业务范围、代理记账机构与委托人的关系、代理记账人员应遵循的道德规则等作了具体的规定。

(二)代理记账的业务范围

代理记账机构可以根据委托人的委托,办理下列业务:

1. 根据委托人提供的原始凭证和其他资料,按照国家统一会计制度的规定,进行会计核算,包括审核原始凭证、填制记账凭证、登记会计账簿、编制财务会计报告。

2. 对外提供财务会计报告。代理记账机构为委托人编制的财务会计报告,经代理记账机构负责人和委托人签名并盖章后,按照有关法律、行政法规和国家统一的会计制度的规定对外提供。

3. 向税务机构提供税务资料。

4. 委托人委托的其他会计业务。

(三)委托代理记账的委托人的义务

委托人应当履行以下义务:

1. 对本单位发生的经济业务事项,应当填制或者取得符合国家统一的会计制度规定的原始凭证。

2. 应当配备专人负责日常货币收支和保管。

3. 及时向代理记账机构提供真实、完整的凭证和其他相关资料。

4. 对于代理记账机构退回的要求按照国家统一的会计制度的规定进行更正、补充的原始凭证,应当及时予以更正、补充。

(四)代理记账机构及其从业人员的义务

1. 按照委托合同办理代理记账业务,遵守有关法律、行政法规和国家统一的会计制度的规定。

2. 对在执行业务中知悉的商业秘密应当保密。

3. 对委托人示意其作出不当的会计处理,提供不实的会计资料,以及其他不符合法律、行政法规和国家统一的会计制度规定的要求,应当拒绝。

4. 对委托人提出的有关会计处理原则问题应当予以解释。

三、会计机构负责人(会计主管人员)的概念及任职资格

(一)会计机构负责人(会计主管人员)的概念

在一个单位内部,不论是设置会计机构还是在有关机构中设置会计人员,都要有一位负责人。在设置会计机构的情况下,其负责人为会计机构负责人;而在有关机构中设置会计人员的情况下,被指定为会计主管人员的人就是负责人。会计机构负责人(会计主管人员)是在一个单位内具体负责会计工作的中层领导人员,在单位会计工作中承担着重要角色。在单位负责人的领导下,会计机构负责人(会计主管人员)负有组织、管理本单位所有会计工作的责任,其工作水平的高低直接关系到整个单位会计工作的水平和质量。

(二)会计机构负责人(会计主管人员)的任职资格

会计机构负责人(会计主管人员)除要求具备一般会计人员应具备的条件外,还应具备专业技术资格、工作经历等条件。鉴于我国幅员辽阔,各类经济组织众多,不同单位的情况千差万别,《会计法》对会计机构负责人(会计主管人员)的任职条件采取了灵活务实的做法。《会计法》规定:“担任单位会计机构负责人(会计主管人员)的,除取得会计从业资格证书外,还应当具备会计师以上专业技术职务资格或者从事会计工作三年以上经历。”这是对单位会计机构负责人(会计主管人员)任职资格作出的特别规定。

四、会计从业资格

(一)会计从业资格的概念

会计从业资格,是从事会计工作的一种法定资质,是进入会计职业的门槛。从事会计工作的人员应当具备从业资格和条件,这是保证会计工作质量的重要前提。

(二)会计从业资格证书的适用范围

《会计从业资格管理办法》规定,在国家机关、社会团体、企业、事业单位和其他组织中担任会计机构负责人(会计主管)的人员,以及从事下列会计工作的人员,应当取得会计从业资格:

①出纳;

②稽核;

③资本、资金核算;

④收入、支出、债权债务核算;

⑤职工薪酬、成本费用、财务成果核算;

⑥财产物资的收发、增减核算;

⑦总账;

⑧财务会计报告编制;

⑨会计机构内会计档案管理;

⑩其他会计工作。

(三)会计从业资格的取得

1. 会计从业资格的取得实行考试制度

《会计从业资格管理办法》规定,国家实行会计从业资格考试制度,考试科目为财经法规与会计职业道德、会计基础、会计电算化(或者珠算)。考试大纲由财政部统一制定并公布,考试科目应一次通过。

2. 会计从业资格报名条件

申请参加会计从业资格考试的人员,应当符合下列基本条件:

①遵守会计和其他财经法律、法规;

②具备良好的道德品质;

③具备会计专业基本知识和技能。

(四)会计从业资格证书管理

1. 调转登记

持证人员在同一会计从业资格管理机构管辖范围内发生变化的,应当持会计从业资格证书、工作证明(或户籍证明、居住证明)到调入地所属会计从业资格管理机构办理调转登记。

持证人员在不同会计从业资格管理机构管辖范围之间发生变化的,应当及时填写调转登记表,持会计从业资格证书到原会计从业资格管理机构办理调出手续。持证人员应当自办理调出手续之日起 3 个月内,持会计从业资格证书、调转登记表和在调入地的工作证明(或户籍证明、居住证明)到调入地会计从业资格管理机构办理调入手续。

2. 变更登记

持证人员的姓名、有效身份证件及号码、照片、学历或学位、会计专业技术职务资格、开始从事会计工作时间等基础信息,以及接受继续教育情况和受到表彰奖励情况发生变化的，应当持相关有效证明和会计从业资格证书，到所属会计从业资格管理机构办理从业档案信息变更。会计从业资格管理机构应当在核实相关信息后，为持证人员办理从业档案信息变更。

持证人员的其他相关信息发生变化的，应当登录所属会计从业资格管理机构指定网站进行信息变更，也可以到所属会计从业资格管理机构办理。

3. 证书的遗失、毁损补发

持证人员应当妥善保管会计从业资格证书。如有遗失，持证人员应当在履行公告程序后，填写补发申请表，持有关证明材料，向所属会计从业资格管理机构申请补发会计从业资格证书。会计从业资格管理机构核实无误后，应当自受理之日起 20 个工作日内予以补发。

如有毁损，持证人员应当填写补发申请表，持毁损证书原件，向所属会计从业资格管理机构申请补发会计从业资格证书。会计从业资格管理机构核实无误后，应当自受理之日起 20 个工作日内予以补发。

4. 证书的更换

会计从业资格证书实行 6 年定期换证制度。持证人员应当在会计从业资格证书到期前 6 个月内，填写定期换证登记表，持有效身份证件原件和会计从业资格证书，到所属会计从业资格管理机构办理换证手续。

（五）会计人员继续教育

1. 会计人员继续教育的对象和特点

会计人员继续教育，是指取得会计从业资格的人员持续接受一定形式的、有组织的理论知识、专业技能和职业道德的教育和培训活动，优化知识结构，不断提高和保持其专业胜任能力和职业道德水平。

根据规定，会计人员继续教育的对象为取得并持有会计从业资格证书的人员。会计人员继续教育分为高级、中级、初级三个级别。

会计人员继续教育的特点：一是针对性，即针对不同对象，确定不同的教育内容，采取不同的教育方式，解决实际问题；二是适用性，即联系实际工作需要，学以致用；三是灵活性，即继续教育培训内容、方法、形式等方面具有灵活性。

2. 会计人员继续教育的内容

会计人员继续教育的主要任务是提高持有会计从业资格证书的人员的法制意识、业务能力、职业道德水平，使其法律知识、专业知识和技能不断得到更新、补充、拓展和提高。根据有关规定，会计人员继续教育的内容主要包括会计理论、政策法规、业务知识、技能训练和职业道德等。

3. 会计人员继续教育的形式

会计人员继续教育的形式以接受培训为主，在职自学是会计人员继续教育的重要补充。同时，应积极推广网络教育、远程教育、电化教育，提高会计人员继续教育教学和管理的信息化水平。

持证人员参加继续教育采取学分制管理制度，相关规定由财政部另行制定。

（六）会计人员从业信息管理

县级以上地方人民政府财政部门应当建立会计人员从业信息系统，记载会计人员注册登记情况、接受继续教育情况以及诚信情况。

会计人员诚信情况包括会计从业人员良好记录和不良记录。良好记录包括会计从业人员受到县级以上行政管理机关各项表彰、评先评优；不良记录包括会计从业人员刑事和行政处罚等情况。

单位或个人需要了解会计人员从业信息情况，可以向县级以上地方人民政府财政部门查阅。

五、会计专业职务与会计专业技术资格

（一）会计专业职务

会计专业职务是区分会计人员从事业务工作的技术等级。1986 年 4 月中央职称改革工作领导小组转发财政部制定的《会计专业职务试行条例》规定：会计专业职务分为高级会计师（高级职务），会计师（中级职务），助理会计师、会计员（初级职务）。

（二）会计专业技术资格

会计专业技术资格分为初级资格、中级资格和高级资格三个级别。初级、中级会计资格的取得实行全国统一考试制度；高级会计师资格实行考试与评审相结合制度。

初级、中级会计资格是一种通过考试确认担任会计专业职务任职资格的制度。1992 年以前，我国对会计专业技术职务一直采用的是评审制度。1992 年 3 月，财政部、人事部制定发布了《会计专业技术资格考试暂行规定》及其实施办法，规定会计专业技术资格实行全国统一考试。1995 年、1997 年、2001 年、2005 年，财政部、人事部又陆续调整了考试级别和考试科目，分别为初级会计资格和中级会计资格两个档次。初级资格考试科目包括初级会计实务和经济法基础；中级资格考试科目包括中级会计实务、财务管理和经济法。

为促进会计专业技术人才队伍建设，积极探索科学、客观、公正的高级会计师资格评价办法，从 2003 年开始，确定高级会计师资格实行考试与评审相结合的评价办法。凡申请参加高级会计师资格评审的人员，须经考试合格后，方可参加评审。考试科目为高级会计实务。参加考试并达到国家合格标准的人员，由全国会计专业技术资格考试办公室核发高级会计师资格考试成绩合格证，该证在全国范围内 3 年有效。

六、会计工作岗位设置

会计工作岗位，是指一个单位会计机构内部根据业务分工而设置的职能岗位。对于会计工作岗位的设置，《会计基础工作规范》提出了以下示范性的要求：

1. 根据本单位会计业务的需要设置会计工作岗位。

2. 符合内部牵制制度的要求。根据规定，会计工作岗位可以一人一岗、一人多岗或者一岗多人，但出纳人员不得兼管稽核、会计档案保管和收入、费用、债权债务账目的登记工作。

3. 对会计人员的工作岗位要有计划地进行轮岗，以促进会计人员全面熟悉业务和不断提高业务素质。

4. 要建立岗位责任制。根据《会计基础工作规范》和有关制度的规定，会计工作岗位一般分为：总会计师（或行使总会计师职权）岗位，会计机构负责人（会计主管人员）岗位，出纳岗位，稽核岗位，资本、资金核算岗位，收入、支出、债权债务核算岗位，工资核算、成本核算、财务成果核算岗位，财产物资的收发、增减核算岗位，总账岗位，对外财务会计报告编制岗位，会计电算化岗位，会计档案管理岗位。

对于会计档案管理岗位，在会计档案正式移交之前，属于会计岗位；正式移交档案管理部门之后，不再属于会计岗位。档案管理部门的人员管理会计档案，不属于会计岗位。医院门诊收费员、住院处收费员、药房收费员、药品库房记账员、商场收款（银）员所从事的工作，均不属于会计岗位。单位内部审计、社会审计、政府审计工作也不属于会计岗位。

七、会计人员回避制度

回避制度是指为了保证执法或者执业的公正性，对可能影响其公正性的执法或者执业的人员实行职务回避和业务回避的一种制度。回避制度已成为我国人事管理的一项重要制度。在会计工作中，由于亲情关系而共同作弊和违法违纪的案件时有发生，因此，在会计人员中实行回避制度十分必要。《会计基础工作规范》从会计工作的特殊性出发，对会计人员的回避问题作出了规定，即国家机关、国有企业、事业单位任用会计人员应当实行回避制度。单位负责人的直系亲属不得担任本单位的会计机构负责人、会计主管人员，会计机构负责人、会计主管人员的直系亲属不得在本单位会计机构中担任出纳工作。直系亲属包括夫妻关系、直系血亲关系、三代以内旁系血亲关系以及配偶亲关系。

八、会计人员的工作交接

会计人员工作交接是会计工作中的一项重要内容。由于会计工作的特殊性，会计人员调动工作或者离职时，需要与接管人员办清交接手续，这是会计人员应尽的职责，也是做好会计工作的要求。

会计工作人员调动工作和离职是正常的现象，但是单位的生产经营活动是一项连续的组织活动，不能因会计人员的工作调动或离职而使会计工作中断。做好会计交接工作，可以使会计工作前后衔接，保证会计工作连续进行。同时，做好会计交接工作，还可以防止因会计人员的更换出现账目不清、财务混乱等现象。做好会计交接工作，也是落实岗位责任的有效措施。

（一）交接的范围

下列情况需要办理会计工作交接：

1. 临时离职或因病不能工作需要接替或代理的，会计机构负责人（会计主管人员）或单位负责人必须指定专人接替或者代理，并办理会计工作交接手续。

2. 临时离职或因病不能工作的会计人员恢复工作时，应当与接替或代理人员办理交接手续。

3. 移交人员因病或其他特殊原因不能亲自办理移交的，经单位负责人批准，可由移交人员委托他人代办移交，但委托人应当对所移交的会计凭证、会计账簿、财务会计报告和其他有关资料的真实性、完整性承担法律责任。

（二）交接的程序

1. 交接前的准备工作

会计人员在办理会计工作交接前，必须做好以下准备工作：

（1）已经受理的经济业务尚未填制会计凭证的，应当填制完毕。

（2）尚未登记的账目应当登记完毕，结出余额，并在最后一笔余额后加盖经办人印章。

（3）整理好应该移交的各项资料，对未了事项和遗留问题要写出书面说明材料。

（4）编制移交清册，列明应该移交的会计凭证、会计账簿、财务会计报告、公章、现金、有价证券、支票簿、发票、文件、其他会计资料和物品等内容；实行会计电算化的单位，从事该项工作的移交人员应在移交清册上列明会计软件及密码、数据盘、磁带等内容。

（5）会计机构负责人（会计主管人员）移交时，应将财务会计工作、重大财务收支问题和会计人员等情况向接替人员介绍清楚。

2. 移交点收

移交人员离职前，必须将本人经管的会计工作，在规定的期限内，全部向接管人员移交清楚。接管人员应认真按照移交清册逐项点收。具体要求是：

（1）现金要根据会计账簿记录余额进行当面点交，不得短缺，接替人员发现不一致或“白条抵库”现象时，移交人员在规定期限内负责查清处理。

（2）有价证券的数量要与会计账簿记录一致，有价证券面额与发行价不一致时，按照会计账簿余额交接。

（3）会计凭证、会计账簿、财务会计报告和其他会计资料必须完整无缺，不得遗漏。如有短缺，必须查清原因，并在移交清册中加以说明，由移交人负责。

（4）银行存款账户余额要与银行对账单核对相符，如有未达账项，应编制银行存款余额调节表调节相符；各种财产物资和债权债务的明细账户余额要与总账有关账户的余额核对相符；对重要实物要实地盘点，对余额较大的往来账户要与往来单位、个人核对。

（5）公章、收据、空白支票、发票、科目印章以及其他物品等必须交接清楚。

（6）实行会计电算化的单位，交接双方应在电子计算机上对有关数据进行实际操作，确认有关数字正确无误后，方可交接。

3. 专人负责监交

为了明确责任，会计人员办理工作交接时，必须有专人负责监交。通过监交，保证双方都按照国家有关规定认真办理交接手续，防止流于形式，保证会计工作不因人员变动而受影响；保证交接双方处在平等的法律地位上享有权利和承担义务，不允许任何一方以大压小，以强凌弱，或采取非法手段进行威胁。移交清册应当经过监交人员审查和签名、盖章，作为交接双方明确责任的证件。对监交的具体要求是：

(1)一般会计人员办理交接手续，由会计机构负责人(会计主管人员)监交。

(2)会计机构负责人(会计主管人员)办理交接手续，由单位负责人监交，必要时主管单位可以派人会同监交。所谓必要时主管单位派人会同监交，是指有些交接需要主管单位监交或者主管单位认为需要参与监交。通常有三种情况：第一，所属单位负责人不能监交，需要由主管单位派人代表主管单位监交。如因单位撤并而办理交接手续等。第二，所属单位负责人不能尽快监交，需要由主管单位派人督促监交。如主管单位责成所属单位撤换不合格的会计机构负责人(会计主管人员)，所属单位负责人却以种种借口拖延不办交接手续时，主管单位就应派人督促会同监交等。第三，不宜由所属单位负责人单独监交，而需要主管单位会同监交。如所属单位负责人与办理交接手续的会计机构负责人(会计主管人员)有矛盾，交接时需要主管单位派人会同监交，以防可能发生单位负责人借机刁难等。此外，主管单位认为交接中存在某种问题需要派人监交时，也可派人会同监交。

4. 交接后的有关事宜

(1)会计工作交接完毕后，交接双方和监交人在移交清册上签名或盖章，并应在移交清册上注明单位名称，交接日期，交接双方和监交人的职务、姓名，移交清册页数以及需要说明的问题和意见等。

(2)接管人员应继续使用移交前的账簿，不得擅自另立账簿，以保证会计记录前后衔接，内容完整。

(3)移交清册一般应填制一式三份，交接双方各执一份，存档一份。

(三)交接人员的责任

会计工作交接中，合理、公正地区分移交人员和接替人员的责任是非常必要的。交接工作完成后，移交人员所移交的会计凭证、会计账簿、财务会计报告和其他会计资料是在其经办会计工作期间内发生的，应当对这些会计资料的真实性、完整性负责，即便接替人员在交接时因疏忽没有发现所接会计资料在真实性、完整性方面的问题，如事后发现仍应由原移交人员负责，原移交人员不应以会计资料已移交而推脱责任。

【职业资格训练1-5】

会计人员调动工作或离职，必须办理交接手续。会计机构负责人办理交接手续由(　　)监交，必要时主管单位可以派人会同监交。

A. 审计机构负责人　　　　B. 人事部门负责人

C. 行政部门负责人　　　　D. 单位负责人

【答案】D

【解析】会计机构负责人(会计主管人员)办理交接手续，由单位负责人监交，必要时主管单位可以派人会同监交。

任务六　法律责任

【任务描述】

使学生了解会计从业人员在工作中违反法律规定的行为所应承担的后果，以及处分、处罚的形式。

【任务分析】

本教学任务是在理论和实务相结合的基础上，提升自身的职业判断能力。

【知识准备】

了解法律责任的形式以及处罚的类别。

一、法律责任概述

法律责任，是指违反法律规定的行为应当承担的法律后果，也就是对违法者的制裁。为了保证《会计法》规范的有效实施，惩治会计违法行为，《会计法》规定了明确的法律责任。主要规定了两种责任形式：一是行政责任；二是刑事责任。

(一)行政责任

行政责任是指有一般违法行为的单位或个人，依照法律、法规的规定应承担的法律责任。行政责任主要有行政处罚和行政处分两种方式。

1. 行政处罚。行政处罚是指特定的行政主体基于一般行政管理职权，对其认为违反行政法上的强制性义务、违反行政管理程序的行政管理相对人所实施的一种行政制裁措施。《中华人民共和国行政处罚法》对行政处罚的种类和实施作出了如下规定：

(1)行政处罚主要分为六种：警告；罚款；没收违法所得、没收非法财物；责令停产停业；暂扣或者吊销许可证、暂扣或者吊销执照；行政拘留。此外，还有法律、行政法规规定的其他行政处罚。

(2)行政处罚由违法行为发生地的县级以上地方人民政府具有行政处罚权的行政机关管辖。

(3)对当事人的同一个违法行为，不得给予两次以上罚款的行政处罚。

(4)行政机关在作出处罚决定之前，应当告知当事人作出处罚决定的事实、理由、依据以及当事人依法享有的有关权利；当事人有权陈述和申辩。

(5)行政处罚决定依法作出后，当事人应当在行政处罚决定的期限内，予以履行。

2. 行政处分。行政处分是国家工作人员违反行政法律规范所应承担的一种行政法律责任，是行政机关对国家工作人员故意或者过失侵犯行政相对人的合法权益所实施的法律制裁。行政处分的形式有警告、记过、记大过、降级、撤职、开除等。

(二)刑事责任

刑事责任与行政责任的主要区别是：刑事责任是指犯罪行为应当承担的法律责任。

1. 追究的违法行为不同。追究刑事责任的是犯罪行为；追究行政责任的是一般违法行为。

2. 追究责任的机关不同。刑事责任只能由司法机关依照《中华人民共和国刑法》(以下简称《刑法》)的规定追究；行政责任由国家特定的行政机关依照有关法律的规定追究。

3. 承担法律责任的后果不同。追究刑事责任是最严厉的制裁，可以判处死刑，比追究行政责任严厉得多。

刑事责任是触犯《刑法》的犯罪人所应承受的由国家审判机关给予的制裁后果，包括刑罚和非刑罚处理方法。

(1)刑罚。

①主刑。主刑是对犯罪分子适用的主要刑罚方法，只能独立适用，不能附加适用，对犯罪分子只能判处一种主刑。主刑分为管制、拘役、有期徒刑、无期徒刑和死刑。

②附加刑。附加刑是既可以独立适用又可以附加适用的刑罚方法。也就是说，对同一犯罪行为既可以在主刑之后判处一个或两个以上的附加刑，也可以独立判处一个或两个以上的附加刑。附加刑分为罚金、剥夺政治权利、没收财产。对犯罪的外国人，也可以独立或附加适用驱除出境。

(2)非刑罚处理方法。根据《刑法》的规定，对犯罪分子还可以采用非刑罚处理方法，即对犯罪分子判处刑罚以外的其他处理方法。主要包括：由于犯罪行为而使被害人遭受经济损失的，对犯罪分子除刑事处罚外，判处赔偿经济损失；对于犯罪情节轻微不需要判处刑罚的，根据情况予以训诫或者责令其悔过、赔礼道歉、赔偿损失，或者由主管部门给予行政处罚或者行政处分。

二、违反会计制度规定的行为及法律责任

(一)违反会计制度规定应承担法律责任的违法行为

根据《会计法》的规定，应承担法律责任的违法会计行为包括：

1. 不依法设置会计账簿的行为。不依法设置会计账簿的行为是指违反《会计法》和国家统一的会计制度的规定，应当设置会计账簿的单位不设置会计账簿或者未按规定的种类、形式及要求设置会计账簿的行为。

2. 私设会计账簿的行为。私设会计账簿的行为是指不在依法设置的会计账簿上对经济业务事项进行统一会计核算，而另外私自设置会计账簿进行会计核算的行为，即常说的“账外账”。

3. 未按照规定填制、取得原始凭证或者填制、取得的原始凭证不符合规定的行为。

4. 以未经审核的会计凭证为依据登记会计账簿或者登记会计账簿不符合规定的行为。

5. 随意变更会计处理方法的行为。会计处理方法的变更会直接影响会计资料的质量和可比性，按照相关法律的规定，不得随意变更会计处理方法。

6. 向不同的会计资料使用者提供的财务会计报告编制依据不一致的行为。财务会计报告应当根据登记完整、核对无误的会计账簿记录和其他有关会计资料编制，使用的计量方法、确认原则、统计标准应当一致，做到数字真实、计算准确、内容完整、说明清楚。不得向不同的会计资料使用者提供编制依据不一致的财务会计报告。

7. 未按照规定使用会计记录文字或者记账本位币的行为。

8. 未按照规定保管会计资料，致使会计资料毁损、灭失的行为。

9. 未按照规定建立并实施单位内部会计监督制度，或者拒绝依法实施的监督，或者不如实提供有关会计资料及有关情况的行为。

10. 任用会计人员不符合本法规定的行为。

（二）违反会计制度规定行为应承担的法律责任

根据《会计法》的规定，上述各种违法行为应承担以下法律责任：

1. 责令限期改正。所谓责令限期改正，是指要求违法行为人在一定期限内停止违法行为，恢复到合法状态。县级以上人民政府财政部门有权责令违法行为人限期改正，停止违法行为。

2. 罚款。县级以上人民政府财政部门根据违法行为人的违法性质、情节及危害程度，在责令限期改正的同时，有权对单位并处 3 000 元以上 5 万元以下的罚款，对其直接负责的主管人员和其他直接责任人员，处 2 000 元以上 2 万元以下的罚款。

3. 给予行政处分。对上述违法行为直接负责的主管人员和其他直接责任人员中的国家工作人员，视情节轻重，由其所在单位或者其上级单位或者行政监察部门给予警告、记过、记大过、降级、降职、撤职、留用察看和开除等行政处分。

4. 吊销会计从业资格证书。会计工作人员有上述所列行为之一，情节严重的，由县级以上人民政府财政部门吊销会计从业资格证书。

5. 依法追究刑事责任。

三、伪造、变造会计凭证、会计账簿，编制虚假财务会计报告的行为特征与法律责任

（一）伪造、变造会计凭证、会计账簿，编制虚假财务会计报告的行为特征

伪造会计凭证的行为，是指以虚假的经济业务或者资金往来为前提，编造虚假的会计凭证的行为；变造会计凭证的行为，是指采取涂改、挖补以及其他方法改变会计凭证的真实内容的行为；伪造会计账簿的行为，是指违反《会计法》和国家统一的会计制度的规定，根据伪造或者变造的虚假会计凭证登记会计账簿，或者不按要求登记账簿，或者对内对外采用不同的确认标准、计量方法等手段编造虚假的会计账簿的行为；变造会计账簿的行为，是指采取涂改、挖补或者其他手段改变会计账簿的真实内容的行为；编制虚假财务会计报告的行为，是指违反《会计法》和国家统一的会计制度的规定，根据虚假的会计账簿记录编制财务会计报告，或者凭空捏造虚假的财务会计报告以及对财务会计报告擅自进行没有依据的修改的行为。

（二）伪造、变造会计凭证、会计账簿，编制虚假财务会计报告的刑事责任

《刑法》并未明确将伪造、变造会计凭证、会计账簿或者编制虚假财务会计报告的行为作为单独犯罪加以规定，而只是在其已经造成严重后果后，按照犯罪情节、手段，分别以偷税罪、公司提供虚假会计报告罪、中介组织人员提供虚假证明文件罪及其他犯罪追究刑事责任。对于伪造、变造会计凭证、会计账簿，编制虚假财务会计报告的行为，《刑法》明确为犯罪的，主要有以下几种情况：

1. 根据《刑法》第一百六十二条的规定，公司、企业进行清算时，隐匿财产，对资产负债表或者财产清单作虚伪记载或者在未清偿债务前分配公司、企业财产，严重损害债权人或者其他人利益的，对其直接负责的主管人员和其他直接责任人员，处 5 年以下有期徒刑或者拘役，并处或者单处 2 万元以上 20 万元以下罚金。

隐匿或者故意销毁依法应当保存的会计凭证、会计账簿、财务会计报告，情节严重的，处 5 年以下有期徒刑或者拘役，并处或者单处 2 万元以上 20 万元以下罚金。

公司、企业通过隐匿财产、承担虚构的债务或者以其他方法转移、处分财产，实施虚假破产，严重损害债权人或者其他人利益的，对其直接负责的主管人员和其他直接责任人员，处5年以下有期徒刑或者拘役，并处或者单处2万元以上20万元以下罚金。

2. 根据《刑法》第一百七十七条的规定，有下列情形之一，伪造、变造金融票证的，处5年以下有期徒刑或者拘役，并处或者单处2万元以上20万元以下罚金；情节严重的，处5年以上10年以下有期徒刑，并处5万元以上50万元以下罚金；情节特别严重的，处10年以上有期徒刑或者无期徒刑，并处5万元以上50万元以下罚金或者没收财产：

（1）伪造、变造汇票、本票、支票的；

（2）伪造、变造委托收款凭证、汇款凭证、银行存单等其他银行结算凭证的；

（3）伪造、变造信用证或者附随的单据、文件的；

（4）伪造信用卡的。

此外，如果行为人为虚报注册资本、虚假出资、抽逃出资、贪污、挪用公款、侵占企业财产、私分国有资产、私分罚没财物，实施伪造、变造会计凭证、会计账簿或者编制虚假财务会计报告的行为，应当按照《刑法》的有关规定分别定罪、处罚。

（三）伪造、变造会计凭证、会计账簿或者编制虚假财务会计报告的行政责任

伪造、变造会计凭证、会计账簿或者编制虚假财务会计报告，情节较轻，社会危害不大，根据《刑法》的有关规定，尚不构成犯罪的，应当按照《会计法》的规定予以处罚。具体包括：

1. 通报。由县级以上人民政府财政部门采取通报的方式对违法行为人予以批评、公告。通报决定由县级以上人民政府财政部门送达被通报人，并通过一定的媒介在一定的范围内公布。

2. 罚款。县级以上人民政府财政部门对违法行为视情节轻重，在予以通报的同时，可以对单位并处5 000元以上10万元以下的罚款，对其直接负责的主管人员和其他直接责任人员，可以处3 000元以上5万元以下的罚款。

3. 行政处分。对上述所列违法行为直接负责的主管人员和其他直接责任人员中的国家工作人员，应当由其所在单位或者其上级单位或者行政监察部门给予撤职直至开除的行政处分。

4. 吊销会计从业资格证书。对上述所列违法行为中的会计人员，由县级以上人民政府财政部门吊销会计从业资格证书。

四、隐匿或者故意销毁依法应当保存的会计凭证、会计账簿、财务会计报告的法律责任

所谓隐匿，是指故意转移、隐藏应当保存的会计凭证、会计账簿、财务会计报告的行为。所谓销毁，是指故意将依法应当保存的会计凭证、会计账簿、财务会计报告予以毁灭的行为。

（一）隐匿或者故意销毁依法应当保存的会计凭证、会计账簿、财务会计报告的刑事责任

《刑法》第二百零一条规定，纳税人采取欺骗、隐瞒手段进行虚假纳税申报或者不申报，逃避缴纳税款数额较大并且占应纳税额10%以上的，处3年以下有期徒刑或者拘役，并处罚金；数额巨大并且占应纳税额30%以上的，处3年以上7年以下有期徒刑，并处罚金。

扣缴义务人采取前款所列手段，不缴或者少缴已扣、已收税款，数额较大的，依照前款的规定处罚。

对多次实施前两款行为，未经处理的，按照累计数额计算。

（二）隐匿或者故意销毁依法应当保存的会计凭证、会计账簿、财务会计报告的行政责任

隐匿或者故意销毁依法应当保存的会计凭证、会计账簿、财务会计报告，情节较轻，社会危害不大，根据《刑法》的有关规定，尚不构成犯罪的，应当根据《会计法》的规定追究行政责任，包括通报、罚款、行政处分、吊销会计从业资格证书。追究行政责任的具体形式及标准等同前。

五、授意、指使、强令会计机构、会计人员及其他人员伪造、变造会计凭证、会计账簿，编制虚假财务会计报告，或者隐匿、故意销毁依法应当保存的会计凭证、会计账簿、财务会计报告的法律责任

所谓授意，是指暗示他人按其意思行事。所谓指使，是指通过明示方式，指示他人按其意思行事。所谓强令，是指明知其命令是违反法律的，而强迫他人执行其命令的行为。

（一）授意、指使、强令他人伪造、变造或者隐匿、故意销毁会计资料行为应当承担的刑事责任

根据《刑法》的有关规定，授意、指使、强令会计机构、会计人员及其他人员伪造、变造会计凭证、会计账簿或者编制虚假财务会计报告，或者隐匿、故意销毁依法应当保存的会计凭证、会计账簿、财务会计报告的，应当作为伪造、变造会计凭证、会计账簿或者编制虚假财务会计报告，或者隐匿、故意销毁依法应当保存的会计凭证、会计账簿、财务会计报告的共同犯罪，定罪处罚。所谓共同犯罪，是指两人以上共同故意犯罪。共同犯罪应当具备三个条件：第一，几个犯罪人有共同故意，即几个犯罪人都明知自己的行为会发生危害社会的结果，仍希望或者放任这种结果的发生，同时，几个犯罪人都认识到自己和其他行为人在共同进行某一犯罪活动。第二，几个犯罪人必须有共同的犯罪行为。即犯罪人各自的犯罪行为都是在他们的共同故意支配下，围绕共同的犯罪对象，实现共同的犯罪目的而实施的，各个共同犯罪人所实施的犯罪行为都同危害结果具有因果关系。第三，共同犯罪具有共同的犯罪客体，即共同犯罪人的犯罪行为必须指向同一犯罪客体。

因此，对授意、指使、强令他人伪造、变造会计凭证、会计账簿或者编制虚假财务会计报告，或者隐匿、故意销毁依法应当保存的会计凭证、会计账簿、财务会计报告的，应当依照《会计法》的规定和《刑法》的有关规定，根据行为人在共同犯罪中所起的作用，定罪处罚。

（二）授意、指使、强令他人伪造、变造或者隐匿、故意销毁会计资料行为应当承担的行政责任

对有上述违法行为，情节较轻，社会危害不大，不构成犯罪的，应当按照《会计法》的规定予以处罚：

1. 罚款。县级以上人民政府财政部门可以视违法行为的情节轻重，对违法行为人处 5 000 元以上 5 万元以下的罚款。

2. 行政处分。对授意、指使、强令会计机构、会计人员及其他人员伪造、变造会计凭证、会计账簿或者编制虚假财务会计报告，或者隐匿、故意销毁依法应当保存的会计凭

证、会计账簿、财务会计报告的国家工作人员，还应当由其所在单位或者其上级单位或者行政监察部门给予降级、撤职或者开除的行政处分。

六、单位负责人对依法履行职责、抵制违反《会计法》规定行为的会计人员实行打击报复的法律责任以及对受打击报复的会计人员的补救措施

《会计法》规定，单位负责人对依法履行职责、抵制违反本法规定行为的会计人员以降级、撤职、调离工作岗位、解聘或者开除等方式实行打击报复，构成犯罪的，依法追究刑事责任；尚不构成犯罪的，由其所在单位或者有关单位依法给予行政处分。对受打击报复的会计人员，应当恢复其名誉和原有职务、级别。

（一）单位负责人打击报复会计人员的刑事责任

根据《刑法》第二百五十五条的规定，公司、企业、事业单位、机关、团体的领导人，对依法履行职责、抵制违反会计法、统计法行为的会计、统计人员实行打击报复，情节恶劣的，处3年以下有期徒刑或者拘役。

（二）单位负责人打击报复会计人员的行政责任

单位负责人对依法履行职责、抵制违反《会计法》规定行为的会计人员实行打击报复，情节轻微，危害性不大，不构成犯罪的，由其所在单位或者有关单位依法给予行政处分。

（三）对受打击报复的会计人员的补救措施

1. 恢复其名誉。受打击报复的会计人员的名誉受到损害的，其所在单位或者其上级单位及有关部门应当要求打击报复者向遭受打击报复的会计人员赔礼道歉，并澄清事实，消除影响，恢复名誉。

2. 恢复其原有职位、级别。会计人员受到打击报复，被调离工作岗位、解聘或者开除的，应当在征得会计人员同意的前提下，恢复其工作；被撤职的，应当恢复其原有职务；被降级的，应当恢复其原有级别。

七、财政部门及有关行政部门的工作人员滥用职权、玩忽职守、徇私舞弊以及泄露国家秘密、商业秘密的法律责任

（一）财政部门及有关行政部门的工作人员滥用职权、玩忽职守、徇私舞弊以及泄露国家秘密、商业秘密的刑事责任

政府有关部门及部门的工作人员滥用职权、玩忽职守、徇私舞弊以及泄露国家秘密、商业秘密的行为可能构成以下犯罪：

1. 滥用职权罪和玩忽职守罪。根据《刑法》第三百九十七条的规定，国家机关工作人员滥用职权或者玩忽职守，致使公共财产、国家和人民利益遭受重大损失的，处3年以下有期徒刑或者拘役；情节特别严重的，处3年以上7年以下有期徒刑。国家机关工作人员徇私舞弊，犯前款罪的，处5年以下有期徒刑或者拘役；情节特别严重的，处5年以上10年以下有期徒刑。

2. 故意泄露国家秘密罪和过失泄露国家秘密罪。根据《刑法》第三百九十八条的规定，国家机关工作人员违反保守国家秘密法的规定，故意或者过失泄露国家秘密，情节严重的，处3年以下有期徒刑或者拘役；情节特别严重的，处3年以上7年以下有期徒刑。非国家机关工作人员犯前款罪的，依照前款的规定酌情处罚。

（二）财政部门及有关行政部门的工作人员滥用职权、玩忽职守、徇私舞弊以及泄露

国家秘密、商业秘密的行政责任

财政部门及有关行政部门的工作人员虽有滥用职权、玩忽职守、徇私舞弊以及泄露国家秘密、商业秘密的行为，但是情节显著轻微，危害性不大，按照《刑法》的有关规定，不构成犯罪的，应当依照《会计法》的规定及有关法律法规的规定，给予行政处分。行政处分主要有警告、记过、记大过、降级、降职、撤职、留用察看和开除等八种。对有上述违法行为的财政部门及有关行政部门的工作人员，可以由其所在单位或者其上级单位或者行政监察部门视情节轻重，给予相应的行政处分。

八、将检举人姓名和检举材料转给被检举单位和被检举人个人的法律责任

《会计法》规定，将检举人姓名和检举材料转给被检举单位和被检举人个人的，由所在单位或者有关单位依法给予行政处分。

九、违反《会计法》同时违反其他法律规定的行为的处罚

会计工作是经济管理的一项重要的基础性工作，会计行为和会计资料不仅对本单位的经济活动产生影响，也会影响到其他单位的经济活动和有关部门的管理活动。因此，除了《会计法》以外，其他法律对相关单位的会计工作也作出了相应的规范，赋予税务、审计、中国人民银行、银行监管、证券监管、保险监管等部门对有关会计工作实施监督管理并对相关会计违法行为进行处罚的职权。《会计法》规定，违反本法规定，同时违反其他法律规定的，由有关部门在各自职权范围内依法进行处罚。

（一）有关法律对违法会计行为及其处罚的规定

1. 根据《中华人民共和国审计法》的有关规定，审计机关发现被审计单位转移、隐匿、篡改、毁弃会计凭证、会计账簿、财务会计报告以及其他与财政收支或者财务收支有关的资料的，审计机关有权予以制止。被审计单位有上述行为，审计机关认为对负有直接责任的主管人员和其他直接责任人员依法应当给予行政处分的，有权提出给予行政处分的建议，被审计单位或者其上级机关、监察机关应当依法及时作出决定；构成犯罪的，由司法机关依法追究刑事责任。

2. 根据《中华人民共和国商业银行法》的有关规定，商业银行应当依照法律和国家统一的会计制度以及国务院银行业监督管理机构的有关规定，建立、健全本行的财务、会计制度，保存财务会计报表、业务合同以及其他资料。

商业银行应当按照国家有关规定，真实记录并全面反映其业务活动和财务状况，编制年度财务会计报告，及时向国务院银行业监督管理机构、中国人民银行和财政部门报送。商业银行提供虚假的或者隐瞒重要事实的财务会计报告，中国人民银行有权责令其改正，并建议国务院银行业监督管理机构处20万元以上50万元以下罚款；情节特别严重或者逾期不改正的，中国人民银行可以责令其停业整顿或者吊销其经营许可证；构成犯罪的，依法追究刑事责任。

3. 根据《中华人民共和国证券法》的有关规定，股票、公司债券依法上市交易的公司，应当按照规定，向证券监督管理机构报送年度报告、中期报告、临时报告。国务院证券监督管理机构有权查阅、复制当事人和与被调查事件有关的单位和个人的证券交易记录、登记过户记录、财务会计资料及其他相关文件和资料。对可能被转移或者隐匿的文件和资料，可以予以封存。查询当事人和与被调整事件有关的单位和个人的资金账户、证券账户和银行账户，对有证据证明有转移或者隐匿违法资金、证券迹象的，可以申请司法机关予以冻结。对于经核准上市交易的证券，其发行人未按照有关规定披露信息，或者披露的信息有虚假记载、误导性陈述或者有重大遗漏的，由证券监督管理机构责令改正，给予警告，并处以30万元以上60万元以下的罚款。对直接负责的主管人员和其他直接责任人员给予警告，并处以3万元以上30万元以下的罚款。构成犯罪的，依法追究刑事责任。为证券的发行、上市或者证券交易活动出具审计报告、资产评估报告或者法律意见书等文件的专业机构，就其所应负责的内容弄虚作假的，由证券监督管理机构没收违法所得，并处以违法所得1倍以上5倍以下的罚款，并由有关主管部门责令该机构停业，吊销直接责任人员的资格证书。构成犯罪的，依法追究刑事责任。

4. 根据《中华人民共和国保险法》的有关规定，保险监督管理部门有权检查保险公司的业务状况、财务状况及资金运用状况，有权要求保险公司在规定的期限内提供有关的书面报告和资料。保险公司未按照规定报送有关报告、报表、文件和资料的，由保险监督管理部门责令改正，逾期不改正的，处以1万元以上10万元以下的罚款。保险公司向保险监督管理部门提供虚假的报告、报表、文件和资料的，由保险监督管理部门责令改正，处以10万元以上50万元以下的罚款。

5. 根据《税收征管法》的有关规定，纳税人必须在法律、行政法规规定或者税务机关依照法律、行政法规的规定确定的申报期限内办理纳税申报，报送纳税申报表、财务会计报表以及税务机关根据实际需要要求纳税人报送的其他纳税资料。纳税人未按照规定设置、保管账簿或者保管记账凭证和有关资料，以及未按照规定将财务、会计制度或者财务、会计处理办法报送税务机关备查的，由税务机关责令限期改正，逾期不改正的，可以处以2 000元以下的罚款；情节严重的，处以2 000元以上1万元以下的罚款。纳税人采取伪造、变造、隐匿、擅自销毁账簿、记账凭证，在账簿上多列支出或者不列、少列收入，或者采取虚假的纳税申报的手段，不缴或者少缴应纳税款，构成犯罪的，依法追究刑事责任。偷税数额不满1万元或者偷税数额占应纳税额不到10%的，由税务机关追缴其偷税款，处以偷税数额5倍以下的罚款。

（二）违反《会计法》同时违反其他法律的处罚规定

对违反《会计法》同时违反其他法律规定的行为，除构成犯罪的，由司法机关依法追究刑事责任外，其他对会计违法行为依法享有行政处罚权的机关，对尚不构成犯罪的会计违法行为，应当按照法定职权作出相应处罚。但是，对同一违法当事人的同一违法行为，不得给予两次以上罚款的行政处罚。

【职业资格训练1－6】

《会计法》中规定的“法律责任”的主要形式是（　　）。

A. 行政责任和民事责任　　B. 行政责任和刑事责任

C. 民事责任和刑事责任　　D. 行政责任、民事责任和刑事责任

【答案】B

【解析】《刑法》并未明确将伪造、变造会计凭证、会计账簿或者编制虚假财务会计报告的行为作为单独犯罪加以规定，而只是在其已经造成严重后果后，按照犯罪情节、手段，分别以偷税罪、公司提供虚假会计报告罪、中介组织人员提供虚假证明文件罪及其他犯罪追究刑事责任。伪造、变造会计凭证、会计账簿或者编制虚假财务会计报告，情节较

轻，社会危害不大，根据《刑法》的有关规定，尚不构成犯罪的，应当按照《会计法》的规定予以行政责任处罚。

项目小结

会计法律制度

- 会计法律制度的概念与构成
  1. 会计法律制度的概念
  2. 会计法律制度的构成
- 会计工作管理体制
  1. 会计工作的主管部门
  2. 会计制度的制定权限
  3. 会计人员的管理
  4. 单位内部的会计工作管理
- 会计核算
  1. 会计核算的基本要求
  2. 会计核算的内容
  3. 会计核算的相关规定
- 会计监督
  1. 单位内部会计监督
  2. 会计工作的政府监督
  3. 会计工作的社会监督
- 会计机构和会计人员
  1. 会计机构的设置
  2. 代理记账
  3. 会计机构负责人（会计主管人员）的概念及任职资格
  4. 会计从业资格
  5. 会计专业职务与会计专业技术资格
  6. 会计工作岗位设置
  7. 会计人员回避制度
  8. 会计人员的工作交接
- 法律责任
  1. 法律责任概述
  2. 违反会计制度规定的法律责任
  3. 伪造、变造会计凭证、会计账簿，编制虚假财务会计报告的行为特征与法律责任
  4. 隐匿或者故意销毁依法应当保存的会计凭证、会计账簿、财务会计报告的法律责任
  5. 授意、指使、强令会计机构、会计人员及其他人员伪造、变造会计凭证、会计账簿，编制虚假财务会计报告，或者隐匿、故意销毁依法应当保存的会计凭证、会计账簿、财务会计报告的法律责任
  6. 单位负责人对依法履行职责、抵制违反《会计法》规定行为的会计人员实行打击报复的法律责任以及对受打击报复的会计人员的补救措施
  7. 财政部门及有关行政部门的工作人员滥用职权、玩忽职守、徇私舞弊以及泄露国家秘密、商业秘密的法律责任
  8. 将检举人姓名和检举材料转给被检举单位和被检举人个人的法律责任
  9. 违反《会计法》同时违反其他法律规定的行为的处罚

从业资格训练

一、单项选择题

1. 根据《企业财务会计报告条例》的规定，企业应当依照有关法律、行政法规和本条例规定的结账日进行结账，不得提前或者延迟。年度结账日为（　　）。

A. 12 月 30 日　　B. 12 月 31 日

C. 次年 1 月 1 日　　D. 12 月 28 日

2. 根据《会计法》的规定，（　　）应当保证会计机构、会计人员依法履行职责，不得授意、指使、强令会计机构、会计人员违法办理会计事项。

A. 会计机构负责人（会计主管人员）　　B. 总会计师

C. 各级人民政府的财政部门　　D. 单位负责人

3. 根据《会计法》的规定，私设会计账簿的，由县级以上人民政府财政部门责令限期改正，可以对单位并处（　　）的罚款。

A. 3 000 元以上 50 000 元以下　　B. 2 000 元以上 20 000 元以下

C. 2 000 元以上 5 000 元以下　　D. 3 000 元以上 20 000 元以下

4. 内部牵制制度是指凡是涉及款项和财务收付、结算及登记的任何一项工作，必须由（　　）分工办理。

A. 两人　　B. 三人

C. 三人或三人以上　　D. 两人或两人以上

5. 根据《会计法》的规定，（　　）对本单位的会计工作和会计资料的真实性、完整性负责。

A. 会计主管人员　　B. 单位负责人

C. 总会计师　　D. 会计机构负责人

6. 根据《总会计师条例》的规定，总会计师是（　　）。

A. 单位负责人　　B. 会计机构负责人

C. 专业技术职务　　D. 单位行政领导成员

7. 根据《会计基础工作规范》的规定，单位的会计机构负责人、会计主管人员办理交接手续时，应由（　　）负责监交。

A. 总会计师　　B. 上级主管单位负责人

C. 单位负责人　　D. 会计机构其他负责人

8. 因违法违纪行为被吊销会计从业资格证书的人员，自被吊销会计从业资格证书之日起（　　）内，不得重新取得会计从业资格证书。

A. 1 年　　B. 2 年　　C. 3 年　　D. 5 年

9. 我国会计行政法规不包括（　　）。

A.《企业财务会计报告条例》　　B.《总会计师条例》

C.《会计基础工作规范》 D.《企业会计准则》

10. 根据《会计法》的规定，有权制定国家统一的会计制度的政府部门是( )。

A. 国务院 B. 国务院财政部门

C. 国务院各业务主管部门 D. 省级人民政府财政部门

11. 会计人员继续教育的内容不包括( )。

A. 会计理论与实务 B. 财务、会计法规制度

C. 会计职业道德规范 D. 财政、金融知识

12. 持证人员从事会计工作，应当自从事会计工作之日起的一定期间内，填写注册登记表，并持会计从业资格证书和所在单位出具的从事会计工作的证明，到向其颁发会计从业资格证书的会计从业资格管理机构办理注册会计登记。该期限为( )。

A. 20 日 B. 30 日 C. 60 日 D. 90 日

13. 下列不属于会计岗位的是( )。

A. 出纳岗位 B. 总账岗位

C. 药房收费员 D. 会计电算化岗位

14. 持有会计从业资格证书的人员，离开会计工作岗位超过一定期限的，应当填写注册登记表，并持会计从业资格证书，向原注册登记的会计从业资格管理机构备案。该期限为( )。

A. 6 个月 B. 2 个月 C. 3 个月 D. 1 个月

15. 我国的会计管理体制是( )。

A. 统一领导 B. 分级管理

C. 统一领导、分级管理 D. 统一领导、集中管理

16. 根据《会计档案管理办法》的规定，一般企业、事业单位销毁会计档案，应由( )。

A. 会计部门负责人监销

B. 同级财政部门派人监销

C. 同级审计部门派人监销

D. 档案部门和会计部门共同派人监销

17. 根据《企业财务会计报告条例》的规定，企业对外提供虚假财务会计报告，可以对企业( )。

A. 直接责任人员处以 2 000 元以上 10 000 元以下罚款

B. 处以 100 000 元以上 300 000 元以下罚款

C. 处以 5 000 元以上 100 000 元以下罚款

D. 处以 2 000 元以上 20 000 元以下罚款

18. 根据《会计法》的规定，单位内部的会计工作管理，应由( )负责。

A. 单位会计机构负责人 B. 总会计师

C. 单位负责人 D. 上级主管部门

19. 企业不应高估资产或者收益、低估负债或者费用，这遵循的会计信息质量要求是（　　）。

A. 谨慎性要求　　B. 重要性要求

C. 明晰性要求　　D. 相关性要求

20. 某公司的下列人员中，按照《会计法》的规定应当是本单位会计责任主体的是（　　）。

A. 董事长　　B. 总经理　　C. 总会计师　　D. 财务处处长

21. 在对会计工作的国家监督中，除（　　）的普遍性监督外，其他有关部门按照法律、行政法规的授权和部门的职责分工，从行业管理、履行职责的角度出发，也有对有关单位会计资料实施监督检查的职权。

A. 财政部门　　B. 工商管理部门

C. 税务部门　　D. 审计部门

22. 会计移交清册一般应当填制（　　）。

A. 一式两份　　B. 一式三份

C. 一份　　D. 一式四份

23. 单位私设会计账簿但未构成犯罪的，由（　　）责令限期改正，并可对单位和个人处以罚款。

A. 县级以上人民政府　　B. 县级以上审计部门

C. 县级以上税务部门　　D. 县级以上人民政府财政部门

24.《会计档案管理办法》规定，银行存款日记账的保管期限是（　　）。

A. 10 年　　B. 15 年　　C. 25 年　　D. 永久

25. 下列不属于会计档案的是（　　）。

A. 银行存款余额调节表　　B. 固定资产卡片

C. 会计档案移交清册　　D. 月度财务收支计划表

26. 会计人员应当接受继续教育，持证人员每年接受培训（面授）的时间累计不得少于（　　）小时。

A. 96　　B. 48　　C. 24　　D. 32

27. 业务收支以外币为主的单位，其编报的财务会计报告应当折算为（　　）。

A. 美元　　B. 人民币

C. 英镑　　D. 任何一种货币

28. 现行《会计法》于（　　）由第九届人大常委会第十二次会议修订通过。

A. 1985 年 1 月 21 日　　B. 1993 年 12 月 29 日

C. 1999 年 10 月 31 日　　D. 2000 年 3 月 10 日

29. 我国的会计法律制度包括（　　）。

A. 会计法律、会计规章

B. 会计法律、会计行政法规

C. 会计法律、会计行政法规、会计规章

D. 会计法律、会计行政法规、国家统一的会计制度、地方性会计法规

30. 注册于上海浦东的某外商投资企业因贷款需向中国建设银行某分行报送年度会计报表，结账截止日应为（ ）。

A. 公历3月31日 B. 公历4月1日

C. 公历10月31日 D. 公历12月31日

31. 对于不具备《会计从业资格管理办法》中规定的（ ）以上会计专业学历的人员，要求从事会计工作的，必须通过考试取得会计从业资格。

A. 初中 B. 高中 C. 大专 D. 中专

32. 如果企业向不同的会计资料使用者提供财务会计报告，下列说法符合《会计法》规定的是（ ）。

A. 其编制依据可根据编制目的的不同而有所不同

B. 其编制依据应当一致

C. 只要有充分理由，编制依据可以不一致

D. 客观上要求其编制依据的一致性，但经有关领导批准，允许其出现不一致

33. 在使用中文的前提下，可同时使用另一种通用文字作为会计记录文字的地区或单位包括（ ）。

A. 民族自治地方，经济特区的外商投资企业、外国企业和其他外国组织

B. 民族自治地方，在我国境内的外商投资企业、外国企业和其他外国组织

C. 少数民族多的地区，经济特区的外商投资企业、外国企业和其他外国组织

D. 少数民族多的地区，在我国境内的外商投资企业、外国企业和其他外国组织

34.《会计法》规定，会计账簿包括（ ）。

A. 总账、明细账、现金账、其他辅助性账簿

B. 总账、明细账、日记账、现金账

C. 总账、明细账、日记账、其他辅助性账簿

D. 总账、明细账、现金账、银行存款账

35. 14 609.08 元的大写应是（ ）。

A. 一万四千六百0玖元0八分

B. 壹万肆仟陆佰零玖元零捌分

C. 壹万肆仟陆佰零玖元零捌分整

D. 壹万肆仟陆佰玖元零捌分整

36. 按照规定，（ ）任用会计人员应当实行回避制度。

A. 国家机关、国有企业、事业单位

B. 国家机关、国有企业、企事业单位

C. 国有企业、企事业单位、外资企业

D. 国有企业、事业单位、外资企业

37. 下列关于编报财务会计报告的说法中，符合《企业财务会计报告条例》规定的是（　　）。

A. 企业财务会计报告分为年度、半年度和季度财务会计报告

B. 季度财务会计报告通常只包括会计报表，而会计报表至少包括资产负债表和利润表

C. 半年度财务会计报告不包括财务情况说明书

D. 现金流量表只有在年度财务会计报告中编报

38. 反映企业在某一特定日期的财务状况的会计报表是（　　）。

A. 资产负债表　　B. 利润表

C. 现金流量表　　D. 所有者权益变动表

39. 具有一定格式记录经济业务事项的发生和完成情况，明确经济责任，并作为记账依据的书面证明是（　　）。

A. 收款凭证　　B. 付款凭证　　C. 转账凭证　　D. 会计凭证

40. 代理记账机构对于委托人示意其作出不当的会计处理，以及其他不符合规定的要求，应当（　　）。

A. 报告上级主管单位　　B. 拒绝

C. 制止和纠正　　D. 向有关部门检举

41. 会计人员交接时，对现金票据根据会计账簿记录的（　　）进行当面点交。

A. 数量　　B. 金额　　C. 余额　　D. 全额

42.（　　）主要负责草拟比较重要的财务会计制度、规定、办法。

A. 会计员　　B. 助理会计师

C. 会计师　　D. 总会计师

43. 对违反《会计法》的行为实施行政处罚的主体只能是（　　）。

A. 各级人民政府　　B. 各级人民政府财政部门

C. 县级以上人民政府　　D. 县级以上人民政府财政部门

44. 会计人员（　　）发生变更，可以不向会计从业资格管理机构办理从业档案信息变更登记。

A. 学历　　B. 学位

C. 会计岗位　　D. 专业技术职务

45.《会计法》特指的“会计主管人员”是指（　　）。

A. 主办会计、主管会计

B. 单独设置会计机构的会计机构负责人

C. 未单独设置会计机构而在有关机构中指定的行使会计机构负责人职权的负责人

D. 未设总会计师的单位中分管会计工作的行政副职领导

46. 申请人符合会计从业资格考试报名基本条件且具备国家教育行政主管部门认可的中专以上（含中专）会计类专业学历（或学位）的，自毕业之日起（　　）内，免试会计基

础、初级会计电算化(或者珠算五级)。

A. 1 年　B. 2 年　C. 3 年　D. 4 年

47. 会计从业资格管理机构自受理之日起(　　)内作出是否颁发会计从业资格证书的决定;(　　)内不能作出决定的,经会计从业资格管理机构负责人批准,可以延长(　　),并应当将延长期限的理由告知申请人。

A. 10 日　10 日　5 日　B. 20 日　20 日　10 日

C. 20 日　20 日　5 日　D. 10 日　10 日　10 日

48. 会计从业资格证书是具备会计从业资格的证明文件,该证书一经取得,在(　　)范围内有效。

A. 全县　B. 全市　C. 全省　D. 全国

49. 下列不属于会计账簿类会计档案的是(　　)。

A. 固定资产卡片　B. 会计移交清册

C. 明细账　D. 日记账

二、多项选择题

1.《会计法》的适用范围包括(　　)。

A. 企事业单位　B. 国家机关

C. 个体工商户　D. 社会团体

2. 对伪造、变造会计凭证、会计账簿或者财务会计报告的行为,县级以上人民政府财政部门可给予的制裁措施是(　　)。

A. 责令限期改正　B. 通报

C. 罚款　D. 吊销会计从业资格证书

3. 记账凭证应当具备的内容包括(　　)。

A. 填制凭证的日期

B. 接受凭证的单位

C. 会计科目、金额

D. 填制凭证人员、稽核人员、记账人员、会计机构负责人、会计主管人员签名或者盖章

4.《会计法》规定,各单位应当根据会计业务的需要来决定是否设置会计机构。以下说法中,正确的有(　　)。

A. 各单位都应设置会计机构和会计人员

B. 不设置会计机构的单位,不需在有关机构中设置会计人员

C. 不设置会计机构的单位,应当在有关机构中设置会计人员并指定会计主管人员

D. 对于不具备设置会计机构和会计人员条件的,应当委托经批准设立的从事代理记账业务的中介机构进行代理记账

5. 下列属于代理记账机构及其从业人员义务的有(　　)。

A. 对在执行业务中知悉的商业秘密,负有保密的义务

B. 对委托人示意其作出不当的会计处理、提供不实的会计资料以及其他不符合法律法规规定的要求应当拒绝

C. 对委托人提出的有关会计处理原则的问题负有解释的责任

D. 代委托方定期向税务机关提供税务资料

6. 委托代理记账的委托人应当履行的义务有(　　)。

A. 对本单位发生的经济业务事项,应当填制或者取得符合国家统一的会计制度规定的原始凭证

B. 及时向代理记账机构提供真实、完整的原始凭证和其他相关资料

C. 应当配备专人负责日常货币收支和保管

D. 对于代理记账机构退回的要求按照国家统一的会计制度规定进行更正、补充的原始凭证,应当及时予以更正、补充

7. 规范会计资料的国家统一的会计制度目前主要有(　　)。

A.《会计法》　　B.《会计基础工作规范》

C.《会计档案管理办法》　　D.《企业会计制度》

8.《会计法》规定,(　　)必须符合国家统一的会计制度的规定。

A. 会计凭证　　B. 会计账簿

C. 财务会计报告　　D. 其他会计资料

9.《会计法》所称的单位负责人是指(　　)。

A. 法律规定代表单位行使职权的主要负责人

B. 行政法规规定代表单位行使职权的主要负责人

C. 行政规章规定代表单位行使职权的主要负责人

D. 单位法定代表人

10. 单位聘用没有会计从业资格证书的人员从事会计工作的(　　)。

A. 由县级以上人民政府财政部门责令限期改正

B. 对直接负责的主管人员和其他直接责任人员,可以处 2 000 元以上 20 000 元以下的罚款

C. 对直接负责的主管人员和其他直接责任人员给予行政处分

D. 对单位并处 3 000 元以上 50 000 元以下的罚款

11. 下列各项中,属于《会计法》规定的行政处罚形式的有(　　)。

A. 撤职、开除　　B. 罚款

C. 吊销税务登记证　　D. 吊销会计从业资格证书

12. 下列各项中,属于回避制度中所指的直系亲属的有(　　)。

A. 夫妻关系　　B. 直系血亲关系

C. 三代以内旁系血亲关系　　D. 配偶亲关系

13. 下列各项中,属于会计法律责任种类的有(　　)。

A. 罚款　　B. 行政处分

C. 责令限期改正　　D. 吊销会计从业资格证书

14. 根据《会计法》的规定，下列行为中属于违法会计行为的有（　　）。

A. 随意变更会计处理方法的行为

B. 私设会计账簿的行为

C. 不依法设置会计账簿的行为

D. 任用不具有会计从业资格证书的人员从事会计工作的行为

15. 根据《会计法》的规定，单位负责人对会计人员实行打击报复的，除对单位负责人依法进行处罚外，对遭受打击报复的会计人员还应采取补救措施。下列各项中属于补救措施的有（　　）。

A. 消除影响、赔礼道歉　　B. 恢复原有的职务

C. 恢复原有级别　　D. 恢复名誉

16. 根据《会计法》的规定，下列行为中，属于违法会计行为的有（　　）。

A. 未按照规定保管会计资料，致使会计资料毁损、灭失的行为

B. 未按照规定建立并实施单位内部会计监督制度的行为

C. 向不同的会计资料使用者提供的财务会计报告编制依据不一致的行为

D. 以未经审核的会计凭证为依据登记会计账簿或者登记会计账簿不符合规定的行为

17. 会计机构负责人（会计主管人员）办理交接手续，由单位负责人监交，必要时主管单位可以派人会同监交。所谓必要时由主管单位派人会同监交，通常包括（　　）。

A. 所属单位负责人不能监交，需要由主管单位派人代表主管单位监交

B. 所属单位负责人不愿监交，需要由主管单位派人代表主管单位监交

C. 所属单位负责人不能及时监交，需要由主管单位派人督促监交

D. 不宜由所属单位负责人单独监交，而需要主管单位会同监交

18. 单位负责人对会计人员实行打击报复，不构成犯罪的，可由（　　）依法给予行政处分。

A. 司法机关　　B. 所在单位

C. 任免机关　　D. 行政监察机关

19. 会计机构、会计人员必须审核原始凭证，审核的依据是会计制度的规定，审核的标准是（　　）。

A. 合法　　B. 真实　　C. 准确　　D. 完整

20. 根据《会计基础工作规范》的规定，移交人对自己经办且已经移交的（　　）的真实性、完整性承担法律责任。

A. 会计凭证　　B. 会计账簿

C. 会计报表　　D. 其他会计资料

21. 根据《总会计师条例》的规定，下列各项中，必须经总会计师签署的有（　　）。

A. 财务收支计划　　B. 成本与费用计划

C. 会计决算报表　　　　　　　　　　D. 财务专题报告

22. 一个单位是否单独设置会计机构，主要由(　　)等因素决定。

A. 单位经营管理的要求

B. 单位规模的大小

C. 上级主管部门的相关规定

D. 经济业务和财务收支的繁简

23. 从事下列工作的人员中，必须取得会计从业资格的有(　　)。

A. 出纳岗位

B. 稽核岗位

C. 财产物资的收发、增减核算岗位

D. 工资、成本费用、财务成果核算岗位

24. 根据《会计法》的规定，下列选项中属于会计人员职权的有(　　)。

A. 对不真实的原始凭证不予受理

B. 对伪造、变造、故意毁灭会计账簿或者账外设账行为进行制止和纠正

C. 对审批手续不全的财务收支退回并要求补正或更正

D. 对单位制订的预算、财务计划执行情况进行监督

25. 下列各项中，属于单位内部会计管理制度的有(　　)。

A. 会计人员岗位责任制　　　　　　B. 财产清查制度

C. 内部会计监督制度　　　　　　　D. 账务处理程序制度

26. 下列各项中，属于变造会计账簿行为的有(　　)。

A. 以虚假的经济业务事项编造不真实的会计账簿

B. 用涂改手段改变会计账簿的真实内容

C. 用挖补手段改变会计账簿的真实内容

D. 以虚假的原始凭证为依据编造不真实的会计账簿

27. 关于总会计师，下列说法正确的有(　　)。

A. 总会计师是单位主管会计工作的负责人

B. 总会计师不是单位行政领导成员

C. 总会计师是高级技术职称

D. 总会计师直接对单位主要行政领导人负责

28. 下列各项中，属于不得取得或重新取得会计从业资格证书的行为的有(　　)。

A. 因贪污、挪用公款，构成犯罪而受到刑事处罚的人员

B. 因参与做假账、提供虚假财务会计报告而构成犯罪被追究刑事责任的人员

C. 用假学历骗取会计从业资格证书而被吊销会计从业资格证书的人员

D. 因违法违纪特别严重但未构成犯罪而被吊销会计从业资格证书的人员

29. 下列规定中体现对会计人员法律保护的有(　　)。

A. 规定单位负责人为本单位会计行为的责任主体

B. 规定单位负责人要保证会计人员依法履行职责
C. 规定任何单位和个人不得对会计人员打击报复
D. 规定对取得显著成绩的会计人员进行表彰奖励

30. 下列有关会计从业资格的说法中,正确的有(　　)。
A. 财政部统一规定会计从业资格证书样式和编号规则
B. 申请人可以通过委托代理人申请会计从业资格证书
C. 持证人员每年参加继续教育培训(面授)的时间不得少于 48 小时
D. 会计从业资格考试大纲由国务院统一制定公布

31. 下列有关会计工作岗位的说法中,正确的有(　　)。
A. 岗位的多少由单位自行决定　　B. 贯彻内部牵制的原则
C. 只能一人一岗　　D. 定期轮换

32. 在办理会计工作交接时,交接双方要按照移交清册列明的内容,进行逐项交接,具体要求有(　　)。
A. 银行存款账户余额要与银行对账单核对,如不一致,应当编制银行存款余额调节表调节相符
B. 有价证券的数量要与会计账簿记录一致,由于一些有价证券(如债券、国库券等)面额与发行价格可能会不一致,因此也可以与账簿记录不一致
C. 移交人员经管的票据、印章及其他会计用品等,也必须交接清楚
D. 移交人员从事会计电算化工作的,要对有关电子数据在实际操作状态下进行交接

33. 下列各项中,属于我国会计法律制度构成范围的有(　　)。
A.《会计法》　　B.《总会计师条例》
C.《会计档案管理办法》　　D.《会计基础工作规范》

34. 各单位必须依法设置会计账簿的"法"是指(　　)。
A.《会计法》　　B.《会计基础工作规范》
C.《税收征管法》　　D.《公司法》

35. 申请参加会计从业资格考试的人员,应当符合的基本条件包括(　　)。
A. 必须具备教育部门认可的高中以上的学历
B. 遵守会计和财经法律、法规
C. 具有良好的道德品质
D. 具备会计专业基本知识和技能

36. 根据《会计基础工作规范》的规定,会计工作交接完毕后,交接双方和监交人要在移交清册上签名盖章,并在移交清册上注明(　　)。
A. 单位名称
B. 交接日期
C. 交接双方和监交人员的职务、姓名
D. 移交清册页数及需要说明的问题和意见

37. 下列人员中，不必取得会计从业资格证书的有（　　）。
A. 商场收费员
B. 政府审计人员
C. 医院门诊收费员
D. 档案管理部门管理会计档案的人员
38. 会计工作的外部监督包括（　　）。
A. 社会监督　　B. 国家监督　　C. 时政监督　　D. 金融监督
39. 下列记账凭证后面可以不附原始凭证的有（　　）。
A. 结账的记账凭证
B. 有汇总原始凭证的记账凭证
C. 发生债权债务的记账凭证
D. 更正错误的记账凭证
40. 会计师的基本条件包括（　　）。
A. 大学专科或中等专业学校毕业
B. 较系统地掌握财务会计基础理论和专业知识
C. 能担负一个单位或管理一个地区、一个部门、一个系统某个方面的财务会计工作
D. 掌握并能正确贯彻执行有关的财经法规
41. 下列各项中，属于总会计师负责组织的工作的有（　　）。
A. 组织编制和执行预算、财务收支计划、信贷计划，拟订资金筹措和使用方案
B. 建立、健全经济核算制度，强化成本管理
C. 负责对本单位的生产经营和业务管理等问题作出决策
D. 负责本单位财务会计机构的设置和会计人员的配备
42. 财务情况说明书至少应当对（　　）情况作出说明。
A. 企业生产经营的基本情况
B. 资金增减和周转情况
C. 对企业财务状况、经营成果和现金流量有重大影响的其他事项
D. 利润实现和分配情况
43. 代理记账机构应当于每年 4 月 30 日之前，向审批机关报送（　　）等材料。
A. 代理记账机构基本情况表
B. 营业执照、办公用房产权或者使用权证明
C. 专职从业人员身份证明、会计从业资格证书、会计专业技术职务资格证书
D. 兼职从业人员身份证明、会计从业资格证书、会计专业技术职务资格证书
44. 注册会计师及其所在的会计师事务所依法承办（　　）审计业务等。
A. 审查企业财务会计报告，出具审计报告
B. 验证企业资本，出具验资报告
C. 办理企业合并、分立、清算事宜中的审计业务，出具有关报告

D. 法律、行政法规规定的其他审计业务

45. 单位内部会计监督是指为了保护单位资产的（ ），保证经营活动符合国家法律、法规和内部有关管理制度，提高经济管理水平和效率，而在单位内部采取的一系列相互制约、相互监督的制度和方法。

A. 完整 B. 安全 C. 收益 D. 使用效率

46. 按照《会计法》的规定，审计、税务、人民银行等部门依据职责可以对有关单位的会计资料实施监督检查，下列说法正确的有（ ）。

A. 有关部门在进行监督检查之前必须征得财政部门同意或批准

B. 有关部门监督检查后，应当出具检查结论

C. 有关部门监督检查后所出具的监督检查结论，需交财政部门存档备案

D. 有关部门应尽量利用其他部门监督检查后所出具的检查结论，避免重复查账

47. 财政部门履行的会计行政管理职能主要有（ ）。

A. 会计准则制度及相关标准规范的制定和组织实施

B. 会计市场管理

C. 会计专业人才评价

D. 会计监督检查

48. 中国注册会计师协会的主要职责有（ ）。

A. 组织对注册会计师的任职资格、注册会计师和会计师事务所的执业情况进行年度检查

B. 审批和管理本协会会员，指导地方注册会计师协会办理注册会计师注册

C. 制定行业自律管理规范，对违反行业自律管理规范的行为予以惩戒

D. 组织实施注册会计师全国统一考试，组织和推动会员培训工作，组织业务交流，开展理论研究，提供技术支持

49. 根据《会计专业职务试行条例》的规定，会计人员的基本任职条件有（ ）。

A. 初步掌握财务会计知识和技能

B. 熟悉并能遵照执行有关会计法规和财务会计制度

C. 能担负一个岗位的财务会计工作

D. 大学专科或中等专业学校毕业，在财务会计工作岗位上见习一年期满

50. 根据《会计法》的规定，对“随意变更会计处理方法”的行为，应当承担的法律责任包括（ ）。

A. 由县级以上人民政府财政部门责令限期改正

B. 对单位处以 3 000 元以上 50 000 元以下的罚款

C. 对其直接负责的主管人员可以处以 2 000 元以上 20 000 元以下的罚款

D. 构成犯罪的，依法追究刑事责任

51. 下列各项中，属于会计类专业的有（ ）。

A. 财务管理 B. 注册会计师专门化

C. 会计电算化　　　　　　　　　　　　　　D. 审计学

52.《会计从业资格管理办法》规定不具备会计从业资格的人员不得(　　)。

A. 从事会计工作

B. 参加会计专业技术资格考试或评审

C. 参加会计专业职务的聘任

D. 申请取得会计人员荣誉证书

53. 根据规定,会计人员在办理移交手续前必须做好(　　)等准备工作。

A. 已经受理的经济业务尚未填制会计凭证的应当填制完毕

B. 尚未登记的账目应当登记完毕,结出余额,并在最后一笔余额后加盖经办人印章

C. 整理好应该移交的各项资料,对未了事项和遗留问题要写出书面说明材料

D. 编制移交清册,列明应当移交的会计凭证、会计账簿、现金、有价证券等内容,实行会计电算化的单位,从事该项工作的移交人员还应当在移交清册中列明会计软件及密码、会计软件数据磁盘(磁带等)及有关资料、实物等内容

54.《会计法》规定,对单位直接负责的主管人员和其他直接责任人员可以处2 000元以上20 000元以下罚款的行为有(　　)。

A. 私设会计账簿

B. 以未经审核的会计凭证为依据登记会计账簿

C. 未按照规定填制、取得原始凭证

D. 伪造、变更会计凭证和会计账簿

三、判断题

1. 我国境内设立企业的记账本位币可以不是人民币。(　　)

2. 财政部门实施会计监督的对象是会计行为。(　　)

3. 伪造会计凭证的行为是指用涂改、挖补等方法改变会计凭证真实内容的行为。(　　)

4. 中国会计学会是研究会计科学和组织推动会计科学研究的全国性群众学术团体。(　　)

5. 根据现有相关法律、行政法规的规定,上市公司的财务会计报告,必须经过注册会计师审计才能对外提供。(　　)

6. 代理记账机构为委托人编制的财务会计报告,经委托人签名并盖章后,就可以按照有关法律、行政法规和国家统一的会计制度的规定对外提供。(　　)

7. 会计机构、会计人员对严重违反国家利益和社会公众利益的财务收支,应当向主管单位或者财政、审计、税务机关报告。(　　)

8. 会计关系是会计机构和会计人员在办理会计事务过程中以及国家在管理会计工作中发生的经济关系。(　　)

9. 在我国,除国有企业以外,其他单位可以根据业务需要自行决定是否设置总会计师。(　　)

10. 财务会计报告须经注册会计师审计的,企业应当将注册会计师及其会计师事务所出具的审计报告随同财务会计报告一并对外提供。(　　)

11. 会计工作的国家监督是一种内部监督。(　　)

12. 依法批准设立的会计师事务所,为中国注册会计师协会团体会员。(　　)

13. 中国注册会计师协会是依据《注册会计师法》和《社会团体登记条例》的有关规定设立的社会团体法人,是中国注册会计师行业的自律管理组织,成立于1988年11月。(　　)

14.《会计法》在规定单位负责人为本单位会计行为责任主体的同时,也规定了会计机构、会计人员和其他人员的职责、法律责任。(　　)

15. 为保证会计职能作用的充分发挥,任何单位都应设置独立的会计机构,或在有关机构中配备会计人员并指定会计主管人员。(　　)

16. 中国注册会计师协会最高权力机构为全国会员代表大会,全国会员代表大会选举产生理事会。协会下设秘书处,为其常设执行机构。(　　)

17. 财政部门有权对社会监督进行再监督。(　　)

18. 在编制年度财务会计报告之前,必须进行财产清查。(　　)

19. 会计档案交接完毕后,交接双方经办人员和监交人员应当在会计档案移交清册上签名或盖章。(　　)

20. 注册会计师协会是注册会计师的行业组织,应依法取得社会团体法人资格。(　　)

21. 省级以上财政部门有权对会计师事务所出具审计报告的程序和内容进行监督。(　　)

22. 会计人员的任用、晋升、调动、奖惩,应当事先征求总会计师的意见。(　　)

23. 在委托代理记账的情况下,委托单位对会计资料的真实性、完整性不再承担责任。(　　)

24. 进行会计工作交接,当有价证券面额与发行价不一致时,按照会计账簿余额交接。(　　)

25. 财务情况说明书是对会计报表编制方法或会计报表有关数字的必要注解和说明。(　　)

26. 各单位的预算、计划、制度等文件材料属于文本档案,不属于会计档案。(　　)

27. 会计工作的社会监督是一种外部监督,是单位内部监督的再监督,其特征是监督行为的独立性和有偿性。(　　)

28. 申请人经批准取得代理记账许可证书后,应当依法办理工商登记。(　　)

29. 代理记账机构应当在办公场所的显著位置放置代理记账许可证书。(　　)

30. 会计从业资格管理办法由各级财政部门根据本地区实际情况自行规定。(　　)

31. 对于作出不予颁发会计从业资格证书的决定,申请人享有依法申请行政复议或者提起行政诉讼的权利。(　　)

32. 会计人员继续教育根据教育对象分为高级、中级、初级三个层次。(　　)

33. 为企业内部控制提供咨询的会计师事务所,原则上可以同时为同一企业提供内部控制审计服务。(　　)

34. 委托人对代理记账机构在委托合同约定的范围内的行为承担责任,代理记账机构对其专职从业人员和兼职从业人员的业务活动承担责任。(　　)

35. 单位负责人是单位会计工作的责任主体,所以,会计机构、会计人员没有会计监督的职权。(　　)

36. 季度、月度财务会计报告通常仅指会计报表,会计报表至少应当包括资产负债表和现金流量表。(　　)

37. 代理记账是一种会计中介服务,是指从事代理记账业务的会计师事务所机构接受委托人的委托办理会计业务。(　　)

38. 会计人员的岗位应该有计划地进行轮换。(　　)

39. 根据《会计法》的规定,原始凭证有错误的,应当由出具单位重开或者更正,更正处应当加盖使用单位印章。(　　)

40. 任何单位不得以未经审核的会计凭证为依据登记会计账簿。(　　)

41. 单位接受监督检查部门依法实施的会计监督检查是法定义务,必须如实提供相关会计资料以及有关情况。(　　)

42. 单位的会计人员是会计工作社会监督的对象。(　　)

43. 我国会计年度采用公历制,主要是与我国的计划和财政年度保持一致。(　　)

44. 单位提供的担保、未决诉讼或有关事项,应当按照国家统一的会计制度的规定,在财务会计报告中予以说明。(　　)

45. 填制记账凭证时,可以将不同内容和类别的原始凭证汇总填制在一张记账凭证上。(　　)

46. 实行会计电算化的单位,所有账簿都应当定期打印。(　　)

47.《会计基础工作规范》规定,对账工作至少每月进行一次。(　　)

48. 企业对外提供的财务会计报告应当依次编订页数,加具封面,装订成册,加盖公章。(　　)

49. 县级以上人民政府对代理记账机构及其从事代理记账业务情况实施监督检查。(　　)

50. 内部会计控制应当遵循成本效益原则,以合理地控制成本,达到最佳的控制效益。(　　)

51. 除财政部门外,审计、税务、人民银行、证券监督、保险监督等部门可以对各单位的会计资料实施监督检查。(　　)

52. 企业会计部门内部专门管理会计档案的人员也必须取得会计从业资格证书。(　　)

53. 境外单位向国内有关部门编报的会计报表,应当折算为以人民币反映。(　　)

54. 实行会计电算化的单位，有关电子数据、会计软件资料等可以不作为会计档案进行管理。（　　）

55. 记账凭证填制完经济业务事项后，如有空行，应当自金额栏最后一笔金额数字下的空行至合计数上的空行划线注销。（　　）

56. 实行会计电算化的单位，用计算机打印的会计账簿必须连续编号，经审核无误后装订成册，并由会计主管人员签字或者盖章。（　　）

57. 会计机构、会计人员对弄虚作假、严重违法的原始凭证，在不予受理的同时，应当予以扣留，并及时向单位领导人报告，请求查明原因，追究当事人的责任。（　　）

58. 年度、半年度会计报表至少应当反映两个年度或者相关两个期间的比较数据。（　　）

59. 按照国家统一的会计制度的规定，需要编制合并会计报表的企业集团，子公司除编制其个别会计报表外，还应当编制企业集团的合并会计报表。（　　）

60. 隐匿、故意销毁依法应当保存的会计凭证、会计账簿、财务会计报告的行为，应当承担法律责任。（　　）

61. 国有的大、中型企业和国有资产占控股地位或者主导地位的大、中型企业必须设置总会计师。（　　）

62. 会计机构负责人、会计主管人员移交时，必须将全部财务会计工作、重大财务收支和会计人员的情况等，向接替人员详细介绍。对需要移交的遗留问题，应当写出书面材料。（　　）

63. 单位内部会计监督的客体是该单位的会计机构和会计人员。（　　）

四、案例分析题

案例一：

2011 年 3 月，某市财政部门对该市一所市属学校 2010 年的财务收支情况进行例行检查。检查人员在审阅该学校会计报表和会计账簿等会计资料时发现“其他应收款”科目 2010 年年末余额较年初余额有大幅上升。检查人员接着调阅了 2010 年度与“其他应收款”账户相关的会计凭证，发现 2010 年度借方发生额中，有 3 笔应收款金额共计 20 万元，在记账凭证后未附任何原始凭证。

检查人员带着这一疑问询问了有关财务人员，得知该学校“为解决曾向学校提供过资金赞助的某乡镇企业甲公司的临时资金周转困难，向甲公司临时借出了 20 万元资金，学校并未向该公司收取利息”。根据询问所得情况，检查人员对甲公司进行了延伸调查。经过审阅甲公司有关会计资料及货币资金收付记录、询问有关人员等方法查明，甲公司与该学校订有有息贷款协议，甲公司至 2010 年年底已经以现金的方式向该学校支付了利息 1.5 万元。

检查人员以上述对甲公司的检查结果为基础，对该学校有关人员进行了询问。在上述事实面前，有关人员不得不承认该学校将其向甲公司收取的借款利息存入学校小金库的事实。分析财政部门对该市属学校财务收支情况的例行检查属于何种类型的会计监督。除此以外,还有哪些类型的会计监督?

案例二:

2013 年 12 月,某有限责任公司出纳员王某在审查原始凭证时,发现业务员李某提供的住宿费发票和张某提供的购货发票存在问题:李某的住宿费发票大小写金额不一致;张某提供的购买办公用品的发票经审查是伪造的发票。王某应如何处理?

☞ 参考答案

一、单项选择题

1. B 2. D 3. A 4. D 5. B 6. D 7. C 8. D 9. C 10. B 11. D 12. D 13. C 14. A 15. C 16. D 17. C 18. C 19. A 20. A 21. A 22. B 23. D 24. C 25. D 26. C 27. B 28. C 29. D 30. D 31. D 32. B 33. B 34. C 35. B 36. A 37. B 38. A 39. D 40. B 41. C 42. C 43. D 44. C 45. C 46. B 47. B 48. D 49. B

二、多项选择题

1. ABD 2. BCD 3. ACD 4. CD 5. ABC 6. ABCD 7. BCD 8. ABCD 9. ABD 10. ABD 11. BD 12. ABCD 13. ABCD 14. ABCD 15. ABCD 16. ABCD 17. ACD 18. BCD 19. ABCD 20. ABCD 21. ABCD 22. ABD 23. ABCD 24. ABCD 25. ABD 26. BC 27. AD 28. AB 29. ABCD 30. AB 31. ABD 32. ACD 33. ABCD 34. ABCD 35. BCD 36. ABCD 37. ABCD 38. AB 39. AD 40. BCD 41. AB 42. ABCD 43. ABCD 44. ABCD 45. AB 46. BD 47. ABCD 48. ABCD 49. ABCD 50. ABCD 51. ABCD 52. ABCD 53. ABCD 54. ABC

三、判断题

1. √ 2. √ 3. × 4. √ 5. √ 6. × 7. √ 8. √ 9. × 10. √ 11. × 12. √ 13. √ 14. √ 15. × 16. √ 17. √ 18. √ 19. √ 20. √ 21. √ 22. √ 23. × 24. √ 25. × 26. √ 27. √ 28. √ 29. √ 30. × 31. √ 32. √ 33. × 34. √ 35. × 36. × 37. × 38. √ 39. × 40. √ 41. √ 42. × 43. √ 44. √ 45. × 46. × 47. × 48. √ 49. × 50. √ 51. × 52. √ 53. √ 54. × 55. √ 56. × 57. √ 58. √ 59. × 60. √ 61. √ 62. √ 63. ×

四、案例分析题

案例一解析:

会计监督是会计的基本职能之一,是我国经济监督体系的重要组成部分。目前我国已形成了三位一体的会计监督体系,包括单位内部会计监督、以政府财政部门为主体的政府监督和以注册会计师为主体的社会监督。

单位内部会计监督,是指一个单位为了实现保护其资产的安全完整,保证其经营活动符合国家法律、法规和内部规章的要求,提高经营管理水平和效率,防止舞弊,控制风险等目的，而在单位内部采取的一系列相互联系、相互制约的制度和方法。单位内部会计监督的主体是各单位的会计机构、会计人员；单位内部会计监督的对象是单位的经济活动。根据《会计法》的规定："会计机构、会计人员对违反本法和国家统一的会计制度规定的会计事项，有权拒绝办理或者按照职权予以纠正。""单位负责人应当保证会计机构、会计人员依法履行职责，不得授意、指使、强令会计机构、会计人员违法办理会计事项。"

会计工作的政府监督是一种外部监督，主要是指政府财政部门代表国家依据法律、行政法规的规定和部门的职责权限，对有关单位的会计行为、会计资料所进行的监督检查。根据《会计法》的规定，财政部门可以依法对各单位的下列情况实施监督：各单位是否依法设置会计账簿；各单位的会计资料是否真实、完整；各单位的会计核算是否符合法定要求；各单位从事会计工作的人员是否具备从业资格。在本案例中，财政部门对市属学校设置的会计账簿是否合法，会计资料是否真实、完整等方面的检查属于会计工作的政府监督。

除财政部门外，审计、税务、人民银行、银行监管、证券监管、保险监管等部门依照有关法律、行政法规规定的职责和权限，可以对有关单位的会计资料实施监督检查。

会计工作的社会监督主要是指社会中介机构对单位经济活动的监督，在我国，目前主要是指通过会计师事务所的注册会计师依法对受托单位的经济活动进行审计，并据实作出客观评价的一种监督形式，它是一种外部监督。财政部门有权对会计师事务所出具的审计报告进行监督。

在本案例中，某市财政部门对该市属学校财务收支情况的例行检查属于政府监督，它与单位内部会计监督、社会监督共同构成我国会计的监督体系，形成了一个有机的整体。

案例二解析：

填制和审核原始凭证是会计核算工作的首要环节，在经济管理活动中具有重要的作用，表现为：(1)提供会计信息。会计人员可以根据会计凭证，对日常经济活动中发生的大量的、分散的经济业务进行整理、分类和汇总，经过处理后成为经济管理活动中有用的会计信息。(2)监督、控制会计活动。通过对会计凭证的审核，可以检查经济业务的发生是否符合国家的法律和行政法规及有关的制度的规定，从而确保经济业务的合法有效。(3)提供记账依据。通过对会计凭证的填制、审核，对会计凭证进行整理、分类和汇总，为会计记账提供依据。填制和审核原始凭证是确保会计资料质量的重要措施之一，也是会计机构、会计人员的重要职责。《会计法》对审核原始凭证问题作出了具体规定：(1)会计机构、会计人员必须按照法定职责审核原始凭证。(2)会计机构、会计人员审核原始凭证应当按照国家统一的会计制度的规定进行。(3)会计机构、会计人员对不真实、不合法的原始凭证，有权不予受理，并向单位负责人报告，请求查明原因，追究有关当事人的责任；对记载不准确、不完整的原始凭证予以退回，并要求经办人员按照国家统一的会计制度的规定进行更正、补充。

编制记账凭证是会计核算过程中的重要环节，是提供正确会计信息的关键。会计人员应当根据经过审核无误的原始凭证和有关资料编制记账凭证。

依据会计凭证登记会计账簿是会计人员的重要工作,会计人员根据审核无误的会计凭证登记会计账簿是基本的会计记账规则,是保证会计质量的重要环节。

账目核对是保证会计账簿记录质量的重要程序。根据《会计法》的规定,账目核对要做到账实相符、账证相符、账账相符、账表相符。

各单位的财务会计报告必须根据经过审核的会计凭证和有关资料编制,向不同的会计资料使用者提供的财务会计报告的编制依据应当一致。

会计人员应当遵照《会计法》的规定,填制和审核原始凭证、编制记账凭证、登记会计账簿、进行账目核对、编制财务会计报告进行会计核算,实施会计监督,才能保证会计信息的真实性和完整性。

在本案例中,王某发现李某提供的发票大小写金额不一致,应仔细分析发票金额大小写不一致的原因,若是人为涂改所致,则属于不合法的原始凭证,应不予接受,同时应向单位负责人报告;若为发票填写错误,则应退回,要求开票单位重开发票,予以更正。对于张某提供的伪造的购买办公用品的发票,王某有权不予受理,并向单位负责人报告,请求查明原因,追究有关当事人的责任。

项目二 结算法律制度

学习目标

知识目标：通过本项目的学习，学生能够了解支付结算法律制度；掌握支付结算的内容；掌握各金融机构的相关规范。

能力目标：学生能够领会相关支付结算的相关程序，能够掌握办理支付结算的相关程序，并能在实际工作中正确加以运用。更重要的是能够独立办理结算业务。

【情境导入】

2013年1月18日，昌茂商贸有限责任公司（以下简称昌茂公司）从龙腾公司购进一批货物，同时向龙腾公司开具一张商业承兑汇票，用于货款结算。

昌茂公司开具商业承兑汇票时，将付款人填写为"晶茂商贸有限责任公司"，出票日期填写为"贰零壹叁年壹月拾捌日"，收款人未填写。后经财务部小胡核对，发现付款人名称填写有误，遂将"晶"字改为"昌"字，交予龙腾公司。

通过本项目的学习了解票据的填写规范，并分析昌茂公司开具商业承兑汇票未填写收款人名称是否影响该票据效力，以及昌茂公司在更改付款人名称行为中是否有不当之处。

任务一 现金结算

【任务描述】

使学生掌握现金的适用范围及现金的使用限额。

【任务分析】

在实际的工作中，了解现金的使用要求、现金的使用限额。

【知识准备】

掌握单位现金的使用范围、使用要求，以及建立健全现金管理的内部控制。

一、现金结算的概念与特点

（一）现金结算的概念

现金结算是指在商品交易、劳务供应等经济往来中，直接使用现金进行应收应付款结算的一种行为。现金结算在我国主要适用于单位与个人之间的款项收付,以及单位之间的转账结算起点金额以下的零星小额收付。

(二)现金结算的特点

现金结算具有直接便利、不安全、不易宏观控制和管理、费用较高等特点。

二、现金结算的渠道

现金结算的渠道有:(1)付款人直接将现金支付给收款人;(2)付款人委托银行、非银行金融机构或者非金融机构将现金支付给收款人。

三、开户单位使用现金的范围

《现金管理暂行条例》规定,企业、事业单位和机关、团体、部队只能在下列范围内使用现金:

(1)职工工资、津贴。

(2)个人劳务报酬。

(3)根据国家规定颁发给个人的科学技术、文化艺术、体育等各种奖金。

(4)各种劳保、福利费用以及国家规定的对个人的其他支出。

(5)向个人收购农副产品和其他物资的价款。

(6)出差人员必须随身携带的差旅费。

(7)结算起点以下的零星支出。按规定结算起点为1 000元,超过结算起点的,应实行银行转账结算。结算起点的调整,由中国人民银行确定,报国务院备案。

(8)中国人民银行确定需要支付现金的其他支出。

四、现金使用的限额

(1)开户银行应当根据实际需要,核定开户单位3~5天的日常零星开支所需的库存现金限额。

(2)边远地区和交通不便地区的开户单位的库存现金限额,可以多于5天,但不得超过15天的日常零星开支。

(3)经核定的库存现金限额,开户单位必须严格遵守。需要增加或者减少库存现金限额的,应当向开户银行提出申请,由开户银行核定。

任务二 支付结算概述

【任务描述】

使学生掌握支付结算的内容和相关的程序,做到学以致用。

【任务分析】

在工作中,了解支付结算的概念,掌握办理结算的流程。

【知识准备】

能够认真地领会办理支付结算的相关要求,并严格按照填写凭证的要求办理支付结算业务。

一、支付结算概述

支付结算是指单位、个人在社会经济活动中使用现金、票据、信用卡和结算凭证进行货币给付及资金清算的行为。其主要功能是完成资金从一方当事人向另一方当事人的转移。

银行、城市信用合作社、农村信用合作社（以下统称银行）以及单位（含个体工商户）和个人是办理支付结算的主体。其中，银行是支付结算和资金清算的中介机构。

支付结算的方式有以下几种：(1)支票；(2)银行本票；(3)银行汇票；(4)商业汇票；(5)汇兑；(6)委托收款；(7)托收承付；(8)信用卡；(9)信用证。支付结算是一种转账结算，是国民经济活动中资金清算的中介。为了规范支付结算行为，保障支付结算活动中当事人的合法权益，加速资金周转和商品流通，促进社会主义市场经济的发展，我国制定了一系列支付结算方面的法律、法规和制度，主要包括：2003 年 4 月 10 日中国人民银行发布的于同年 9 月 1 日起实施的《人民币银行结算账户管理办法》、2004 年 8 月 28 日第十届全国人民代表大会常务委员会第十一次会议修订的于 1995 年 5 月 10 日第八届全国人民代表大会常务委员会第十三次会议通过并于 1996 年 1 月 1 日起实施的《中华人民共和国票据法》（以下简称《票据法》）、1997 年 6 月 23 日中国人民银行发布的于同年 8 月 1 日起实施的《国内信用证结算办法》、1997 年 8 月 21 日经国务院批准由中国人民银行发布的于同年 10 月 1 日起实施的《票据管理实施办法》、1997 年 9 月 19 日中国人民银行发布的于同年 12 月 1 日起实施的《支付结算办法》和 1999 年 1 月 5 日中国人民银行发布的于同年 3 月 1 日起实施的《银行卡业务管理办法》等。

支付结算工作的任务是根据经济往来组织支付结算，准确、及时、安全地办理支付结算，并按照有关法律和行政法规的规定管理支付结算，保障支付结算活动的正常进行。

支付结算的特征主要有：(1)支付结算必须通过中国人民银行批准的金融机构进行；(2)支付结算的发生取决于委托人的意志；(3)实行统一领导，分级管理；(4)支付结算是一种要式行为；(5)支付结算必须依法进行。

二、支付结算的主要法律依据

支付结算方面的法律、法规和制度主要包括《票据法》、《票据管理实施办法》、《支付结算办法》、《现金管理暂行条例》、《银行卡业务管理办法》、《人民币银行结算账户管理办法》、《异地托收承付结算办法》、《电子支付指引（第一号）》等。

三、支付结算的基本原则

支付结算的原则是指单位、个人和银行在进行支付结算活动时必须遵循的行为准则。根据规定，支付结算应当遵守以下原则：

1. 恪守信用、履约付款原则。根据该原则，各单位之间、单位与个人之间发生交易往来，产生支付结算行为时，结算当事人必须依照双方约定的民事法律关系内容依法承担义务和行使权利，严格遵守信用，履行付款义务，特别是应当按照约定的付款金额和付款日期进行支付。结算双方办理款项收付完全建立在自觉自愿、相互信任的基础上。

2. 谁的钱进谁的账、由谁支配原则。根据该原则，银行在办理结算时，必须按照存款人的委托，将款项支付给其指定的收款人；对存款人的资金，除国家法律另有规定外，必须由其自由支配。这一原则主要在于维护存款人对存款资金的所有权，保证其对资金支配的自主权。

3. 银行不垫款原则。即银行在办理结算过程中，只负责办理结算当事人之间的款项划拨，不承担垫付任何款项的责任。这一原则主要在于划清银行资金与存款人资金的界限，保护银行资金的所有权和安全，有利于促使单位和个人直接对自己的债权债务负责。

四、办理支付结算的基本要求及支付结算凭证填写的基本要求

（一）办理支付结算的基本要求

根据《支付结算办法》的规定，单位、个人和银行办理支付结算的基本要求包括：

1. 单位、个人和银行办理支付结算必须使用按中国人民银行统一规定印制的票据和统一规定的结算凭证。未使用中国人民银行统一规定格式的结算凭证，银行不予受理。

2. 单位、个人和银行应当按照《人民币银行结算账户管理办法》的规定开立、使用账户。

3. 票据和结算凭证上的签章和其他记载事项应当真实，不得伪造、变造。

票据和结算凭证上的签章，为签名、盖章或者签名加盖章；单位、银行在票据上的签章和单位在结算凭证上的签章，为该单位、银行的公章加其法定代表人或者其授权的代理人的签名或者盖章。

4. 填写票据和结算凭证应当规范，做到要素齐全、数字正确、字迹清晰、不错不漏、不潦草，防止涂改。

票据和结算凭证的金额、出票或者签发日期、收款人名称不得更改，更改的票据无效；更改的结算凭证，银行不予受理。对票据和结算凭证上的其他记载事项，原记载人可以更改，更改时应当由原记载人在更改处签章证明。

票据和结算凭证金额以中文大写和阿拉伯数字同时记载，二者必须一致，否则，银行不予受理。

（二）支付结算凭证填写的基本要求

票据和结算凭证是办理支付结算和现金收付的重要依据，是银行、单位和个人凭以记载账务的会计凭证，是记载经济业务和明确经济责任的一种书面证明。因此，填写票据和结算凭证，必须做到标准化、规范化。

1. 中文大写金额数字应用正楷或行书填写，不得自造简化字。如果金额数字书写中使用繁体字，也应受理。

2. 中文大写金额数字到元为止的，在“元”之后应写“整”（或“正”）字；到角为止的，在“角”之后可以不写“整”（或“正”）字。大写金额数字有分的，“分”后面不写“整”（或“正”）字。

3. 中文大写金额数字前应标明“人民币”字样，大写金额数字应紧接“人民币”字样填写，不得留有空白。大写金额数字前未印“人民币”字样的，应加填“人民币”三字。

4. 阿拉伯小写金额数字中有“0”的，中文大写应按照汉语语言规律、金额数字构成和

防止涂改的要求进行书写。举例如下：

(1)阿拉伯数字中间有“0”时，中文大写金额要写“零”字。例如，¥1 409.50，应写成“人民币壹仟肆佰零玖元伍角”。

(2)阿拉伯数字中间连续有几个“0”时，中文大写金额中间可以只写一个“零”字。例如，¥6 007.14，应写成“人民币陆仟零柒元壹角肆分”。

(3)阿拉伯数字万位或元位是“0”，或者数字中间连续有几个“0”，万位、元位也是“0”，但千位、角位不是“0”时，中文大写金额中可以只写一个“零”字，也可以不写“零”字。例如，¥1 680.32，应写成“人民币壹仟陆佰捌拾元零叁角贰分”，或者写成“人民币壹仟陆佰捌拾元叁角贰分”；又例如，¥107 000.53，应写成“人民币壹拾万柒仟元零伍角叁分”，或者写成“人民币壹拾万零柒仟元伍角叁分”。

(4)阿拉伯金额数字角位是“0”，而分位不是“0”时，中文大写金额“元”后面应写“零”字。例如，¥16 409.02，应写成“人民币壹万陆仟肆佰零玖元零贰分”；又例如，¥325.04，应写成“人民币叁佰贰拾伍元零肆分”。

5. 阿拉伯小写金额数字前面，均应填写人民币符号“¥”。阿拉伯小写金额数字要认真填写，不得连写分辨不清。

6. 票据的出票日期必须使用中文大写。在填写月、日时，月为壹、贰和壹拾的，日为壹至玖及壹拾、贰拾和叁拾的，应在其前加“零”；日为拾壹至拾玖的，应在其前面加“壹”。例如，2 月 12 日，应写成“零贰月壹拾贰日”；10 月 20 日，应写成“零壹拾月零贰拾日”。票据出票日期使用小写填写的，银行不予受理。大写日期未按要求规范填写的，银行可予受理；但由此造成损失的，由出票人自行承担。

【职业技能训练 2-1】

出票银行签发的，由其在见票时按照实际结算金额无条件支付给收款人或者持票人的票据是(　　)。

A. 银行汇票　　B. 银行本票　　C. 支票　　D. 商业汇票

【答案】A

【解析】银行汇票是出票银行签发的，由其在见票时按照实际结算金额无条件支付给收款人或者持票人的票据。

任务三　银行结算账户

【任务描述】

使学生了解银行结算账户的概念和种类，学会处理银行结算账户的开立、变更和撤销。

【任务分析】

在理解相关账户的基础上，会运用相关知识解决实际问题，提升自身的实践能力。

【知识准备】

掌握银行结算账户的概念，以及各账户开立、变更及撤销的程序和条件。

一、银行结算账户的概念与分类

（一）银行结算账户的概念

银行结算账户是指存款人在经办银行开立的办理资金收付结算的人民币活期存款账户。

存款人是指在中国境内开立银行结算账户的机关、团体、部队、企业、事业单位、其他组织(以下统称单位)、个体工商户和自然人。

（二）银行结算账户的种类

银行结算账户按其存款人不同分为单位银行结算账户和个人银行结算账户。

存款人以单位名称开立的银行结算账户为单位银行结算账户。单位银行结算账户按用途不同分为基本存款账户、一般存款账户、专用存款账户、临时存款账户。个体工商户凭营业执照以字号或经营者姓名开立的银行结算账户纳入单位银行结算账户管理。

存款人凭个人身份证件以自然人名称开立的银行结算账户为个人银行结算账户。邮政储蓄机构办理银行卡业务开立的账户纳入个人银行结算账户管理。

二、银行结算账户管理的基本原则

（一）一个基本账户原则

一个基本账户原则,即存款人只能在银行开立一个基本存款账户,不能多开立基本存款账户。

（二）自主选择银行开立银行结算账户原则

自主选择银行开立银行结算账户原则,即存款人可以自主选择银行开立银行结算账户。除国家法律、行政法规和国务院规定外,任何单位和个人不得强令存款人到指定银行开立银行结算账户。

（三）银行结算账户信息保密原则

银行结算账户信息保密原则,即银行应依法为存款人的银行结算账户信息保密。对单位银行结算账户和个人银行结算账户的存款和有关资料,除国家法律、行政法规另有规定外,银行有权拒绝任何单位或个人查询。

（四）守法原则

守法原则,即不得利用银行结算账户进行偷逃税款、逃废债务、套取现金及其他违法犯罪活动。

三、银行结算账户的开立、变更和撤销

（一）银行结算账户的开立

存款人开立银行结算账户时,应填写开户申请书,并提交有关证明文件。银行应对存款人的开户申请书填写的事项和证明文件的真实性、完整性、合规性进行认真审查。

开户申请书填写的事项齐全,符合开立基本存款账户、临时存款账户和预算单位专用存款账户条件的,银行应将存款人的开户申请书、相关的证明文件和银行审核意见等开户资料报送中国人民银行当地分支行,经其核准后办理开户手续;符合开立一般存款

账户、其他专用存款账户和个人银行结算账户条件的，银行应办理开户手续，并于开户之日起5个工作日内向中国人民银行当地分支行备案。

银行为存款人开立银行结算账户，应与存款人签订银行结算账户管理协议，明确双方的权利与义务。除中国人民银行另有规定的以外，应建立存款人预留签章卡片，并将签章式样和有关证明文件的原件或复印件留存归档。

银行为存款人办理基本存款账户开户手续后，应给存款人出具开户登记证。开户登记证是记载单位银行结算账户信息的有效证明，存款人应按规定使用，并妥善保管。

（二）银行结算账户的变更

存款人更改名称，但不改变开户银行及账号的，应于5个工作日内向开户银行提出银行结算账户的变更申请，并出具有关部门的证明文件。

单位的法定代表人或主要负责人、住址以及其他开户资料发生变更时，应于5个工作日内书面通知开户银行并提供有关证明。

银行接到存款人的变更通知后，应及时办理变更手续，并于2个工作日内向中国人民银行报告。

（三）银行结算账户的撤销

有下列情形之一的，存款人应向开户银行提出撤销银行结算账户的申请：

1. 被撤并、解散、宣告破产或关闭的；

2. 注销、被吊销营业执照的；

3. 因迁址需要变更开户银行的；

4. 其他原因需要撤销银行结算账户的。

存款人尚未清偿其开户银行债务的，不得申请撤销银行结算账户。

存款人撤销银行结算账户，必须与开户银行核对银行结算账户存款余额，交回各种重要空白票据及结算凭证和开户登记证，银行核对无误后方可办理销户手续。

银行对一年未发生收付活动且未欠开户银行债务的单位银行结算账户，应通知单位自发出通知之日起30日内办理销户手续，逾期视同自愿销户，未划转账项列入久悬未取专户管理。

四、违反银行账户管理法律制度的法律责任

1. 存款人在开立、撤销银行结算账户中有法定违法行为时，非经营性的存款人，给予警告并处以1 000元的罚款；经营性的存款人，给予警告并处以1万元以上3万元以下的罚款；构成犯罪的，移交司法机关依法追究刑事责任。

2. 存款人使用银行结算账户时，有违反规定将单位款项转入个人银行结算账户，支取现金，利用开立银行结算账户逃废银行债务，出租、出借银行结算账户，从基本存款账户之外的银行结算账户转账存入、将销货收入存入或现金存入单位信用卡账户等行为时，非经营性的存款人，给予警告并处以1 000元罚款；经营性的存款人，给予警告并处以5 000元以上3万元以下的罚款。存款人未在规定期限内将法定代表人或主要负责人、存款人地址以及其他开户资料的变更事项通知银行的，给予警告并处以1 000元的罚款。

3. 伪造、变造、私自印制开户登记证的存款人，属非经营性的处以1 000元罚款；属经营性的处以1万元以上3万元以下的罚款；构成犯罪的，移交司法机关依法追究刑事责任。

4. 银行在银行结算账户的开立中有法定违法行为时，给予警告，并处以5万元以上30万元以下的罚款；对该银行直接负责的高级管理人员、其他直接负责的主管人员、直接责任人员按规定给予纪律处分；情节严重的，中国人民银行有权停止对其开立基本存款账户的核准，责令该银行停业整顿或者吊销经营金融业务许可证；构成犯罪的，移交司法机关依法追究刑事责任。

5. 银行在银行结算账户的使用中有法定违法行为时，给予警告，并处以5 000元以上3万元以下的罚款；对该银行直接负责的高级管理人员、其他直接负责的主管人员、直接责任人员按照规定给予纪律处分；情节严重的，中国人民银行有权停止对其开立基本存款账户的核准；构成犯罪的，移交司法机关依法追究刑事责任。

【职业技能训练2-2】

根据《人民币银行结算账户管理办法》的规定，发生下列事由之一的，存款人应向开户银行提出撤销银行结算账户的申请(　　)。

A. 因迁址，需要变更开户银行的

B. 单位法定代表人被撤销的

C. 被撤销、解散、宣告破产或关闭的

D. 注销、被吊销营业执照的

【答案】ACD

任务四　票据结算方式

【任务描述】

使学生了解在实际工作中相关票据的概念和种类，并能较好地运用到实际工作中。

【任务分析】

通过知识准备环节，熟悉各种票据的使用规定以及申请和办理的相关程序。

【知识准备】

掌握票据的种类，并能够熟练掌握每种票据的使用范围和使用每种票据的相关规定。

一、票据结算概述

(一)票据的概念和种类

票据是指《票据法》所规定的由出票人依法签发的，约定自己或者委托付款人在见票时或指定的日期向收款人或持票人无条件支付一定金额并可转让的有价证券。一般来讲，票据具有信用、支付、汇总和结算等职能。票据结算是支付结算的重要内容。

在我国，票据包括银行汇票、商业汇票、银行本票和支票。

（二）票据的当事人

票据当事人是指票据法律关系中享有票据权利、承担票据义务的当事人，也称票据法律关系主体。票据当事人包括出票人、付款人和收款人，他们是票据的基本当事人，是在票据作成和交付时就已存在的当事人，是构成票据法律关系的必要主体。出票人是指依法定方式签发票据并将票据交付给收款人的人；收款人是指票据到期后有权收取票据所载金额的人，又称票据权利人；付款人是指由出票人委托付款或自行承担借款责任的人。此外，承兑人、背书人、被背书人、保证人等也是当事人，但他们是在票据作成并交付后，通过一定的票据行为加入票据关系而享有一定权利、义务的当事人，属非基本当事人。承兑人是指接受汇票出票人的付款委托同意承担支付票款义务的人；背书人是指在转让票据时，在票据背面签字或盖章并将该票据交付给受让人的票据收款人或持有人；被背书人是指被记名受让票据或接受票据转让的人；保证人是指为票据债务提供担保的人，由票据债务人以外的他人担当。除基本当事人外，非基本当事人是否存在，取决于相应票据行为是否发生。

（三）票据权利与义务

票据权利与义务是指票据法律关系主体所享有的权利和应承担的义务，是票据法律关系的重要内容。

1. 票据权利。票据权利是指票据持票人向票据债务人请求支付票据金额的权利，包括付款请求权和追索权。付款请求权是指持票人向汇票的承兑人、本票的出票人、支票的付款人出示票据要求付款的权利。行使付款请求权的持票人可以是票载收款人或最后的被背书人。票据追索权是指票据当事人行使付款请求权遭到拒绝或其他法定原因存在时，向其前手请求偿还票据金额及其他法定费用的权利。行使追索权的当事人除票载收款人和最后被背书人外，还可能是代为清偿票据债务的保证人、背书人。

2. 票据义务。票据义务是指票据债务人向持票人支付票据金额的责任。它是基于债务人特定的票据行为（如出票、背书、承兑等）而应承担的义务，不具有制裁性质，主要包括付款义务和偿还义务。

（四）票据行为

票据行为是指能够产生票据权利与义务关系的法律行为。《票据法》规定的票据行为则是指票据当事人以发生票据债务为目的的、以在票据上签名或盖章为权利义务成立要件的法律行为，包括出票、背书、承兑和保证四种。其中，出票是指出票人签发票据并将其交付给收款人的行为；背书是指持票人为将票据权利转让给他人或者将一定的票据权利授予他人行使，而在票据背面或者粘单上记载有关事项并签章的行为；承兑是指汇票付款人承诺在汇票到期日支付汇票金额并签章的行为；保证是指票据债务人以外的人，为担保特定债务人履行票据债务而在票据上记载有关事项并签章的行为。

（五）票据签章

票据签章是指票据有关当事人在票据上签名、盖章或签名加盖章的行为。票据签章是票据行为生效的重要条件，也是票据行为表现形式中不可缺少的应载事项。如果票据缺少当事人的签章,该项票据行为无效。

(六)票据记载事项

票据记载事项是指依法在票据上记载票据相关内容的行为。票据记载事项可分为绝对记载事项、相对记载事项和任意记载事项等。绝对记载事项是指《票据法》明文规定必须记载的,如不记载票据即为无效的事项。相对记载事项是指《票据法》规定应该记载而未记载,但适用法律的有关规定而不使票据失效的事项,如汇票上未记载付款日期的,为见票即付;汇票上未记载付款地的,付款人的营业场所、住所或经常居住地为付款地等,这些即属于相对记载事项。任意记载事项是指《票据法》不强制当事人必须记载而允许当事人自行选择,不记载时不影响票据效力,记载时则产生票据效力的事项,如出票人在汇票记载"不得转让"字样的,汇票不得转让。

(七)票据丧失

票据丧失是指票据因灭失、遗失、被盗等原因而使票据权利人脱离其对票据的占有。票据丧失后可以采取挂失止付、公示催告、普通诉讼三种形式进行补救。

挂失止付是指失票人将丧失票据的情况通知付款人,由接受通知的付款人审查后暂停支付的一种方式。公示催告是指在票据丧失后由失票人向人民法院提出申请,请求人民法院以公告方式通知不确定的利害关系人限期申报权利,逾期未申报者,则权利失效,而由法院通过除权判决宣告所丧失的票据无效的一种制度或程序。普通诉讼是指丧失票据的失票人直接向人民法院提起民事诉讼,要求法院判令付款人向其支付票据金额的活动。

二、支票

(一)支票的概念及适用范围

支票是出票人签发的、委托办理支票存款业务的银行在见票时无条件支付确定的金额给收款人或者持票人的票据。同一票据交换区域需要支付各种款项的单位和个人均可以使用支票。2007 年 7 月 8 日,中国人民银行宣布,支票可以实现全国范围内互通使用。

(二)支票的基本规定

1. 支票分为现金支票、转账支票和普通支票。现金支票只能用于支取现金;转账支票只能用于转账;普通支票可以用于支取现金,也可用于转账。在普通支票左上角划两条平行线的,为划线支票,划线支票只能用于转账,不能支取现金。

2. 支票的出票人是经中国人民银行当地分支行批准办理支票业务的银行机构开立可以使用支票的存款账户的单位和个人。支票的付款人为支票上记载的出票人开户银行。支票的付款地为付款人所在地。

3. 签发支票必须记载下列事项:表明"支票"的字样;无条件支付的委托;确定的金额;付款人名称;出票日期;出票人签章。欠缺记载任何一项的,支票都为无效。支票的金额、收款人名称,可以由出票人授权补记,未补记前不得背书转让。

4. 支票在其票据交换区域内可以背书转让,但用于支取现金的支票不能背书转让。

5. 支票的提示付款期限自出票日起 10 日，超过提示付款期限提示付款的，持票人开户银行不予受理，付款人不予付款。

6. 出票人在付款人处的存款足以支付支票金额时，付款人应当在见票当日足额付款。

7. 存款人领购支票，必须填写“票据和结算凭证领用单”，并签章，签章应与预留银行的签章相符。存款账户结清时，必须将全部剩余空白支票交回银行注销。

（三）支票签发的规定

1. 签发支票应使用碳素墨水或墨汁填写。

2. 签发现金支票和用于支取现金的普通支票必须符合国家现金管理的规定。

3. 支票的出票人所签发的支票金额不得超过其付款时在付款人处实有的存款金额。禁止签发空头支票。

4. 支票的出票人在票据上的签章，应为其预留银行的签章，该签章是银行审核支票付款的依据。银行也可以与出票人约定使用支付密码，作为银行审核支付支票金额的条件。

5. 出票人不得签发与其预留银行签章不符的支票；使用支付密码的，出票人不得签发支付密码错误的支票.。

6. 出票人签发空头支票、签章与预留银行签章不符的支票，使用支付密码地区、支付密码错误的支票，银行应予以退票，并按票面金额处以 5% 但不低于 1 000 元的罚款；持票人有权要求出票人赔偿支票金额 2% 的赔偿金。对屡次签发空头支票的，银行应停止其签发支票。

（四）支票的兑付手续

持票人可以委托开户银行收款或直接向付款人提示付款。用于支取现金的支票仅限于收款人向付款人提示付款。

持票人委托开户银行收款时，应作委托收款背书，在支票背面背书人签章栏签章、记载“委托收款”字样、背书日期，在被背书人栏记载开户银行名称，并将支票和填制的进账单送交开户银行。

持票人持用于转账的支票向付款人提示付款时，应在支票背面背书人签章栏签章，并将支票和填制的进账单送交出票人开户银行。

收款人持用于支取现金的支票向付款人提示付款时，应在支票背面“收款人签章”处签章，持票人为个人的，还需交验本人身份证件，并在支票背面注明证件名称、号码及发证机关。

（五）现金支票的填制要求

1. 签发日期应填写实际出票日期，支票正联出票日期必须使用中文大写，支票存根部分出票日期可用阿拉伯数字书写。

在支票正联用中文大写填写出票日期时，为防止变造支票的出票日期，在填写月、日时应注意：

(1)月为壹、贰和壹拾的,日为壹至玖及壹拾、贰拾和叁拾的,应在其前加“零”;

(2)日为拾壹至拾玖的,应在其前加“壹”。如1月15日,应写成零壹月壹拾伍日。再如10月20日,应写成零壹拾月零贰拾日。

2. 收款单位名称应填写全称并与预留银行印签中单位名称保持一致。如是本单位自行提取现金可填为“本单位”。

3. 大写金额应紧接“人民币”书写,不得留有空白,以防加填;大小写金额要对应,要按规定书写。

4. 阿拉伯小写金额数字前面,均应填写人民币符号“¥”。阿拉伯小写金额数字要认真填写,不得连写分辨不清。

5. 如实写明用途,存根联与支票正联填写的用途应一致。

6. 在签发人签章处按预留银行印签分别签章,签章不能缺漏。

7. 现金支票签发后,将支票从存根联与正联之间骑缝线剪开,正联交给收款人办理提现,存根联留下作为记账依据。

(六)转账支票的填制要求

1. 签发日期应填写实际出票日期,支票正联出票日期必须使用中文大写,支票存根部分出票日期可用阿拉伯数字书写。

在支票正联用中文大写填写出票日期时,为防止变造支票的出票日期,在填写月、日时应注意:

(1)月为壹、贰和壹拾的,日为壹至玖及壹拾、贰拾和叁拾的,应在其前加“零”;

(2)日为拾壹至拾玖的,应在其前加“壹”。如1月15日,应写成零壹月壹拾伍日。再如10月20日,应写成零壹拾月零贰拾日。

2. 收款单位名称应填写全称并与预留银行印签中单位名称保持一致。

3. 大写金额应紧接“人民币”书写,不得留有空白,以防加填;大小写金额要对应,要按规定书写。

4. 阿拉伯小写金额数字前面,均应填写人民币符号“¥”。阿拉伯小写金额数字要认真填写,不得连写分辨不清。

5. 如实写明用途,存根联与支票正联填写的用途应一致。

6. 在签发人签章处按预留银行印签分别签章,签章不能缺漏。

7. 转账支票签发后,将支票从存根联与正联之间骑缝线剪开,正联交给收款人办理转账,存根联留下作为记账依据。

三、商业汇票

商业汇票是指由收款人或存款人签发,由承兑人承兑,并于到期日向收款人或被背书人支付款项的一种票据。

(一)商业汇票的适用范围和种类

商业汇票适用于同城或异地在银行开立存款账户的法人以及其他组织之间,具有真实的交易关系或债权债务关系的结算。商业汇票按其承兑人的不同,分为商业承兑汇票和银行承兑汇票。

（二）商业汇票的绝对记载事项

（1）表明“商业承兑汇票”或“银行承兑汇票”的字样；

（2）无条件支付的委托；

（3）确定的金额；

（4）付款人名称；

（5）收款人名称；

（6）出票日期；

（7）出票人签章。

（三）商业汇票的付款

商业汇票的付款期限，最长不得超过6个月。定日付款的汇票付款期限自出票日起计算，并在汇票上记载具体的到期日。出票后定期付款的汇票付款期限自出票日起按月计算，并在汇票上记载。见票后定期付款的汇票付款期限自承兑或拒绝承兑日起按月计算，并在汇票上记载。

四、银行汇票

（一）银行汇票的概念和适用范围

银行汇票是出票银行签发的，由其在见票时按照实际结算金额无条件支付给收款人或者持票人的票据。单位和个人在异地、同城或统一票据交换区域的各种款项结算，均可使用银行汇票。

（二）银行汇票的基本规定

1. 银行汇票可以用于转账，标明“现金”字样的银行汇票也可以提取现金。

2. 银行汇票的出票银行为银行汇票的付款人，银行汇票的付款地为代理付款人或出票人所在地。

3. 银行汇票的出票人在票据上的签章，应为经中国人民银行批准使用的该银行汇票专用章加其法定代表人或其授权经办人的签名或者盖章。

4. 签发银行汇票必须记载下列事项：标明“银行汇票”的字样；无条件支付的承诺；出票金额；付款人名称；收款人名称；出票日期；出票人签章等。欠缺记载以上事项之一的，银行汇票无效。

5. 银行汇票的提示付款期限自出票日起1个月。持票人超过付款期限提示付款的，代理付款人（银行）不予受理。

6. 银行汇票可以背书转让，但填明“现金”字样的银行汇票不得背书转让。银行汇票的背书转让以不超过出票金额的实际结算金额为准。未填写实际结算金额或实际结算金额超过出票金额的银行汇票不得背书转让。

7. 填明“现金”字样和代理付款人的银行汇票丧失，可以由失票人通知付款人或者代理付款人挂失止付。未填明“现金”字样和代理付款人的银行汇票丧失，不得挂失止付。

8. 银行汇票丧失，失票人可以凭人民法院出具的其享有票据权利的证明，向出票银行请求付款或退款。

（三）申办银行汇票的基本程序和规定

1. 申请人使用银行汇票，应向出票银行填写银行汇票申请书，填明收款人名称、汇票金额、申请人名称、申请日期等事项并签章，其签章为预留银行印签。申请人或收款人为单位的，不得在银行汇票申请书上填明“现金”字样。

2. 出票银行受理银行汇票申请书，收妥款项后签发银行汇票，并用压数机压印出票金额，将银行汇票和解讫通知一并交给申请人。

3. 签发转账银行汇票，不得填写代理付款人名称，但由中国人民银行代理兑付银行汇票的商业银行，向设有分支机构地区签发转账银行汇票的除外；申请人或收款人为单位的，银行不得为其签发现金银行汇票。

4. 申请人应将银行汇票和解讫通知一并交付给汇票上记明的收款人。

5. 银行汇票的实际结算金额低于出票金额的，其多余金额由出票银行退交申请人。

6. 申请人因银行汇票超过付款提示期限或其他原因要求退款时，应将银行汇票和解讫通知同时提交到出票银行，并提供本人身份证件或单位证明。对于代理付款银行查询的该张银行汇票，应在汇票提示付款期满后方能办理退款。申请人缺少解讫通知要求退款的，出票银行应于银行汇票提示付款期满 1 个月后办理。

（四）兑付银行汇票的基本程序和规定

1. 收款人受理银行汇票时，应审查下列事项：银行汇票和解讫通知是否齐全、汇票号码和记载的内容是否一致；收款人是否确为本单位或本人；银行汇票是否在提示付款期限内；必须记载的事项是否齐全；出票人签章是否符合规定，是否有压数机压印的出票金额，并与大写出票金额一致；出票金额、出票日期、收款人名称是否更改，更改的其他记载事项是否由原记载人签章证明。

被背书人受理银行汇票时，除审查上述收款人应审查的事项外，还应审查银行汇票是否记载实际结算金额，有无更改，其金额是否超过出票金额；背书是否连续，背书人签章是否符合规定，背书使用粘单的，是否按规定签章；背书人为个人的，应验证其个人身份证件。

2. 收款人对申请人交付的银行汇票审查无误后，应在出票金额以内，根据实际需要的款项办理结算，并将实际结算金额和多余金额准确、清晰地填入银行汇票和解讫通知的有关栏内。未填明实际结算金额和多余金额或实际结算金额超过出票金额的，银行不予受理。银行汇票的实际结算金额不得更改，更改实际结算金额的银行汇票无效。

3. 持票人向银行提示付款时，必须同时提交银行汇票和解讫通知，缺少任何一联，银行不予受理。在银行开立存款账户的持票人向开户银行提示付款时，应在汇票背面“持票人向银行提示付款”签章处签章，签章须与预留银行签章相同，并将银行汇票和解讫通知、进账单送交开户银行。银行审查无误后办理转账。

4. 持票人超过期限向代理付款银行提示付款不获付款的，必须在票据权利时效内向出票银行作出说明，并提供本人身份证件或单位证明，持银行汇票和解讫通知向出票银行请求付款。

五、银行本票

银行本票是银行签发的,承诺自己在见票时无条件支付确定的金额给收款人或者持票人的票据。银行本票的基本当事人包括出票人、付款人和收款人(持票人)。银行本票分为不定额本票,定额本票面额为1 000元、5 000元、1万元和5万元。

(一)银行本票的适用范围

单位和个人在同意票据交换区域内需要支付的各项款项均可使用银行本票。

(二)银行本票的办理和使用规定

(1)银行本票见票即付。

(2)银行本票可以用于转账,填明"现金"字样的银行本票可以用于支取现金。

(3)银行本票的提示付款期限自出票日起最长不超过2个月。持票人超过付款期限提示付款的,代理付款人不予受理。

(4)未在银行开立存款账户的个人持票人,凭注明"现金"字样的银行本票向出票银行支取现金的,应在银行本票背面签章,记载本人身份证件名称、号码及发证机关,并交验身份证件及其复印件。

(5)填明"现金"字样的银行本票丧失,可以由失票人通知付款人或者代理付款人办理挂失止付。

(6)银行本票出票金额、出票日期、收款名称不得更改,更改的银行本票无效。

【职业技能训练2-3】

下列支付结算中属于票据结算的是(　　)。

A. 托收承付　　B. 委托收款　　C. 银行汇票　　D. 汇兑

【答案】C

【解析】在我国,票据包括银行汇票、商业汇票、银行本票和支票。因此只有选项C属于票据结算。

【职业技能训练2-4】

票据签章是票据行为生效的重要条件,也是票据行为表现形式中必须记载的事项。如果(　　)在票据上的签章不符合法律规定,票据无效。

A. 出票人　　B. 背书人　　C. 承兑人　　D. 保证人

【答案】A

【解析】票据签章是票据行为生效的重要条件,也是票据行为表现形式中必须记载的事项。根据《票据法》的规定,如果出票人在票据上的签章不符合法律规定,票据无效。

【职业技能训练2-5】

为防止变造票据的出票日期,《票据法》规定,票据的出票日期必须使用规范中文大写。根据规定,10月20日的正确填写方法是(　　)。

A. 十月二十日　　B. 壹拾月贰拾日

C. 零壹拾月零贰拾日　　D. 零壹拾月贰拾日

【答案】C

【解析】票据的出票日期必须使用中文大写。为防止变造票据的出票日期，在填写月、日时，月为壹、贰和壹拾的，日为壹至玖及壹拾、贰拾和叁拾的，应在其前加“零”；日为拾壹至拾玖的，应在其前面加“壹”。如1月15日，应写成“零壹月壹拾伍日”。本题中10月20日，应写成“零壹拾月零贰拾日”。

任务五 银行卡

【任务描述】

侧重了银行结算的业务工作，体现了实际工作的运用。

【任务分析】

通过知识准备环节，熟悉银行账户的管理。

【知识准备】

掌握银行卡的分类以及银行卡的账户与交易规定。

一、银行卡的概念与分类

银行卡是指商业银行向社会发行的具有消费信用、转账结算、存取现金等全部或者部分功能的信用工具。

银行卡按照是否可以透支的功能分为信用卡、借记卡。

信用卡按照是否向发卡行交存备用金分为贷记卡、准贷记卡。

二、银行卡的账户与交易

（一）银行卡账户使用

1. 申领开户。开立基本账户的单位可以申领单位卡；个人凭身份证可以申领；银行卡不得出租和转借。

2. 银行卡的销户。

3. 银行卡的挂失。

（二）银行卡的交易规定

1. 单位人民币卡可以办理商品交易和劳务供应款项的结算。

2. 发卡行对贷记卡的每卡每日现金取现不得超过2 000元人民币。对持卡人在自动柜员机（ATM机）每卡每日累计取现不得超过5 000元人民币。

3. 个人卡不得透支2万元，单位不得透支5万元。

4. 准贷记卡，透支期限为60天。

（三）银行卡的计息和收费

1. 计息

（1）发卡银行对准贷记卡及借记卡账户内的存款，按照中国人民银行规定的同期同档次存款利率及计息办法计付利息。

（2）发卡银行对贷记卡账户的存款、储值卡内的币值不计付利息。

(3)贷记卡持卡人非现金交易享受如下优惠条件：

第一，免息还款待遇。银行记账日至发卡行规定的到期还款日之间为免息还款期。最长为60天。

第二，最低还款额待遇。持卡人在到期还款日前偿还所使用全部银行款项有困难的，可按发卡行规定的最低还款额还款。

2. 收费

收费是指商业银行办理银行卡收单业务向商户收取结算手续费。

任务六　其他结算方式

【任务描述】

使学生了解在实际工作中汇兑、委托收款、托收承付以及国内信用证等其他的结算方式。

【任务分析】

通过知识准备环节，熟悉各结算方式的使用规定、申请和办理的相关程序。

【知识准备】

掌握结算方式的种类，并能够熟练掌握每种结算方式的使用范围和使用的相关规定。

一、汇兑

(一)汇兑的概念和分类

汇兑是汇款人委托银行将其款项支付给收款人的结算方式。汇兑分为电汇和信汇两种。汇兑结算适用于各种经济内容的异地提现和结算。

(二)办理汇兑的程序

1. 签发汇兑凭证

签发汇兑凭证必须记载下列事项：

(1)表明“信汇”或“电汇”的字样；

(2)无条件支付的委托；

(3)确定的金额；

(4)收款人名称；

(5)汇款人名称；

(6)汇入地点、汇入行名称；

(7)汇出地点、汇出行名称；

(8)委托日期；

(9)汇款人签章。

汇款人和收款人均为个人，需要在汇入银行支取现金的，应在信汇、电汇凭证的汇款金额大写栏，先填写“现金”字样，后填写汇款金额。

2. 银行受理

汇出银行受理汇款人签发的汇兑凭证,经审查无误后,应及时向汇入银行办理汇款,并向汇款人签发汇款回单。汇款回单只能作为汇出银行受理汇款的依据,不能作为该笔汇款已转入收款人账户的证明。

3. 汇入处理

汇入银行对开立存款账户的收款人,应将汇入款项直接转入收款人账户,并向其发出收账通知。

(三)汇兑的撤销和退回

1. 汇兑的撤销

汇款人对汇出银行尚未汇出的款项可以申请撤销。

2. 汇兑的退回

汇款人对汇出银行已经汇出的款项可以申请退汇。转汇银行不得受理汇款人或汇出银行对汇款的撤销或退汇。

二、委托收款

(一)委托收款的概念

委托收款是指收款人委托银行向付款人收取款项的结算方式。单位和个人凭已承兑的商业汇票、债券、存单等付款人债务证明办理款项的结算,均可以使用委托收款结算方式,委托收款在同城、异地均可以使用,其结算款项的划回方式分为邮寄和电报两种,由收款人选用。

(二)委托收款的记载事项

委托收款的记载事项包括:

(1)表明“委托收款”的字样;

(2)确定的金额;

(3)付款人名称;

(4)收款人名称;

(5)委托收款凭据名称及附寄单证张数;

(6)委托日期;

(7)收款人签章。

(三)委托收款的结算规定

1. 委托收款的办理方法

(1)以银行为付款人的,银行应在当日将款项主动支付给收款人。

(2)以单位为付款人的,银行通知付款人后,付款人应于接到通知当日书面通知银行付款。银行在办理划款时,付款人存款账户不能足额支付的,应通过被委托银行向收款人发出未付款项通知书。

2. 委托收款的注意事项

(1)付款人审查有关债务证明后,对收款人委托收取的款项需要拒绝付款的有权提出拒绝付款。

(2)收款人收取公用事业费,必须具有收付双方事先签订的经济合同,由付款人向开户银行授权,并经开户银行同意,报经中国人民银行当地分支行批准,可以使用同城特约委托收款。

三、托收承付

(一)托收承付的概念

托收承付是指根据购销合同由收款人发货后委托银行向异地付款人收取款项,由付款人向银行承付的结算方式。使用托收承付结算方式的收款单位和付款单位,必须是国有企业、供销合作社以及经营管理较好,并经开户银行审查同意的城乡集体所有制工业企业。办理托收承付结算的款项,必须是商品交易以及因商品交易而产生的劳务供应的款项。代销、寄销、赊销商品的款项不得办理托收承付结算。托收承付结算每笔金额起点为1万元,新华书店系统每笔的金额起点为1 000元。

(二)托收承付的结算规定

托收承付凭证记载事项有:

(1)表明"托收承付"的字样;

(2)确定的金额;

(3)付款人的名称和账号;

(4)收款人的名称和账号;

(5)付款人的开户银行名称;

(6)收款人的开户银行名称;

(7)托收附寄单证张数或册数;

(8)合同名称、号码;

(9)委托日期;

(10)收款人签章。

(三)托收承付的办理方法

1. 托收

收款人按照签订的购销合同发货后,应将托收凭证并附发运凭证或其他符合托收承付结算的有关证明和交易单证送交银行。

2. 承付

购货单位承付货款有验单承付和验货承付两种方式。验单承付期为3天,从购货单位开户银行发出通知的次日算起。验货付款的承付期为10天,从运输部门向付款人发出提货通知的次日算起,付款人在承付期内,未向银行表示拒绝付款,银行视作承付,在承付期满的次日上午将款项划给收款人。

四、国内信用证

(一)国内信用证的概念

国内信用证(简称"信用证")是适用于国内贸易的一种支付结算方式,是开证银行依照申请人的申请向受益人开出的有一定金额、在一定期限内凭信用证规定的单据支付款项的书面承诺。

（二）国内信用证的结算方式

国内信用证结算方式只适用于国内企业之间商品交易产生货款结算，并且只能用于转账结算，不得支取现金。

（三）国内信用证的办理基本程序

1. 开证

开证行决定受理开证业务时，应向申请人收取不低于开证金额20%的保证金，并可根据申请人资信情况要求其提供抵押、质押或由其他金融机构出具保函。

2. 通知

通知行收到信用证审核无误后，应填制信用证通知书，连同信用证交付受益人。

3. 议讨

议讨，是指信用证指定的议讨行在单证相符条件下，扣除议讨利息后向受益人给付对价的行为。议讨行必须是开证行指定的受益人开户行。议讨仅限于延期付款信用证。议付行议付后，应将单据寄开证行索偿资金。议付行议付信用证后，对受益人具有追索权。到期不获付款的，议付行可从受益人账户收取议付金额。

4. 付款

开证行对议付行寄交的凭证、单据等审核无误后，对即期付款信用证，从申请人账户收取款项支付给受益人；对延期付款信用证，应向议付行或受益人发出到期付款确认书，并于到期日从申请人账户收取款项支付给议付行或受益人。申请人交存的保证金和其存款账户余额不足支付的，开证行仍应在规定的付款时间内进行付款。对不足支付的部分作逾期贷款处理。

【职业技能训练2-6】

汇款人委托银行将其款项支付给收款人的结算方式是（　　）。

A. 汇兑　　B. 委托收款

C. 委托承付　　D. 支票结算

【答案】A

【解析】汇兑是汇款人委托银行将其款项支付给收款人的结算方式。汇兑分为电汇和信汇两种。

任务七　支付结算法律制度案例分析

【工作步骤】

应用案例一：

2012年5月，市公安局接到天悦公司报案，称该公司查账时发现，2011年7月付予帝天公司一张30 800元的转账支票，却被提走了830 800元。接到报案后，公安机关分析帝天公司张月有重大作案嫌疑。经查，2011年7月，帝天公司张月为受害单位进行设备防腐处理,工程结束后收到转账支票一张。张月见支票上只有小写金额,遂将小写金额前加个“8”,自己再填上大写金额,从而顺利地将款项划到自己账下。天悦公司在一家商业银行开立了一个基本存款账户,该公司的一个分公司(独立核算单位)由于经营需要又在另一家商业银行开立了一个基本存款账户。请分析张月的行为属于伪造票据行为还是变造票据行为。说明理由。天悦公司的会计人员在填写时有哪些错误?天悦公司的这个分公司能否再开立一个基本存款账户?为什么?

案例评析:

张月的行为属于变造票据行为。根据《票据法》的规定,票据的变造是指无票据记载事项变更权的人,以实施票据行为为目的,对票据上除签章以外的其他记载事项进行变更,从而使票据权利义务关系内容发生改变的行为。

根据《支付结算办法》的规定,“票据和结算凭证金额以中文大写和阿拉伯数码同时记载,二者必须一致”。本案例中,天悦公司未严格按照关于填写票据和结算凭证的基本规定同时填写中文大写金额和阿拉伯小写金额数字,以及阿拉伯小写金额数字前面未填写人民币符号,从而给张月的违法行为留下了可乘之机。所以,单位和个人必须按照《支付结算办法》的规定填写票据或结算凭证。根据《人民币银行结算账户管理办法》的规定,凡是具有民事权利能力和民事行为能力,并依法独立享有民事权利和承担民事义务的法人和其他组织或个人,均可以开立基本存款账户。同时,有些单位虽然不是法人组织,但具有独立核算资格,有自主办理资金结算的需要,也可以开立基本存款账户。天悦公司的这个分公司虽然是非法人企业,但是有独立核算资格,因此可以开立基本存款账户。

应用案例二:

海天公司在办理结算过程中出现以下情况:

(1)某财务人员在签发一张现金支票时,将时间10月15日,填写在该支票“出票日期”栏中,他的写法是“零拾月拾伍日”。

(2)海天公司购买了B公司一批货物,双方同意采用银行汇票支付货款。在B公司发货之前,海天公司只给了B公司银行汇票联(第二联),B公司财务人员持银行汇票联(第二联)向自己的开户银行提示付款。

请回答问题:

(1)海天公司财务人员签发现金支票填写的出票日期对吗?你认为如何写才是正确的?为什么?

(2)B公司财务人员只持银行汇票联向开户银行提示付款,其开户银行会受理B公司的提示付款吗?为什么?

案例评析:

(1)写为“零拾月拾伍日”不对。正确的写法是“零壹拾月壹拾伍日”。为防止变造票据的出票日期,在填写月、日时,月为壹、贰或壹拾的,日为壹至玖及壹拾、贰拾和叁拾的,应在其前加“零”。

(2)B公司财务人员只持银行汇票联向开户银行提示付款,其开户银行不会受理B公司的提示付款。根据《支付结算管理办法》的规定,持票人向银行提示付款时,必须同时提示银行汇票和解讫通知,缺少一联,银行不予受理。

项目小结

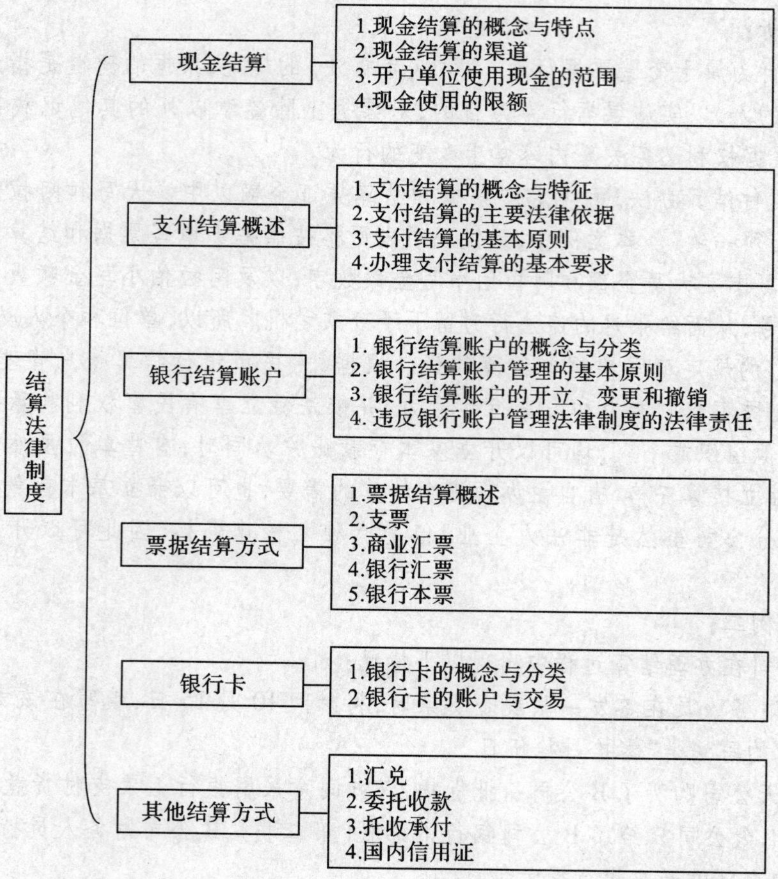

从业资格训练

一、单项选择题

1. 根据《人民币银行结算账户管理办法》的规定,企业支取现金用于工资、奖金发放,只能通过规定的银行账户办理。该银行账户是(　　)。

A. 一般存款账户　　B. 基本存款账户

C. 临时存款账户　　D. 专用存款账户

2. 银行为存款人开立一般存款账户、专用存款账户和临时存款账户的，应自开户之日起（ ）个工作日内书面通知基本存款账户开户银行。

A. 1 B. 2 C. 3 D. 5

3. 存款人需要办理借款转存、借款归还和其他结算的资金收付业务时，可申请开立（ ）。

A. 基本存款账户 B. 一般存款账户

C. 临时存款账户 D. 专用存款账户

4. 存款人因临时需要在规定期限内使用而开立的银行结算账户是（ ）。

A. 一般存款账户 B. 基本存款账户

C. 专用存款账户 D. 临时存款账户

5. 中国人民银行应于（ ）个工作日内对银行报送的基本存款账户、临时存款账户和预算单位专用存款账户的开户资料的合规性予以审核，符合开户条件的，予以核准。

A. 2 B. 3 C. 5 D. 7

6. 存款人符合开立一般存款账户、专用存款账户和临时存款账户条件的，银行应于开户之日起（ ）个工作日内向中国人民银行当地分支行备案。

A. 3 B. 5 C. 10 D. 20

7. 出票人甲于2月12日签发一张现金支票。根据《支付结算办法》的规定，对该支票出票日期的填写，符合规定的是（ ）。

A. 贰月拾贰日 B. 贰月壹拾贰日

C. 零贰月拾贰日 D. 零贰月壹拾贰日

8. 甲公司委托开户银行收款时，发现其持有的由乙公司签发金额为10万元的转账支票为空头支票。根据《支付结算办法》的规定，甲公司有权要求乙公司支付赔偿金的数额是（ ）元。

A. 5 000 B. 3 000 C. 2 000 D. 1 000

9. 下列各项中，属于非票据结算方式的是（ ）。

A. 汇票 B. 汇兑 C. 支票 D. 本票

10. 下列有关票据方面的表述中，不正确的是（ ）。

A. 在我国，票据包括银行汇票、商业汇票、支票和银行本票

B. 票据是由出票人依法签发的，约定自己或者委托付款人在见票时或指定日期向收款人或持票人无条件支付一定金额的有价证券

C. 票据的签发、取得和转让，应当遵循诚实信用的原则，具有真实的交易关系和债权债务关系

D. 我国的票据均为无记名票据，通过背书转让的方式均可予以流通转让

11. 汇票付款人承诺在汇票到期日支付汇票金额并盖章的行为称为（ ）。

A. 出票 B. 背书 C. 承兑 D. 保证

12. 下列有关支票的表述中，正确的是（ ）。

A. 现金支票可以用于支取现金,也可以用于转账

B. 普通支票可以用于支取现金,也可以用于转账

C. 转账支票可以用于转账,也可以用于支取现金

D. 现金支票可以背书转让

13. 甲企业在其银行存款不足1万元的情况下,向业务单位开出一张1.5万元的转账支票,银行可对其处以(　　)元罚款。

A. 1 000　　B. 750　　C. 500　　D. 300

14. 票据债务人以外的人,为担保特定债务人履行票据债务而在票据上记载有关事项的行为称为(　　)。

A. 出票　　B. 背书　　C. 承兑　　D. 保证

15. 自然人因投资、消费、结算等开立的可办理支付结算业务的存款账户称为(　　)。

A. 临时存款账户　　B. 个人银行结算账户

C. 专用存款账户　　D. 一般存款账户

16. 下列事项中,不属于银行汇票上必须记载的事项是(　　)。

A. 无条件支付的承诺　　B. 付款日期

C. 确定的金额　　D. 付款人名称

17. 根据《票据法》的规定,下列付款方式中,适用于支票付款方式的是(　　)。

A. 见票即付　　B. 见票后定期付款

C. 定日付款　　D. 出票后定期付款

18. 根据《支付结算办法》的规定,下列各项中,不会导致票据无效的是(　　)。

A. 原记载人更改金额,并在更改处签章证明

B. 原记载人更改出票日期,并在更改处签章证明

C. 原记载人更改收款人名称,并在更改处签章证明

D. 原记载人更改票据用途,并在更改处签章证明

19. 存款人撤销银行结算账户时应向(　　)提出申请。

A. 上级主管部门　　B. 主管税务机关

C. 开户银行　　D. 中国人民银行当地分行

20. 存款人更改名称,但不改变开户银行及账号的,应于(　　)个工作日内向开户银行提出银行结算账户的变更申请。

A. 2　　B. 3　　C. 4　　D. 5

21. 在票据当事人中,接受汇票出票人的付款委托同意承担支付票据义务的人称为(　　)。

A. 背书人　　B. 付款人　　C. 承兑人　　D. 保证人

22. 根据《支付结算办法》的规定,既可以用于支取现金,又可以用于转账的支票是(　　)。

A. 现金支票　　B. 转账支票
C. 普通支票中的划线支票　　D. 普通支票中的非划线支票
23. 持票人对票据的出票人和承兑人的权利,自票据到期日起(　　)。
A. 6 个月　　B. 1 年　　C. 2 年　　D. 5 年
24. 根据《支付结算办法》的规定,银行本票的提示付款的最长期限是(　　)。
A. 自票据到期日起 1 个月　　B. 自票据到期日起 2 个月
C. 自票据出票日起 1 个月　　D. 自票据出票日起 2 个月
25. 下列情形中,符合我国现金管理规定的是(　　)。
A. 开户单位之间相互借用现金
B. 从本单位库存现金限额中支付现金
C. 对现金结算给予比转账结算优惠的待遇
D. 利用银行账户代其他单位套取现金
26. 以下属于票据非基本当事人的有(　　)。
A. 出票人　　B. 付款人　　C. 背书人　　D. 收款人
27. 商业汇票的付款期限最长不得超过(　　)个月。
A. 1　　B. 2　　C. 3　　D. 6
28. 根据《支付结算办法》的规定,商业汇票的提示付款期限是(　　)。
A. 自汇票到期日起 1 个月　　B. 自汇票到期日起 10 日
C. 自出票日起 1 个月　　D. 自出票日起 10 日
29. 银行承兑汇票的出票人于汇票到期日未能足额交存票款时,承兑银行除凭票向持票人无条件付款外,对出票人尚未支付的汇票金额按照每天(　　)计收利息。
A. 千分之一　　B. 千分之五
C. 万分之一　　D. 万分之五
30. 收款人对同一付款人发货托收累计(　　)次收不回货款的,收款人开户银行应暂停收款人向该付款人办理托收。
A. 1　　B. 2　　C. 3　　D. 4
31. 开户单位原则上不能坐支现金,因特殊情况需坐支现金的,应当事先经(　　)审查批准。
A. 中国人民银行　　B. 单位负责人
C. 开户银行　　D. 会计机构负责人
32. 开户单位现金收入应于当日送存银行,当日送存确有困难的,由(　　)确定送存时间。
A. 上级主管机关　　B. 单位负责人
C. 开户银行　　D. 会计机构负责人
33. 对于边远地区和交通不便地区的开户单位,其库存现金限额可多于 5 天,但不得超过(　　)天的日常零星开支。

A. 10　　B. 15　　C. 20　　D. 25

34. 开户银行应当根据开户单位的实际需要，核定开户单位(　　)天的日常零星开支所需的库存现金限额。

A. 3 ~ 5　　B. 5 ~ 10　　C. 3 ~ 10　　D. 10 ~ 15

35. 下列不能使用现金结算的是(　　)。

A. 职工工资、津贴

B. 个人劳务报酬

C. 3 000 元的零星支出

D. 向个人收购农副产品和其他物资的价款

36. 符合法定条件，自然人根据需要可以在异地开立(　　)。

A. 一般存款账户　　B. 临时存款账户

C. 个人银行结算账户　　D. 报表附注

37. 存款人营业执照注册地与经营地不在同一行政区域的，可以在异地开立(　　)。

A. 个人银行结算账户　　B. 基本存款账户

C. 专用存款账户　　D. 一般存款账户

38. 银行本票适用于(　　)需要支付各种款项的单位或个人。

A. 国际结算中　　B. 同一票据交换区域内

C. 不同票据交换区域间　　D. 相同及不同票据交换区域

39. 银行审核支票付款的依据是支票出票人的(　　)。

A. 电话号码　　B. 身份证件

C. 支票存根　　D. 预留银行签章

40. 开户单位之间的经济往来，除按规定的范围可以使用现金外，应当通过(　　)进行转账结算。

A. 中国人民银行　　B. 开户银行

C. 财务公司　　D. 政策性银行

41. 汇款人委托银行将其款项支付给收款人的结算方式称为(　　)。

A. 委托收款　　B. 汇兑　　C. 托收承付　　D. 支票结算

42. 采用验单付款方式办理异地托收承付结算时，付款承付期为(　　)天。

A. 2　　B. 3　　C. 6　　D. 10

43. 持票人可持(　　)向银行贴现。

A. 银行本票　　B. 银行汇票　　C. 商业汇票　　D. 转账支票

44. 信用卡透支期限最长为(　　)天。

A. 30　　B. 60　　C. 90　　D. 120

45. 普通卡的最高透支额不得超过(　　)元。

A. 1 万　　B. 5 000　　C. 2 万　　D. 5 万

46. 信用卡透支超过 30 日，其透支利息按(　　)计算。

A. 日息万分之五

B. 日息万分之十

C. 日息万分之十五

D. 15 日内的部分按日息万分之五，超过 15 日的部分按日息万分之十，超过 30 日的部分按日息万分之十五分段计算

47. 付款人累计(　　)次提出无理拒付的，付款人开户银行应暂停其向外办理托收。

A. 2　　B. 3　　C. 5　　D. 6

48. 托收承付结算，新华书店系统每笔的金额起点是(　　)元。

A. 1 万　　B. 1 000　　C. 2 万　　D. 5 000

49. 根据有关规定，办理托收承付的(　　)。

A. 收付双方都是国有企业

B. 收付双方必须签有合法的代销合同

C. 结算款项的收款人可以选用邮寄的划回方式

D. 每笔金额起点为 2 万元

50. 汇入银行对于向收款人发出取款通知，经过(　　)个月无法交付的款项，应主动办理退汇。

A. 1　　B. 2　　C. 3　　D. 6

51. 商业承兑汇票付款人存在合法抗辩事由拒绝支付的，应自接到通知的次日起(　　)日内，作成拒绝付款证明送交开户银行。

A. 3　　B. 4　　C. 5　　D. 6

52. (　　)可以申请签发现金银行本票。

A. 申请人为单位的　　B. 收款人为单位的

C. 申请人和收款人均为单位的　　D. 申请人和收款人均为个人的

53. 根据购销合同由收款人发货后委托银行向异地付款人收取款项，由付款人向银行承认付款的结算方式是(　　)。

A. 委托收款　　B. 信用证　　C. 汇兑　　D. 托收承付

54. 经营性的存款人伪造、变造证明文件欺骗银行开立银行结算账户的，给予警告并处以(　　)的罚款。

A. 5 000 元以上 1 万元以下　　B. 1 万元以上 5 万元以下

C. 1 万元以上 3 万元以下　　D. 5 万元以上 10 万元以下

55. 经营性的存款人有利用开立银行结算账户逃避银行债务或者出租、出借银行结算账户行为的，给予警告并处以(　　)的罚款。

A. 5 000 元以上 1 万元以下　　B. 5 000 元以上 3 万元以下

C. 1 万元以上 5 万元以下　　D. 5 万元以上 10 万元以下

56. 银行在银行结算账户的开立中，违反《人民币银行结算账户管理办法》的规定为存款人多头开立银行结算账户或者明知是单位资金，而允许以自然人名称开立账户存储

的,给予警告,并处以(　　)的罚款。

A. 5 000 元以上 1 万元以下　　B. 1 万元以上 5 万元以下

C. 5 万元以上 20 万元以下　　D. 5 万元以上 30 万元以下

57. 定日付款或者出票后定期付款的商业汇票,持票人应当在(　　)向付款人提示承兑。

A. 汇票到期日前　　B. 出票后 1 个月内

C. 出票后 3 个月内　　D. 出票后 2 个月内

58. 下列各项中,不能行使票据追索权的是(　　)。

A. 承兑人　　B. 出票人　　C. 保证人　　D. 背书人

59. 委托收款以银行以外的单位为付款人的,委托收款凭证必须记载(　　)。

A. 收款人开户银行名称　　B. 付款人开户银行名称

C. 被委托银行名称　　D. 兑付银行名称

60. 付款人对向其提示承兑的汇票,应当自收到提示承兑的汇票之日起(　　)日内承兑或者拒绝承兑。

A. 2　　B. 3　　C. 5　　D. 7

61. 汇票未按规定期限提示承兑的,(　　)。

A. 持票人丧失对前手的追索权

B. 持票人丧失票据上的权利

C. 出票人不承担保证责任和付款责任

D. 持票人丧失对前手的抗辩权

二、多项选择题

1. 为防止变造票据的出票日期,在填写月、日时,月为(　　)的,应在其前加"零"。

A. 壹　　B. 贰　　C. 叁　　D. 壹拾

2. 下列各项属于我国支付结算法律制度的有(　　)。

A.《票据管理实施办法》　　B.《支付结算办法》

C.《人民币银行结算账户管理办法》　　D.《国内信用证结算办法》

3. (　　)情况下,存款人可以申请开立临时存款账户。

A. 注册验资　　B. 缴纳住房基金

C. 异地临时经营活动　　D. 清算证券交易结算资金

4. 银行结算账户管理应当遵守的基本原则有(　　)。

A. 一个基本账户原则

B. 自主选择银行开立银行结算账户原则

C. 守法合规原则

D. 存款信息保密原则

5. 银行依法为单位、个人在银行开立的(　　)保密,维护其资金的自主支配权。

A. 基本存款账户　　B. 一般存款账户

C. 专用存款账户　　　　D. 临时存款账户

6. 根据《支付结算办法》的规定，下列票据丧失后，可采用挂失止付方式补救的有(　　)。

A. 已承兑的商业汇票、支票

B. 填明"现金"字样和代理付款人的银行汇票

C. 填明"现金"字样的银行本票

D. 未填明"现金"字样和代理付款人的银行汇票

7. 票据权利包括(　　)。

A. 姓名权　　　　B. 付款请求权

C. 收款请求权　　　　D. 追索权

8. 支票分为(　　)。

A. 现金支票　　　　B. 转账支票

C. 普通支票　　　　D. 商业支票

9. 根据《票据法》的规定，签发银行本票必须记载的事项包括(　　)。

A. 收款人名称　　　　B. 付款人名称

C. 出票人签章　　　　D. 出票地

10. 存款人可以在异地开立有关银行结算账户的情形有(　　)。

A. 营业执照注册地与经营地不在同一行政区域需要开立基本存款账户的

B. 办理异地借款和其他结算需要开立一般存款账户的

C. 异地临时经营活动需要开立临时存款账户的

D. 因附属的非独立核算单位或派出机构发生的收入汇缴或业务支出需要开立专用存款账户的

11. 下列各项中，符合支票的办理和使用要求的有(　　)。

A. 银行不可以与出票人约定使用支付密码，作为银行审核支付支票金额的条件

B. 签发现金支票和用于支取现金的普通支票，必须符合国家现金管理的规定

C. 出票人不得签发与其预留银行签章不符的支票

D. 支票的出票人签发支票的金额不得超过付款时在付款人处实有的存款金额

12. 关于支票的办理和使用要求，下列表述正确的有(　　)。

A. 出票人不得签发与其预留银行签章不符的支票

B. 出票人签发空头支票，银行应予以退票，并按票面金额处以5%但不高于1 000元的罚款

C. 持票人可以委托开户银行收款或直接向付款人提示付款

D. 签发支票应使用碳素墨水或墨汁填写，中国人民银行另有规定的除外

13. 支付结算的方式包括(　　)。

A. 票据　　　　B. 汇兑　　　　C. 委托收款　　　　D. 托收承付

14.《票据法》所指的票据包括(　　)。

A. 支票　　B. 信用证　　C. 汇票　　D. 本票

15. 下列结算方式中,由收款人选用邮寄和电报划回款项的有(　　)。

A. 汇兑　　B. 托收承付　　C. 委托收款　　D. 信用证

16. 关于信用卡的透支利息说法正确的有(　　)。

A. 透支期限在 15 日内,按日息万分之五计算

B. 透支期限超过 15 日,按日息万分之十五计算

C. 透支期限超过 30 日,按日息万分之十五计算

D. 透支利息不分段计算

17. 关于汇兑,下列说法正确的有(　　)。

A. 汇款回单是该笔汇款已转入收款人账户的证明

B. 汇款人可以对汇出银行尚未汇出的款项申请撤销

C. 汇款人也可以对汇出银行已经汇出的款项申请退汇

D. 对在汇入银行开立存款账户的收款人,由汇款人与收款人自行联系退汇

18. 付款人在承付期内,对于(　　),可以向银行提出全部或部分拒绝付款。

A. 未签订购销合同或购销合同未订明托收承付结算方式的款项

B. 验单付款,发现所列货物品种、规格与合同不符

C. 货款已支付或计算有错误的款项

D. 无足够资金支付的款项

19. 委托收款凭证必须记载的事项有(　　)。

A. 确定的金额

B. 付款人名称

C. 收款人名称

D. 委托收款凭据名称及附寄单证张数

20. 托收承付结算适用于(　　)之间的结算。

A. 国有企业

B. 供销合作社

C. 经营管理较好,并经开户银行同意的城乡集体所有制工业企业

D. 中外合资企业

21. 汇款人签发汇兑凭证时,必须记载的事项有(　　)。

A. 无条件支付的委托　　B. 确定的金额

C. 收款人名称　　D. 汇入地点、汇入行名称

22. 根据《人民币银行结算账户管理办法》的规定,存款人申请开立一般存款账户,应向银行出具的证明文件包括(　　)。

A. 存款人开立基本存款账户规定的证明文件

B. 基本存款账户开户登记证

C. 存款人因向银行借款需要,应出具借款合同

D. 存款人因其他结算需要,应出具有关证明

23. 单位和个人办理支付结算,因(　　)造成资金损失的,由其自行负责。

A. 银行违反规定故意压票

B. 未按规定填写票据或结算凭证

C. 填写票据或结算凭证有误

D. 票据或印章丢失

24. 填写票据和结算凭证应标准化、规范化,做到(　　)。

A. 要素齐全　　B. 数字正确、字迹清晰

C. 不错不漏、不潦草　　D. 防止涂改

25. 根据《支付结算办法》的规定,下列各项中,符合支付结算基本要求的有(　　)。

A. 单位、个人和银行办理支付结算,必须使用按中国人民银行统一规定印刷的票据和统一规定的结算凭证

B. 单位、个人和银行应当按照《人民币银行结算账户管理办法》的规定开立、使用账户

C. 票据和结算凭证上的签章和其他记载事项应当真实,不得伪造、变造

D. 填写票据和结算凭证应当规范

26. 根据《支付结算办法》的规定,票据债务人对下列情况的持票人可以拒绝付款(　　)。

A. 对不履行约定义务的与自己有直接债权债务关系的持票人

B. 对明知有欺诈、偷盗或者胁迫等情形,出于恶意取得票据的持票人

C. 因重大过失取得不符合《票据法》规定的票据的持票人

D. 对取得背书不连续票据的持票人

27. 根据《人民币银行结算账户管理办法》的规定,存款人申请开立临时存款账户,应向银行出具的证明文件包括(　　)。

A. 临时机构,应出具其驻在地主管部门同意设立临时机构的批文

B. 异地建筑施工及安装单位,应出具其营业执照正本或其隶属单位的营业执照正本,以及施工及安装地建设主管部门核发的许可证或建筑施工及安装合同

C. 异地从事临时经营活动的单位,应出具其营业执照正本以及临时经营地工商行政管理部门的批文

D. 注册验资资金,应出具工商行政管理部门核发的企业名称预先核准通知书或有关部门的批文

28. 根据支付结算法律制度的规定,下列选项中,属于变造票据的有(　　)。

A. 变更票据金额　　B. 变更票据上的到期日

C. 变更票据上的签章　　D. 变更票据上的付款日

29. 根据《人民币银行结算账户管理办法》的规定,存款人申请开立基本存款账户,应向银行出具的证明文件包括(　　)。

A. 机关和实行预算管理的事业单位,应出具政府人事部门或编制委员会的批文或登记证书
B. 民办非企业组织,应出具民办非企业登记证书
C. 外国驻华机构,应出具国家登记机关颁发的登记证
D. 独立核算的附属机构,应出具其主管部门的基本存款账户开户登记证和批文

30. 下列各项票据中,不得背书转让的有(　　)。
A. 票据被拒绝承兑、被拒绝付款或者超过付款提示期限的
B. 填明"现金"字样的银行汇票
C. 用于支取现金的支票
D. 填明"现金"字样的银行本票

31. 根据《票据法》和《支付结算办法》的规定,下列说法中,正确的有(　　)。
A. 背书未记载日期的,视为在票据到期日前背书
B. 支票的出票人和商业承兑汇票的承兑人在票据上的签章,应为其预留银行的签章
C. 持票人对前手的再追索权,自清偿日或者被提起诉讼之日起 6 个月内不行使而消灭
D. 汇票上未记载付款地的,付款人的营业场所、住所或者经常居住地为付款地

32. 经单位负责人或法定代表人授权办理银行结算账户时,被授权人须出具的证件包括(　　)。
A. 被授权人的身份证件
B. 授权书
C. 单位负责人或法定代表人的身份证件
D. 以上任具其一即可

33. 下列关于有关支票结算方式的表述中,符合《支付结算办法》规定的有(　　)。
A. 用于支取现金的支票仅限于收款人向付款人提示付款
B. 划线支票可当作转账支票使用
C. 支票均可背书转让
D. 支票丧失,可以由失票人通知付款人挂失止付

34. 背书的绝对记载事项有(　　)。
A. 被背书人名称　　B. 背书人签章
C. 背书日期　　D. 付款日期

35. 持卡人还清透支本息后,可以办理销户的情况包括(　　)。
A. 信用卡挂失满 45 天后,没有附属卡又不更换新卡的
B. 持卡人死亡,发卡银行已收回其信用卡 45 天的
C. 持卡人要求销户或担保人撤销担保,并已交回全部信用卡 45 天的
D. 信用卡账户两年(含)以上未发生交易的

三、判断题

1. 票据上有伪造、变造的签章的，不影响票据上其他真实签章的效力。（　）

2. 票据丧失后可以采取挂失止付、公示催告、普通诉讼等形式进行补救。（　）

3. 背书人是指被记名受让票据或接受票据转让的人。（　）

4. 单位附属独立核算的食堂也可以开立基本存款账户。（　）

5. 票据记载事项，是指依法在票据上记载票据相关内容的行为。票据记载事项一般为绝对记载事项和相对记载事项。（　）

6. 票据和结算凭证金额以中文大写和阿拉伯数码同时记载，二者必须一致，二者不一致的票据无效；二者不一致的结算凭证，银行不予受理。（　）

7. 以背书转让的汇票，背书应当连续。（　）

8. 未在银行开立存款账户的个人持票人，可以向选择的任何一家银行机构提示付款。（　）

9. 银行汇票的付款地为代理付款人或出票人所在地，银行本票的付款地为出票人所在地，商业汇票的付款地为承兑人所在地，支票的付款地为付款人所在地。（　）

10. 开户单位现金收入应当于当日送存开户银行。（　）

11. 如果票据和结算凭证中，金额数字书写中使用繁体字，不得受理。（　）

12. 存款人发生被撤并、解散、宣告破产或关闭，或被注销，被吊销营业执照等主体资格终止的，应于3个工作日内向开户银行提出撤销银行结算账户的申请。（　）

13. 一般存款账户可以办理现金缴存，但不得办理现金支取。（　）

14. 财政预算外资金、证券交易结算资金、期货交易保证金和信托基金专用存款账户，可以支取现金。（　）

15. 收入汇缴账户除向其基本存款账户或预算外资金财政专用存款账户划缴款项外，只收不付，不得支取现金。业务支出账户除从其基本存款账户拨入款项外，只付不收，其现金支取必须按照国家现金管理的规定办理。（　）

16. 存款人开立基本存款账户、临时存款账户和预算单位开立专用存款账户实行核准制度，经中国人民银行核准后由开户银行核发开户登记证。但存款人因注册验资需要开立的临时存款账户除外。（　）

17. 因经营需要在异地办理收入汇缴和业务支出的存款人在异地开立专用存款账户的，应出具隶属单位的证明。（　）

18. 银行承兑汇票的承兑银行，应按票面金额向出票人收取万分之五的手续费。（　）

19. 单位卡账户的资金可以从其基本存款账户转账存入，也可以将销货收入的款项存入其账户。（　）

20. 个体工商户凭营业执照以字号或经营者姓名开立的银行结算账户纳入单位银行结算账户管理。（　）

21. 银行结算账户管理档案的保管期限为银行结算账户撤销后10年。（　）

22. 在银行开立存款账户的法人以及其他组织之间，必须具有真实的交易关系或债权债务关系，才能使用商业汇票。（　　）

23. 付款人开户银行对付款人逾期支付的款项，应当根据逾期付款金额和逾期天数，按每天万分之五计算逾期付款赔偿金。（　　）

24. 信用卡按信誉等级分为金卡和普通卡。（　　）

25. 未在银行开立存款账户的汇兑收款人，汇入银行可以收款人的姓名开立应解汇款及临时存款账户，该账户只付不收，付完清户，不计付利息。（　　）

26. 付款人依法足额付款后，全体汇票债务人的责任解除。（　　）

27. 单位卡不得用于5万元以上的商品交易、劳务供应款项的结算。（　　）

28. 银行对一年未发生收付活动且未欠开户银行债务的单位银行结算账户，应通知单位自发出通知之日起30日内办理销户手续，逾期视同自愿销户，未划转款项列入久悬未取专户管理。（　　）

29. 因税收、继承、赠与可以依法无偿取得票据的，不受给付对价的限制，所享有的票据权利有优于其前手的权利。（　　）

30. 任意记载事项是指《票据法》不强制当事人必须记载而允许当事人自行选择，不记载时不影响票据效力，记载时则产生票据效力的事项。（　　）

31. 银行汇票的实际结算金额低于出票金额的，其多余金额由出票银行退交申请人。（　　）

32. 支票未补记前可以背书转让和提示付款。（　　）

33. 商业汇票分为商业承兑汇票和银行承兑汇票。（　　）

34. 变造票据除签章以外的记载事项的，在变造之前签章的人，对原记载事项负责；在变造之后签章的人，对变造之后的记载事项负责；不能辨别在票据被变造之前或者之后签章的，视同在变造之前签章。（　　）

35. 持票人因超过票据权利时效或者因票据记载事项欠缺而丧失票据权利的，不可以请求出票人或者承兑人返还其与未支付的票据金额相当的利益。（　　）

36. 未使用按中国人民银行统一规定印制的票据，票据无效；未使用中国人民银行统一规定格式的结算凭证，银行不予受理。（　　）

37. 委托收款结算方式只在同城使用，异地不可使用。（　　）

38. 持票人因不获承兑或不获付款，对其前手行使追索权时，票据的出票人、背书人和保证人对持票人承担连带责任。（　　）

39. 票据和结算凭证的金额、出票或签发日期、收款人名称不得更改，更改的票据无效；更改的结算凭证，银行不予受理。（　　）

40. 基本建设资金、更新改造资金、政策性房地产开发资金、金融机构存放同业资金账户需要支取现金的，应在开户时报中国人民银行当地分支行批准。（　　）

41. 票据出票人在票据正面记载“不得转让”字样的，票据不得转让；其直接后手再背书转让的，出票人对其直接后手的被背书人不承担保证责任。（　　）

42. 背书可以附有条件。背书附有条件的，票据依然有效。（ ）

43. 对个体工商户、农村承包经营户发放的贷款，应当以转账方式支付。（ ）

44. 一个单位在几家银行开户的，由一家开户银行负责现金管理工作，核定开户单位库存现金限额。（ ）

45. 汇票上未记载付款日期的，为见票即付。（ ）

46. 票据背书人在票据背面背书人栏记载“不得转让”字样的，其后手再背书转让的，记载“不得转让”字样的背书人对其后手的被背书人仍要承担保证责任。（ ）

47. 非金融机构、境外金融机构的驻华代表机构不得发行信用卡和代理收单结算业务。（ ）

48. 信用卡仅限于合法持卡人本人使用，持卡人不得出租或转借信用卡。（ ）

49. 信用卡是指商业银行向个人和单位发行的，凭以向特约单位购物、消费和向银行存取现金，且具有消费信用的特制载体卡片。（ ）

☞ 参考答案

一、单项选择题

1. B 2. C 3. B 4. D 5. A 6. B 7. D 8. C 9. B 10. D 11. C 12. B 13. A 14. D 15. B 16. B 17. A 18. D 19. C 20. D 21. C 22. D 23. C 24. D 25. B 26. C 27. D 28. B 29. D 30. C 31. C 32. C 33. B 34. A 35. C 36. C 37. B 38. B 39. D 40. B 41. B 42. B 43. C 44. B 45. B 46. C 47. B 48. B 49. C 50. B 51. A 52. D 53. D 54. C 55. B 56. D 57. A 58. B 59. B 60. B 61. A

二、多项选择题

1. ABD 2. ABCD 3. AC 4. ABCD 5. ABCD 6. ABC 7. BD 8. ABC 9. AC 10. ABCD 11. BCD 12. ACD 13. ABCD 14. ACD 15. BC 16. ACD 17. BCD 18. ABC 19. ABCD 20. ABC 21. ABCD 22. ABCD 23. BCD 24. ABCD 25. ABCD 26. ABCD 27. ABCD 28. ABD 29. BD 30. ABCD 31. ABD 32. ABC 33. ABD 34. AB 35. ABCD

三、判断题

1. √ 2. √ 3. × 4. √ 5. × 6. √ 7. √ 8. √ 9. √ 10. √ 11. × 12. × 13. √ 14. × 15. √ 16. √ 17. √ 18. √ 19. × 20. √ 21. √ 22. √ 23. √ 24. √ 25. √ 26. √ 27. × 28. √ 29. × 30. √ 31. √ 32. × 33. √ 34. √ 35. × 36. √ 37. × 38. √ 39. √ 40. √ 41. √ 42. × 43. √ 44. √ 45. √ 46. × 47. √ 48. √ 49. √

项目三

税收法律制度

学习目标

知识目标：通过本项目的学习，学生能够掌握税收法律的相关规定。

能力目标：学生能够在实际工作中做到与税务机关要求相符，能独立地掌握纳税申报的相关环节，发票管理符合规范。

【情境导入】

下岗女工李某开办了一个商品经销部，按规定享有一定期限的免税优惠。她认为，既然免税就不需要办理税务登记。分析李某的观点是否正确。

任务一　税收概述

【任务描述】

使学生了解我国的税收制度，并能在实践工作中办理税务登记的相关内容。

【任务分析】

通过本任务的学习，了解税收的特征和分类。

【知识准备】

熟悉税收的分类，掌握我国税种的分类和特征。

一、税收的概念与分类

(一)税收的概念与作用

1. 税收的概念

税收是政府为了满足社会公共需要，凭借政治权力，强制、无偿地取得财政收入的一种形式。

税收概念有以下几个方面的含义：

(1)税收是国家取得财政收入的一种重要工具。征税的主体是国家，除了国家之外，任何机构和团体都无权征税。

(2)国家征税依据的是其政治权力，它有别于按要素进行的分配。这种政治权力凌驾于财产权力之上，没有国家的政治权力为依托，征税就无法实现。

(3)征税的基本目的是满足国家的财政需要,以实现其进行阶级统治和满足社会公共需要的职能。

(4)税收具有强制性、无偿性、固定性的特征。

2. 税收的作用

(1)税收是国家组织财政收入的主要形式;

(2)税收是国家调控经济运行的重要手段;

(3)税收具有维护国家政权的作用;

(4)税收是国际经济交往中维护国家利益的可靠保证。

(二)税收的特征

1. 强制性

税收的强制性,指税收是国家凭借政治权力,通过法律形式对社会产品进行的强制性分配,而非纳税人的一种自愿缴纳,纳税人必须依法纳税,否则会受到法律制裁。强制性是国家的权力在税收上的法律体现,是国家取得税收收入的根本前提,也是与税收的无偿性特征相对应的一个特征。

2. 无偿性

税收的无偿性,是指国家征税以后对具体纳税人既不需要直接偿还,也不付出任何直接形式的报酬,纳税人从政府支出所获利益通常与其支付的税款不完全成一一对应的比例关系。无偿性是税收的关键特征,它使税收明显地区别于国债等财政收入形式。

3. 固定性

税收的固定性,指税收是国家通过法律形式预先规定了对什么征税及其征收比例等税制要素,并保持相对的连续性和稳定性。基于法律的税收固定性始终是税收的固有形式特征,税收固定性对国家和纳税人都具有十分重要的意义。

(三)税收的分类

1. 按征税对象分类

(1)流转税类。流转税是以流转额为征税对象的税种。流转税以商品流转额和非商品流转额为计税依据,在生产经营和销售环节征收,收入不受成本费用变化的影响,而对价格变化较为敏感。我国现行的增值税、消费税、营业税、关税属于这类税种。

流转税类的特点主要有:流转税是间接税;流转税是对物税;流转税的计税依据是商品或劳务的流转额;流转税是比例税。

(2)所得税类。所得税是以纳税人的各种应纳税所得额为征税对象的税种。所得税的征税对象不是一般收入,而是总收入减除各种成本费用及其他允许扣除项目以后的应纳税所得额;征税数额受成本、费用、利润高低的影响较大。所得税主要包括企业所得税、个人所得税等税种。

所得税类的特点主要有:可以直接调节纳税人收入,发挥其公平税负、调整分配关系的作用。

(3)财产税类。财产税是以纳税人所拥有的或支配的某些财产为征税对象的一类税,主要是对财产的价值或某种行为课税。财产税包括房产税、车船税等税种。

财产税类的特点主要有:财产税可以为对方财政提供稳定的收入来源;征收财产税可以防止财产过分集中于社会少数人,便于调节财富的分配,体现社会分配的公正性;纳税人的财产分布地不尽一致,当地政府易于了解,因地制宜地进行征收管理。

(4)资源税类。资源税是指对在我国境内从事资源开发的单位和个人征收的一类税,主要是为保护和合理使用国家自然资源而课征的税。我国现行的资源税、土地增值税、城镇土地使用税等税种均属于资源课税的范畴。

资源税类的特点主要有:税负高低与资源级差收益水平关系密切;征税范围的选择比较灵活。

(5)行为税类。行为税是指以某些特定行为为征税对象的一类税,主要是对某种行为课税。行为税包括印花税、城市维护建设税等税种。

行为税类的特点主要有:特殊的目的性;较强的政策性;临时性和偶然性;税源的分散性。

2. 按征收管理的分工体系分类

(1)工商税类。工商税收由税务机关负责征收管理。工商税是指以从事工业、商业和服务业的单位和个人为纳税人的各税种的总称,是我国现行税制的主体部分。具体包括增值税、消费税、营业税、资源税、企业所得税、个人所得税、城市维护建设税、房产税、城市房地产税、车船税、土地增值税、城镇土地使用税、印花税等税种。工商税的征收范围较广,既涉及社会再生产的各个环节,也涉及生产、流通、分配、消费的各个领域,是筹集国家财政收入、调节宏观经济最主要的工具。

(2)关税类。关税类的税种由海关负责征收管理。关税是对进出境的货物、物品征收的税种的总称,主要是指进出口关税,以及对入境旅客行李物品和个人邮递物品征收的进口税,不包括由海关代征的进口环节增值税、消费税和船舶吨税。关税是中央财政收入的重要来源,也是国家调节进出口贸易的主要手段。

3. 按税收征税权限和收入支配权限分类

(1)中央税。中央税是指由中央政府征收和管理使用或由地方政府征收后全部划解中央政府所有并支配使用的一类税。如我国现行的关税和消费税等。这类税一般收入较大,征收范围广泛。

(2)地方税。地方税是指由地方政府征收和管理使用的一类税。如我国现行的城镇土地使用税、车船税、房产税、印花税、屠宰税、土地增值税等。这类税一般收入稳定,并与地方经济利益关系密切。

(3)中央与地方共享税。中央与地方共享税是指税收的管理权和使用权属中央政府和地方政府共同拥有的一类税。如我国现行的增值税和资源税等。这类税直接涉及中央与地方的共同利益。

4. 按计税标准不同分类

(1)从价税。从价税是指以课税对象的价格为依据,按一定比例计征的一种税。

从价税实行比例税率和累进税率,其应纳税额随商品价格的变化而变化,能充分体现合理负担的税收政策。如我国现行的增值税、营业税、关税和各种所得税等税种。

(2)从量税。从量税是指以课税对象的数量(重量、面积、件数)为依据,按固定税额计征的一类税。从量税一般采用定额税率,其课税数额只与课税对象数量相关,与价格无关。

从量税实行定额税率,具有计算简便等优点。如我国现行的资源税、车船税和土地使用税等。

(3)复合税。又称混合税,是对某一货物或物品既征收从价税,又征收从量税,即采用从量税和从价税同时征收的一种方法。复合税可以分为两种:一种是以从量税为主加征从价税;另一种是以从价税为主加征从量税。

二、税法及构成要素

(一)税收与税法的关系

1. 税法的概念

税法是国家制定的用以调整国家与纳税人之间在征税方面的权利及义务关系的法律规范的总称,是国家及纳税人依法征税、依法纳税的行为准则。税法具有义务性法规和综合性法规的特点。

税法是我国法律体系的重要组成部分。税收与法密不可分,有税必有法,无法不成税。

2. 税收与税法的关系

(1)两者的联系:税法是税收制度的法律表现形式,税收制度则是税法所确定的具体内容。税收必须依照税法的规定进行,税法是税收制度的法律依据和法律保障;税法必须以保障税收活动有序进行为其存在理由和依据。

(2)两者的区别:税收作为一种经济活动,属于经济基础范畴,而税法则是一种法律制度,属于上层建筑范畴。

(二)税法的分类

1. 按税法的功能作用的不同分类

(1)税收实体法。税收实体法是规定税收法律关系主体的实体权利、义务的法律规范的总称。其主要内容包括纳税主体、征税客体、计税依据、税目、税率、减免税等,是国家向纳税人行使征税权和纳税人负担纳税义务的条件。如《中华人民共和国增值税暂行条例》、《中华人民共和国企业所得税法》(以下简称《企业所得税法》)、《中华人民共和国个人所得税法》(以下简称《个人所得税法》)都属于税收实体法。税收实体法直接影响到国家与纳税人之间权利义务的分配,是税法的核心部分,没有税收实体法,税法体系就不能成立。

(2)税收程序法。税收程序法是税收实体法的对称,指以国家税收活动中所发生的程序关系为调整对象的税法,是规定国家征税权行使程序和纳税人纳税义务履行程序的法律规范的总称。其内容主要包括税收确定程序、税收征收程序、税收检查程序和税务争议的解决程序。税收程序法是指如何具体实施税法的规定，是税法体系的基本组成部分，如《税收征管法》。

2. 按主权国家形式税收管辖权不同分类

(1)国内税法。国内税法一般是按照属人或属地原则，规定一个国家的内部税收制度。

(2)国际税法。国际税法是指国家间形成的税收制度，主要包括双边或多边国家间的税收协定、条例和国际惯例等，一般而言，其效力高于国内税法。

(3)外国税法。外国税法是指外国各个国家制定的税收制度。

3. 按税法法律级次分类

(1)税收法律。税收法律是指享有国家立法权的国家最高权力机关全国人民代表大会及其常务委员会，依照法律程序制定的规范性税收文件。其法律地位和法律效力仅次于宪法，而高于税收法规、规章。税收法律由全国人民代表大会及其常务委员会制定。

我国现行税法体系中属于税收法律的有《企业所得税法》、《个人所得税法》、《税收征管法》等。

(2)税收行政法规。税收行政法规是指国家最高行政机关依据其职权或国家最高权力机关的授权，依据宪法和税收法律，通过一定法律程序制定的有关税收活动的实施规定或办法。

税收行政法规由国务院依据有关法律的规定制定，其法律地位和法律效力低于宪法和税收法律。

目前，我国税收行政法规主要有《中华人民共和国个人所得税法实施条例》、《中华人民共和国税收征收管理法实施细则》、《中华人民共和国增值税暂行条例》等。

(3)税收规章。税收规章分为税收部门规章和地方税收规章。

税收部门规章由财政部、国家税务总局、海关总署和国务院关税税则委员会等部门、机构依据有关法律、行政法规制定。税收部门规章在全国范围内具有普遍适用效力，但不得与税收法律、行政法规相抵触。例如，财政部颁发的《中华人民共和国增值税暂行条例实施细则》、国家税务总局颁发的《税务代理试行办法》和海关总署制定的《中华人民共和国海关进出口货物征税管理办法》等都属于税收部门规章。

地方税收规章是省、自治区、直辖市和较大的市人民政府，依据法律行政法规和本省(自治区、直辖市)的地方性法规制定的。地方政府制定税收规章，都必须在税收法律、法规明确授权的前提下进行，并且不得与税收法律、行政法规相抵触。例如，根据国务院发布的《中华人民共和国城镇土地使用税暂行条例》的规定，各省、自治区和直辖市人民政府可以制定本地区实施该条例的具体办法。

(4)税收规范性文件。税收规范性文件，是指县以上(含本级)税务机关依照法定职权和规定程序制定并公布的，规定纳税人、扣缴义务人及其他税务行政相对人(以下简称税务行政相对人)权利、义务，在本辖区具有普遍约束力的文件。

制定税收规范性文件，应当符合法律、法规、规章及上级税收规范性文件的规定，坚持公开、统一、效能的原则，并遵循国家税务总局《税收规范性文件制定管理办法》规定的制定规则和制定程序。

(三)税法的构成要素

税法的构成要素是指各种单行税法具有共同的基本要素的总称。税法的构成要素一般包括征税人、纳税义务人、征税对象、税目、税率、计税依据、纳税环节、纳税期限、纳税地点、减免税、法律责任等。

1. 征税人

征税人又叫征税主体，是指在税收法律关系中行使税收征管权、依法进行税款征收行为的一方当事人。

由于税收是以国家为主体的特殊分配形式，所以征税主体只能是国家，而不是其他主体。在我国，征税主体的具体部门有税务部门、财政部门和海关。

2. 纳税义务人

纳税义务人又叫纳税主体，是税法规定的直接负有纳税义务的单位和个人。我国对纳税义务人的确定，采用属地兼属人的原则。

税法中规定的纳税义务人有自然人和法人两种最基本的分类，按照不同的目的和标准，还可以对自然人和法人进行多种详细的分类。如自然人可划分为居民纳税人和非居民纳税人，个体经营者和其他个人等；法人可划分为居民企业和非居民企业，还可按企业的不同所有制性质来进行分类等。

3. 征税对象

征税对象又叫课税对象、征税客体，指税法规定对什么征税，是征纳税双方权利义务共同指向的客体或标的物，是区别一种税与另一种税的重要标志。如消费税的征税对象是《中华人民共和国消费税暂行条例》所列举的应税消费品，房产税的征税对象是房屋等。

征税对象是税法最基本的要素，因为它体现着征税的最基本界限，决定着某种税的基本征税范围，同时，也决定了各个不同税种的名称。

4. 税目

税目是税法中对征税对象分类规定的具体征税项目，反应具体的征税范围，是对课税对象质的界定。但并非所有税种都需规定税目，有些税种不分课税对象的具体项目，一律按照课税对象的应税数额采用同一税率计征税款，因此一般无须设置税目，如企业所得税。有些税种具体课税对象比较复杂，需要规定税目，如消费税、营业税等，一般都规定有不同的税目。

5. 税率

税率是对征税对象的征收比例或征收额度。税率是计算税额的尺度，也是衡量税负轻重与否的重要标志。我国现行税率主要有以下几种：

(1)比例税率。即对统一征税对象，不分数额大小，规定相同的征收比例。我国的增值税、营业税、城市维护建设税、企业所得税等采用的是比例税率。

比例税率具有计算简单、税负透明度高、有利于保证财政收入、有利于纳税人公平竞争、不妨碍商品流转额或非商品盈利额扩大等优点,符合税收的效率原则。但比例税率不能针对不同的收入水平实施不同的税收负担,在调节纳税人的收入水平方面难以体现税收的公平原则。

(2)定额税率。即按征税对象确定的计算单位,直接规定一个固定的税额。目前采用定额税率的有资源税、城镇土地使用税、车船税等。

(3)累进税率。累进税率是指随着征税对象数量增大而随之提高的税率,即按征税对象数额的大小划分为若干等级,不同等级的课税数额分别适用不同的税率,课税数额越大,适用税率越高。累进税率一般在所得税课税中使用,可以充分体现对纳税人收入多的多征、收入少的少征、无收入的不征的税收原则,从而有效地调节纳税人的收入,正确处理税收负担的纵向公平问题。

累进税率又分为全额累进税率、超额累进税率和超率累进税率三种。

①全额累进税率,是指对征税对象的全部数额都按照与此相适应的等级税率计算征税的一种累进税率,即将课税对象的数额划分为若干等级,课税对象的数额达到哪一个等级,就全部按相应的等级税率征税。目前,我国的税收法律制度中已不采用这种税率。

②超额累进税率,是对课税对象的全部数额分别按规定的各个等级的适用税率计算征税的一种累进税率,即把课税对象数额划分为若干等级,各等级分别适用相应等级税率征税,最后汇总计算全部应纳税额。其计算公式为:

应纳税额 = 应纳税所得额 × 适用税率 - 速算扣除数

③超率累进税率,是以征税对象数额的相对率为依据,按累进方式计算应纳税额的税率。采用这种税率,需要确定课税对象数额的相对率,并将其从低到高划分为若干等级,分别规定不同的累进税率。我国的土地增值税采用超率累进税率。

累进税率能够适应纳税人的负担能力,可以有效地调节收益水平,税收负担较为合理,缺点是计算征收较为复杂。

6. 计税依据

计税依据又叫税基,是据以计算征税对象应纳税款的直接数量依据,是对课税对象的量的规定。

计税依据可分为从价计征、从量计征和复合计征三种类型。

(1)从价计征,是指按照课税对象的价值即货币单位计算,计税金额是从价计征应纳税额的计税依据。如企业所得税以及消费税中的大部分应税消费品等。征税对象主要包括收入额、收益额、财产额、资金额等。

(2)从量计征,是指按照课税对象的自然计量单位计算,计税数量是从量计征应纳税额的计税依据,计税数量因征税数量不同,所包含的内容也不同,有重量、体积、面积等。

(3)复合计征,是指同时按照从量、从价两种计税依据计算纳税人应缴纳的税额,以两种计税依据计算的税额之和作为课税对象的税额。目前,我国卷烟、白酒采取的就是从量定额与从价定率相结合的复合计税方法计征消费税。

7. 纳税环节

纳税环节是指税法规定的商品从生产到消费的流转过程中缴纳税款的环节。商品流转环节包括工业生产、农业生产、货物进出口、农产品采购或发运、商业批发、商业零售等,在税收上只选择其中一个环节规定为缴纳税款的环节。

8. 纳税期限

纳税期限是指纳税人在发生纳税义务后,应向税务机关申报纳税的起止时间。我国税法对不同税种依据不同情况规定了各自的纳税期限。超过纳税期限未缴税的,属于欠税,应依法加收滞纳金。

税法关于纳税期限的规定有三个概念:

(1)纳税义务发生时间。纳税义务发生时间是指应税行为发生的时间。

(2)纳税期限。纳税人的具体纳税期限,由主管税务机关根据纳税人应纳税额的大小分别核定;不能按照固定期限纳税的,可以按次纳税。

(3)缴库期限。即税法规定的纳税期满后,纳税人将应纳税款缴入国库的期限。

9. 纳税地点

纳税地点主要是指根据各个税种纳税对象的纳税环节和有利于对税款的源泉控制而规定的纳税人(包括代征、代扣、代缴义务人)的具体纳税地点。

纳税地点一般为纳税人的居住地,也有规定在机构所在地、财产所在地或特定行为发生地等。

10. 减免税

减免税是指国家对某些纳税人和课税对象给予鼓励和照顾的各种特殊规定。减免税主要包括以下三个方面的内容:

(1)减税和免税。减税是指对应征税款减少征收的一部分。免税是对按规定应征收的税款全部免除。

(2)起征点。起征点也称征税起点,是指对课税对象开始征税的数额界限。课税对象的数额没有达到规定起征点的,不征税;达到或超过起征点的,就其全部数额征税。其目的是照顾收入较少的纳税人,贯彻税收合理负担的原则。

(3)免征额。免征额是指对课税对象总额中免予征税的数额,即对课税对象中的一部分给予减免,只就超过免征额部分征税。其目的是照顾纳税人的最低需要,体现税收合理负担的原则。

11. 法律责任

法律责任是指对违反国家税法规定的行为人采取的惩罚性措施。一般包括违法行为和因违法而应承担的法律责任两部分内容。这里讲的违法行为是指违反税法规定的行为,包括作为和不作为。税法中的法律责任包括行政责任和刑事责任。纳税人和税务人员违反税法规定，都将依法承担法律责任。

任务二 主要税种

【任务描述】

使学生了解各税种的区别。

【任务分析】

通过知识准备环节，熟悉各税种的特点和分类。

【知识准备】

了解每个税种相应核定的标准以及上缴情况。

一、增值税

（一）增值税的概念和分类

1. 增值税的概念

增值税是对在我国境内销售货物，提供加工、修理修配劳务及进口货物的单位和个人，就其应税货物和应税劳务的增值额为计税依据计算征收的一种流转税。增值税具有价外计税、多环节不重复征税等特点。

2. 增值税的分类

根据税基和购进固定资产的进项税额是否扣除及如何扣除的不同，各国增值税可以分为生产型、收入型和消费型三种类型。

（1）生产型增值税，是指计算应纳税额时，只允许从当期销项税额中扣除原材料等劳动对象的已纳税款，而不允许扣除固定资产所含税款的增值税。

生产型增值税以销售收入总额减去所购中间产品价值后的余额为税基。

（2）收入型增值税，是指在计算应纳税额时，除扣除中间产品已纳税款，还允许在当期销项税额中扣除折旧部分所含税金。

收入型增值税以销售收入总额减去所购中间产品价值与固定资产折旧额后的余额为税基。

（3）消费型增值税，是指在计算应纳税额时，除扣除中间已纳税款，对纳税人购入固定资产的已纳税款，允许一次性从当期销项税额中全部扣除，从而使纳税人用于生产应税产品的全部外购生产资料都不负担税款。

消费型增值税以销售收入总额减去所购中间产品价值与固定资产投资额后的余额为税基。

相比之下，生产型增值税的税基最大，消费型增值税的税基最小，但纳税人的税负最小。我国原来开征的是生产型增值税，2009 年 1 月 1 日后全面改征消费型增值税，实现了增值税转型。

（二）增值税一般纳税人

增值税的纳税人包括在中国境内销售、进口货物，提供加工、修理、修配劳务（以下简称应税劳务）的企业、行政单位、事业单位、军事单位、社会团体、其他单位、个体工商户和其他个人。增值税纳税人按规模大小和会计核算是否健全,分为一般纳税人和小规模纳税人。

增值税一般纳税人是指年应税销售额超过财政部规定的标准的企业和企业性单位,即规模较大、会计核算较为健全、能够提供完整的核算资料的纳税人。凡增值税一般纳税人,均应向其企业所在地县级以上主管税务机关申请办理一般纳税人认定手续。

1. 属于一般纳税人的情况

符合下列条件的单位可以认定为一般纳税人:

(1)年应税销售额超过小规模纳税人标准的企业和企业性单位。即工业性及主营工业(工业销售额占50%以上)的企业,年应税销售额不低于50万元的;商业性企业及主营商业的企业,年应税销售额不低于80万元的。

(2)会计核算健全,年应税销售额不低于30万元的工业小规模企业。

(3)总机构为一般纳税人的工业性分支机构。

(4)新开业的符合一般纳税人条件的企业。

(5)已开业的小规模纳税人满足一般纳税人标准后,于次年1月底前申请变成一般纳税人。

(6)个体经营者符合条件的,可以向省级国税局申请,经批准后成为一般纳税人。

2. 不属于一般纳税人的情况

除个体经营者以外的个人、销售免税货物的企业、不经常发生应税行为的企业,都不能认定为一般纳税人。下列纳税人不属于一般纳税人:

(1)年应税销售额未超过小规模纳税人标准的企业(以下简称小规模企业)。

(2)个人(除个体经营者以外的其他个人)。

(3)非企业性单位。

(4)不经常发生增值税应税行为的企业。

(三)增值税小规模纳税人

小规模纳税人是指年销售额在规定标准以下,并且会计核算不健全,不能按规定报送有关税务资料的增值税纳税人。所称会计核算不健全是指不能够正确核算增值税的销项税额、进项税额和应纳税额。

根据税法规定,小规模纳税人的认定标准为:

1. 从事货物生产或者提供应税劳务的纳税人,以及以从事货物生产或者提供应税劳务为主,并兼营货物批发或者零售的纳税人,年应征增值税销售额(以下简称应税销售额)在50万元以下(含本数,下同)的。

2. 对上述规定以外的纳税人,年应税销售额在80万元以下的。

3. 年应税销售额超过小规模纳税人标准的其他个人按小规模纳税人纳税。

4. 非企业性单位、不经常发生应税行为的企业可选择按小规模纳税人纳税。

小规模纳税人销售货物或提供应税劳务,实行按销售额与征收率计算应纳税额的简易办法,其增值税征收率为3%。

小规模纳税人与增值税一般纳税人在征税和管理上主要区别有：一是小规模纳税人销售货物或提供应税劳务不得使用增值税专用发票；二是小规模纳税人购进货物或接受应税劳务不能使用增值税专用发票等扣税凭证抵扣税款，即小规模纳税人不享有税款抵扣权；三是小规模纳税人应纳税额采用简易征收办法计算。

（四）增值税的税率

我国增值税采用比例税率，按照一定的比例征收。增值税的税率分为三档：基本税率17%、低税率13%、零税率。

1. 基本税率

增值税一般纳税人销售或者进口货物，提供加工、修理修配劳务，除降低税率适用范围和销售个别旧货适用低税率外，税率一律为17%，这就是通常所说的基本税率。

2. 低税率

增值税一般纳税人销售或者进口下列货物，按低税率计征增值税，低税率为13%：

（1）粮食、食用植物油、鲜奶。

（2）自来水、暖气、冷气、热水、煤气、石油液化气、天然气、沼气、居民用煤炭制品。

（3）图书、报纸、杂志。

（4）饲料、化肥、农药、农机、农膜。

（5）国务院及其有关部门规定的其他货物。

3. 零税率

纳税人出口货物，税率为零；但是，国务院另有规定的除外。

零税率是指对出口货物除了在出口环节不征增值税外，还要在该产品在出口前已经缴纳的增值税进行退税，使该出口产品在出口时完全不含增值税税款，从而以无税产品进入国际市场。税率为零不能简单地等同于免税。

（五）增值税应纳税额

增值税一般纳税人销售货物或者提供应税劳务的应纳税额为纳税人当期销项税额抵扣当期进项税额后的余额。其计算公式为：

增值税应纳税额 = 当期销项税额 − 当期进项税额

1. 销项税额

销项税额是指纳税人销售货物或者提供应税劳务，按照销售额或提供应税劳务收入和规定的税率计算并向购买方收取的增值税税额。销项税额的计算公式为：

销项税额 = 当期销售额 × 适用税率

增值税一般纳税人因销货退回或折让而退还给购买方的增值税税额，应从发生销货退回或折让当期的销项税额中冲减。

2. 销售额

销售额是指纳税人销售货物或者提供应税劳务向购买方收取的全部价款和价外费用，但不包括向购买方收取的销项税额。即销售额为不含增值税的销售额和价外费用。

价外费用包括价外向购买方收取的手续费、补贴、基金、集资费、返还利润、奖励费、违约金、滞纳金、延期付款利息、赔偿金、代收款项、代垫款项、包装费、包装物租金、储备费、优质费、运输装卸费以及其他各种性质的价外收费。但不包括下列项目：

(1)向购买方收取的销项税额。

(2)受托加工应征消费税的消费品所代收代缴的消费税。

(3)同时符合以下条件的代垫运费：

①承运部门将运费发票开具给购货方的；

②纳税人将该项发票转交给购货方的。

(4)同时符合以下条件代为收取的政府性基金或者行政事业性收费：

①由国务院或者财政部批准设立的政府性基金，由国务院或者省级人民政府及其财政、价格主管部门批准设立的行政事业性收费；

②收取时开具省级以上财政部门印制的财政票据；

③所收款项全额上缴财政；

④销售货物的同时代办保险等而向购买方收取的保险费，以及向购买方收取的代购买方缴纳的车辆购置税、车辆牌照费。

凡随同销售货物或提供应税劳务向购买方收取的价外费用，无论其会计制度如何核算，均应并入销售额计算应纳税额。

我国增值税是价外税，因此，对于一般纳税人销售货物或者应税劳务取得的含税销售额在计算销项税额时，必须将其换算为不含税的销售额。对于一般纳税人销售货物或者应税劳务，采用销售额和销项税额合并定价方法的，按下列公式计算销售额：

销售额 = 含税销售额 ÷ (1 + 税率)

纳税人销售货物或者提供应税劳务价格明显偏低并无正当理由的，或者视同销售货物行为而无销售额的，由税务机关核定销售额。

3. 进项税额

进项税额是指纳税人购进货物或应税劳务，所支付或所负担的增值税税额。根据税法规定，准予从销项税额中抵扣的进项税额主要有：

(1)从销售方取得的增值税专用发票上注明的增值税税额。

(2)从海关取得的海关进口增值税专用缴款书上注明的增值税税额。

(3)购进农产品，按照农产品收购发票或者销售发票上注明的农产品买价和 13% 的扣除率计算的进项税额。

(4)购进或者销售货物(除免税货物外)以及在生产经营过程中支付运输费用(不包括装卸费、保险费等其他杂费，即运费和建设基金之和可作为进项税抵扣基数)的，按照运输费用结算单据(普通发票)上注明的运输费用金额和 7% 的扣除率计算的进项税额。

(5)自 2009 年 1 月 1 日起，一般纳税人外购生产经营用固定资产准予抵扣进项税，但纳税人自用的小汽车、摩托车、游艇不允许抵扣；外购再生资源凭专用发票抵扣，原“废旧物资”字样的专用发票不再作为抵用凭证。

纳税人因进货退回或折让而收回的增值税税额，应当从当期发生的进项税额中冲减。经税务机关确定为混合销售行为或兼营非应税劳务,应当征收增值税的,非应税劳务所用外购货物或应税劳务的进项税额,准予计入当期进项税额之中。

(六)增值税征收管理

1. 纳税义务发生的时间

纳税义务发生时间,是纳税人发生应税行为应当承担纳税义务的起始时间。销售货物或者应税劳务的纳税义务发生时间可以分为一般规定和具体规定。

(1)一般规定

①纳税人销售货物或者应税劳务,其纳税义务发生时间为收讫销售款项或者取得索取销售款项凭据的当天;先开具发票的,为开具发票的当天。

②纳税人进口货物,其纳税义务发生时间为报关进口的当天。

③增值税扣缴义务发生时间为纳税人增值税纳税义务发生的当天。

(2)具体规定

纳税人收讫销售款项或者取得索取销售款项的当天,按销售结算方式的不同,具体确定为:

①采取直接收款方式销售货物,不论货物是否发出,均为收到销售款或者取得索取销售款凭据的当天。

②采取托收承付和委托银行收款方式销售货物,为发出货物并办妥托收手续的当天。

③采取赊销和分期收款方式销售货物,为书面合同约定的收款日期的当天,无书面合同的或者书面合同没有约定收款日期的,为货物发出的当天。

④采取预收货款方式销售货物,为货物发出的当天,但生产销售生产工期超过 12 个月的大型机械设备、船舶、飞机等货物,为收到预收款或者书面合同约定的收款日期的当天。

⑤委托其他纳税人代销货物,为收到代销单位的代销清单或者收到全部或者部分货款的当天;未收到代销清单及货款的,为发出代销货物满 180 天的当天。

⑥销售应税劳务,为提供劳务同时收讫销售款或者取得索取销售款的凭据的当天。

⑦纳税人发生税收法规中所列视同销售货物行为,为货物移送的当天。

2. 纳税期限

根据《中华人民共和国增值税暂行条例》的规定,增值税的纳税期限分别为 1 日、3 日、5 日、10 日、15 日、1 个月或者 1 个季度。

纳税人的具体纳税期限,由主管税务机关根据纳税人应纳税额的大小分别核定;不能按照固定期限纳税的,可以按次纳税。

纳税人以 1 个月或者 1 个季度为一个纳税期的,自期满之日起 15 日内申报纳税;以 1 日、3 日、5 日、10 日或者 15 日为一个纳税期的,自期满之日起 5 日内预缴税款,于次月 1 日起 15 日内申报纳税并结清上月应纳税款。纳税人进口货物,应当自海关填发税款缴纳书之日起 15 日内缴纳税款。纳税人出口货物,可以按月向税务机关申报办理该项出口货物的退税。

3. 纳税地点

税法规定的增值税纳税地点主要有：

(1)固定业户应当向企业机构所在地的主管税务机关申报纳税；总机构和分支机构不在同一县(市)的，应当分别向各自所在地的主管税务机关申报纳税。

(2)固定业户到外县(市)销售货物或者提供应税劳务，应当向其机构所在地的主管税务机关申请开具外出经营活动税收管理证明，并向其机构所在地的主管税务机关申报纳税。

(3)非固定业户销售货物或者提供应税劳务，应当向销售地或者劳务发生地的主管税务机关申报纳税。

(4)进口货物，应当向报关地海关申报纳税。

(5)扣缴义务人应当向其机构所在地或者居住地的主管税务机关申报缴纳其扣缴的税款。

二、消费税

(一)消费税的概念与计税方法

1. 消费税的概念

消费税是指对消费品和特定的消费行为按消费流转额征收的一种商品税。我国现行消费税是对在我国境内从事生产、委托加工和进口应税消费品的单位和个人就其应税消费品征收的一种税。

2. 消费税的计税方法

(1)从价定率计税

在从价定率征收情况下，根据不同的应税消费品确定不同的比例税率，以应税消费品的销售额为基数乘以比例税率计算应纳税额。实行从价定率计税的消费品，其消费税税基和增值税税基是一致的，即都是以不含增值税的销售额作为计税基数。

(2)从量定额计税

在从量定额征收情况下，根据不同的应税消费品确定不同的单位税额，以应税消费品的数量为基数乘以单位税额计算应纳税额。

(3)从价定率和从量定额复合计税

在从价定率和从量定额复合计税情况下，基本与前两种计税方法相同，只不过是对同一应税消费品同时采用两种计税方法计算应纳税额，以两种方法计算的应纳税额之和为该应税消费品的应纳税额。我国目前只对卷烟和白酒采用复合计税方法。

(二)消费税纳税人

在中华人民共和国境内从事生产、委托加工和进口应税消费品的单位和个人，为消费税的纳税人。

在中华人民共和国境内，是指生产、委托加工和进口属于应当缴纳消费税的消费品的起运地或者所在地在境内。

单位，是指企业、行政单位、事业单位、军事单位、社会团体及其他单位。

个人，是指个体工商户及其他个人。

（三）消费税的税目与税率

1. 消费税税目

现行消费税共有14个税目，包括烟（包括卷烟、雪茄烟和烟丝等子目）、酒及酒精（包括白酒、黄酒、啤酒、其他酒和酒精等子目）、化妆品、贵重首饰及珠宝玉石、鞭炮和焰火、成品油（包括汽油、柴油、航空煤油、石脑油、溶剂油、润滑油、燃料油等子目）、汽车轮胎、摩托车、小汽车（包括乘用车、中轻型商用客车等子目）、高尔夫球及球具、高档手表、游艇、木制一次性筷子、实木地板等。

2. 消费税税率

消费税采用比例税率和定额税率两种形式，以适用不同应税消费品的实际情况。消费税根据不同的税目或子目确定相应的税率或单位税额。

（四）消费税应纳税额

1. 销售额的确认

销售额为纳税人销售应税消费品向购买方收取的全部价款和价外费用，但不包括向购买方收取的增值税税款，对于销售额中包含的增值税应该进行价税分离。

2. 销售量的确认

销售量是指纳税人生产、加工和进口应税消费品的数量。具体规定为：

（1）销售应税消费品的，为应税消费品的销售数量。

（2）自产自用应税消费品的，为应税消费品的移送使用数量。

（3）委托加工应税消费品的，为纳税人收回的应税消费品数量。

（4）进口的应税消费品，为海关核定的应税消费品进口征税数量。

3. 从价从量复合计征

从价从量复合计征是从量定额和从价定率相结合的一种计税方法。其消费税应纳税额等于从价定率计算的应纳税额和从量定额计算的应纳税额相加之和。

4. 应税消费品已纳税款扣除

为了避免重复征税，现行消费税规定，将外购应税消费品和委托加工收回的应税消费品继续生产应税消费品销售的，可以将外购应税消费品和委托加工收回应税消费品已缴纳的消费税给予扣除。具体规定如下：

（1）外购应税消费品已纳税款的扣除。对于某些应税消费品是用外购已缴纳消费税的应税消费品连续生产出来的，在对这些连续生产出来的应税消费品计算征税时，税法规定应按当期生产领用数量计算准予扣除外购的应税消费品已纳的消费税税款。

（2）委托加工收回的应税消费品已纳税款的扣除。委托加工的应税消费品因为已由受托方代收代缴消费税，因此，委托方收回货物后用于连续生产应税消费品的，其已纳税款准予按照规定从连续生产的应税消费品应纳消费税税额中抵扣。

（五）消费税征收管理

1. 纳税义务发生时间

纳税人生产的应税消费品于销售时纳税，进口的应税消费品应当于应税消费品报关进口环节纳税,但金银首饰、钻石及钻石饰品在零售环节纳税。消费税纳税义务的发生时间,以货款结算方式或行为发生时间分别确定。

(1)纳税人销售的应税消费品,其纳税义务的发生时间为:

①纳税人采取赊销和分期收款结算方式的,其纳税义务的发生时间,为书面合同约定的收款日期的当天,书面合同没有约定收款日期或者无书面合同的,为发出应税消费品的当天。

②纳税人采取预收货款结算方式的,其纳税义务的发生时间,为发出应税消费品的当天。

③纳税人采取托收承付和银行收款方式销售的应税消费品,其纳税义务的发生时间,为发出应税消费品并办妥托收手续的当天。

④纳税人采取其他结算方式的,其纳税义务的发生时间,为收讫销售款或者取得索取销售款的凭据的当天。

(2)纳税人自产自用的应税消费品,其纳税义务的发生时间,为移送使用的当天。

(3)纳税人委托加工的应税消费品,其纳税义务的发生时间,为纳税人提货的当天。

(4)纳税人进口的应税消费品,其纳税义务的发生时间,为报关进口的当天。

2. 纳税期限

消费税的纳税期限与增值税的纳税期限基本相同。

纳税人进口应税消费品,应当自海关填发海关进口消费税专用缴款书之日起 15 日内缴纳税款。

3. 纳税地点

消费税具体纳税地点:

(1)纳税人销售的应税消费品,以及自产自用的应税消费品,除国务院财政、税务主管部门另有规定的外,应当向纳税人机构所在地或者居住地的主管税务机关申报纳税。

(2)委托个人加工的应税消费品,由委托方向其机构所在地或者居住地主管税务机关申报纳税。除此之外,由受委托方所在地主管税务机关代收代缴消费税税款。

(3)进口的应税消费品,由进口人或者其代理人向报关地海关申报纳税。

(4)纳税人到外县(市)销售或者委托外县(市)代销自产应税消费品的,于应税消费品销售后,向机构所在地或者居住地主管税务机关申报纳税。

(5)纳税人的总机构与分支机构不在同一县(市)的,应当分别向各自机构所在地的主管税务机关申报纳税。

(6)纳税人销售的应税消费品,如因质量等原因由购买者退回时,经所在地主管税务机关审核批准后,可退还已征收的消费税税款。但不能自行直接抵减应纳税款。

三、营业税

(一)营业税的概念

营业税是以在我国境内提供应税劳务、转让无形资产或销售不动产所取得的营业额为课税对象而征收的一种商品劳务税。

（二）营业税纳税人

在中华人民共和国境内提供应税劳务、转让无形资产或者销售不动产的单位和个人，为营业税的纳税义务人。加工和修理修配劳务属于增值税的征税范围，不属于营业税的应税劳务。单位或个体工商户聘用的员工为本单位或雇主提供的劳务，也不属于营业税的应税劳务。

（三）营业税的税目、税率

1. 营业税税目

营业税的税目按照行业、类别的不同分别设置。我国现行营业税共设置了 9 个税目，分别是交通运输业、建筑业、金融保险业、邮电通信业、文化体育业、娱乐业、服务业、转让无形资产、销售不动产。

2. 营业税税率

营业税按照行业、类别的不同分别采用不同的比例税率，具体规定为：

（1）交通运输业、建筑业、邮电通信业、文化体育业，税率为3%。

（2）服务业、销售不动产、转让无形资产，税率为5%。

（3）金融保险业税率为5%。

（4）娱乐业执行5% ~20%的幅度税率，具体使用的税率，由各省、自治区、直辖市人民政府根据当地的实际情况在税法规定的幅度内决定。

（四）营业税应纳税额

现行营业税以营业额作为计税依据。营业额为纳税人提供应税劳务、转让无形资产或者销售不动产向对方收取的全部价款和价外费用。

纳税人提供应税劳务、转让无形资产或者销售不动产，按照营业额和规定的适用税率计算应纳税额。计算公式为：

应纳税额 = 营业额 × 税率

营业额以人民币计算。纳税人以人民币以外的货币结算营业额的，应当折合成人民币计算。

（五）营业税征收管理

1. 纳税义务发生时间

营业税的纳税义务发生时间为纳税人收讫营业收入款项或者取得索取营业收入款项凭据的当天。所称取得索取营业收入款项凭据的当天，有书面合同的，为书面合同确定的付款日期的当天；未签订书面合同或者书面合同未确定付款日期的，为应税行为完成的当天。

具体规定如下：

（1）纳税人转让土地使用权或者销售不动产，采取预收款方式的，其纳税义务发生时间为收到预收款的当天。

（2）纳税人提供建筑业或者租赁业劳务，采取预收款方式的，其纳税义务发生时间为收到预收款的当天。

(3)纳税人将不动产或者土地使用权无偿赠送其他单位或者个人的,其纳税义务发生时间为不动产所有权、土地使用权转移的当天。

(4)纳税人发生自建并转让的,其纳税义务发生时间为自建建筑物移交并收讫营业收入款项或取得索取营业收入款项凭据的当天。

纳税人将自建建筑物对外赠与,其视同出售建筑物的纳税义务发生时间为该建筑物产权转移的当天。

2.纳税期限

营业税的纳税期限与增值税的纳税期限相同。

3.纳税地点

营业税的纳税地点原则上采取属地征收的方法,即纳税人在经营行为发生地缴纳应纳税款。

四、企业所得税

(一)企业所得税的概念

企业所得税是指对中华人民共和国(以下简称中国)境内的企业和其他取得收入的组织的生产经营所得和其他所得征收的所得税。其中,企业分为居民企业和非居民企业。居民企业是指依法在中国境内成立,或者依照外国(地区)法律成立但实际管理机构在中国境内的企业;非居民企业是指依照外国(地区)法律成立且实际管理机构不在中国境内,但在中国境内设立机构、场所的,或者在中国境内未设立机构、场所,但有来源于中国境内所得的企业。

(二)企业所得税征税对象

企业所得税征税对象是指企业的生产经营所得、其他所得和清算所得。

1.居民企业的征税对象

居民企业应就来源于中国境内、境外的所得作为征税对象。所得,包括销售货物所得、提供劳务所得、转让财产所得、股息红利等权益性投资所得,以及利息所得、租金所得、特许权使用费所得、接受捐赠所得和其他所得。

2.非居民企业的征税对象

非居民企业在中国境内设立机构、场所的,应当就其所设机构、场所取得的来源于中国境内的所得,以及发生在中国境外但与其所设机构、场所有实际联系的所得,缴纳企业所得税。非居民企业在中国境内未设立机构、场所的,或者虽设立机构、场所但取得的所得与其所设立机构、场所没有实际联系的,应当就其来源于中国境内的所得缴纳企业所得税。实际联系,是指非居民企业在中国境内设立的机构、场所拥有的据以取得所得的股权、债权,以及拥有、管理、控制据以取得所得的财产。

(三)企业所得税税率

企业所得税实行比例税率。现行规定是:

1.基本税率为25%。适用于居民企业和在中国境内设有机构、场所且所得与机构、场所有关联的非居民企业。

2. 低税率为20%。适用于在中国境内未设立机构、场所的,或者虽设立机构、场所但取得的所得与其所设机构、场所没有实际联系的非居民企业。

(四)企业所得税应纳税所得额

应纳税所得额是企业所得税的计税依据。根据税法规定,应纳税所得额为企业每一个纳税年度的收入总额,减除不征税收入、免税收入、各项扣除以及允许弥补的以前年度亏损后的余额。

1. 收入总额

企业的收入总额是指以货币形式和非货币形式从各种来源取得的收入。收入总额具体包括销售货物收入、提供劳务收入、转让财产收入、股息、红利等权益性投资收益,以及利息收入、租金收入、特许权使用费收入、接受捐赠收入、其他收入。

2. 不征税收入

不征税收入是指根据《企业所得税法》规定不征企业所得税的财政性资金的收入。主要包括:

(1)财政拨款。

(2)依法收取并纳入财政管理的行政事业性收费、政府性基金。

(3)国务院规定的其他不征税收入。

3. 免税收入

(1)国债利息收入。但购入国家重点建设债券取得的利息收入除外。

(2)符合条件的居民企业之间的股息、红利等权益性收益。

(3)在中国境内设立机构、场所的非居民企业从居民企业取得与该机构、场所有实际联系的股息、红利等权益性投资收益。

(4)符合条件的非营利组织的收入。

4. 准予扣除的项目

企业实际发生的与取得收入有关的、合理的支出,包括成本、费用、税金、损失和其他支出,准予在计算应纳税所得额时扣除。

(1)成本,是指企业在生产经营活动中发生的销售成本、销货成本、业务支出以及其他耗费,及企业销售产品(材料、下脚料、废料、废旧物资等)、提供劳务、转让固定资产及无形资产(包括技术转让)的成本。

(2)费用,是指企业每一个纳税年度为生产、经营商品和提供劳务等所发生的销售(经营)费用、管理费用和财务费用,已经计入成本的有关费用除外。

(3)税金,是指企业发生的除企业所得税和允许抵扣的增值税以外的企业缴纳的各项税金及其附加。

(4)损失,是指企业在生产经营活动中发生的固定资产和存货的盘亏、毁损、报废损失,转让财产损失,呆账损失,坏账损失,自然灾害等不可抗力的因素造成的损失以及其他损失。

(5)其他支出,是指除成本、费用、税金、损失外,企业在生产经营活动中发生的与生产经营活动有关的合理的支出。

5. 不得扣除的项目

在计算应纳税所得额时，下列支出不得扣除：

(1)向投资者支付的股息、红利等权益性投资收益等款项。

(2)企业所得税税款。

(3)税收滞纳金。

(4)罚金、罚款和被没收财务的损失。

(5)超过规定标准的捐赠支出。

(6)赞助支出。

(7)未经核定的准备金支出。

(8)企业之间支付的管理费、企业内营业机构之间支付的租金和特许权使用费，以及非银行企业内营业机构之间支付的利息。

(9)企业为投资人或者职工支付的商业保险。但是企业依照国家有关规定为特殊工种职工支付的人身安全保险费和其他按相关规定可以扣除的商业保险除外。

(10)与取得收入无关的其他支出。

6. 亏损弥补

税法规定，企业某一纳税年度发生的亏损可以用下一年度的所得额弥补，下一年度的所得额不足以弥补的，可以逐年延续弥补，但最长不得超过五年。

(五)企业所得税应纳税额

企业所得税应纳税额的计算公式为：

应纳税额 = 应纳税所得额 × 适用税率 - 减免税额 - 抵免税额

企业所得税应纳税所得额一般有两种计算方法，分别是直接计算法和间接计算法。

1. 直接计算法

在直接计算法下，企业每一纳税年度的收入总额减除不征税收入、免税收入、各项扣除以及允许弥补的以前年度亏损后的余额为应纳税所得额。计算公式为：

应纳税所得额 = 收入总额 - 不征税收入 - 免税收入 - 各项扣除金额 - 弥补亏损

2. 间接计算法

在间接计算法下，在会计利润总额的基础上加上或减去按照税法规定调整的项目金额后，即为应纳税所得额。计算公式为：

应纳税所得额 = 会计利润总额 + 纳税调增项目金额 - 纳税调减项目金额

3. 非居民企业所得税的计算

对于在中国境内未设立机构、场所的，或者虽设立机构、场所但取得的所得与其所设机构、场所没有实际联系的非居民企业的所得，按照下列方法计算应纳税所得额：

(1)股息、红利等权益性投资收益和利息、租金、特许权使用费所得，以收入全额为应纳税所得额；

(2)转让财产所得,以收入全额减去财产净值后的余额为应纳税所得额;

(3)其他所得,参照前两项规定的方法计算应纳税所得额。

(六)企业所得税核定征收

1. 核定征收企业所得税的范围

根据《税收征管法》的规定,纳税人有下列情形之一的,税务机关有权核定其应纳税额:

(1)依照法律、行政法规的规定可以不设置账簿的。

(2)依照法律、行政法规的规定应当设置但未设置账簿的。

(3)擅自销毁账簿或者拒不提供纳税资料的。

(4)虽设置账簿,但账目混乱或者成本资料、收入凭证残缺不全难以查账的。

(5)发生纳税义务,未按照规定的期限办理纳税申报,经税务机关责令限期申报,逾期仍不申报的。

(6)纳税人申报的计税依据明显偏低,又无正当理由的。

(7)未按照规定办理税务登记的从事生产、经营的纳税人以及临时经营的纳税人。

2. 核定征收的办法

税务机关应根据纳税人具体情况,对核定征收企业所得税的纳税人,核定应税所得率或者核定应纳税额。

(1)具有下列情形之一核定其应税所得率:

①能正确核算(查实)收入总额,但不能正确核算(查实)成本费用总额的;

②能正确核算(查实)成本费用总额,但不能正确核算(查实)收入总额的;

③通过合理方法,能计算和推定纳税人收入总额或成本费用总额的。

纳税人不属于以上情形的,核定其应纳税额。

(2)税务机关采用下列方法核定征收企业所得税:

①参照当地同类行业或者类似行业中经营规模和收入水平相近的纳税人的税负水平核定;

②按照应税收入额或成本费用支出额定率核定;

③按照耗用的原材料、燃料、动力等推算或测算核定;

④按照其他合理方法核定。

实际核定应税所得率征收办法的,应纳税额的计算公式为:

应纳税额 = 应纳税所得额 × 适用税率

应纳税所得额 = 收入总额 × 应税所得率

= 成本费用支出额 ÷ (1 − 应税所得率) × 应税所得率

实行应税所得率方式核定征收企业所得税的纳税人,经营多业的,无论其经营项目是否单独核算,均由税务机关根据其主营项目确定其应税所得率。

纳税人的生产经营范围、主营业务发生重大变化或者应纳税所得额或应纳税额增减变化达到20%的,应及时向税务机关申报调整已确定的应纳税额或应税所得率。

（七）企业所得税征收管理

1. 纳税地点

（1）除税收法律、行政法规另有规定外,居民企业以企业登记注册地为纳税地点;但登记注册地在境外的,以实际管理机构所在地为纳税地点。

居民企业在中国境内设立不具有法定资格的营业机构的,应当汇总计算并缴纳企业所得税。

（2）非居民企业在中国境内设立机构、场所的,应当就其所设机构、场所取得的来源于中国境内的所得,以及发生在中国境外但与其所设机构、场所有实际联系的,以机构、场所所在地为纳税地点。非居民企业在中国境内设立两个或者两个以上机构、场所的,经税务机关审核批准,可以选择由其主要机构、场所汇总缴纳企业所得税。

（3）非居民企业在中国境内未设立机构、场所的,或者虽设立机构、场所但取得的所得与其所设机构、场所没有实际联系的,以扣缴义务人所在地为纳税地点。

（4）除国务院另有规定外,企业之间不得合并缴纳企业所得税。

2. 纳税期限

企业所得税按年计征,分月或者分季预缴,年终汇算清缴,多退少补。

企业所得税的纳税年度,自公历1月1日起至12月31日止。企业在一个纳税年度的中间开业,或者由于合并、关闭等原因终止经营活动,使该纳税年度的实际经营期不足12个月的,应当以其实际经营期为一个纳税年度。企业清算时,应当以清算期间作为一个纳税年度。

3. 纳税申报

按月或按季预缴的,应当自月份或者季度终了之日起15日内向税务机关报送预缴企业所得税纳税申报表,预缴税款。自年度终了之日起五个月内向税务机关报送年度企业所得税纳税申报表,并汇算清缴,结清应缴应退税款。

依照企业所得税法缴纳的企业所得税以人民币计算。所得以人民币以外的货币计算的,应当折合成人民币计算并缴纳税款。

五、个人所得税

（一）个人所得税概念

个人所得税是以自然人取得的各类应税所得为征税对象而征收的一种所得税,是政府利用税收对个人收入进行调节的一种手段。个人所得税的征税对象不仅包括个人,还包括具有自然人性质的企业。

（二）个人所得税纳税义务人

个人所得税的纳税义务人包括中国公民、个体工商户(个人独资企业和合伙企业的投资者),以及在中国境内有所得的外籍人员和香港、澳门、台湾同胞。上述纳税义务人依据住所和居住时间两个标准,可分为居民纳税人和非居民纳税人。

1. 居民纳税人

居民纳税人是指在中国境内有住所,或者无住所而在中国境内居住满一年的个人。居民纳税人负无限纳税义务,应就其来源于中国境内、境外的全部所得,依法缴纳个人所得税。

2. 非居民纳税人

非居民纳税人是指在中国境内无住所又不居住,或者无住所而在境内居住不满一年的个人。非居民纳税人负有限纳税义务,仅就其来源于中国境内的所得缴纳个人所得税。

(三)个人所得税的应税项目和税率

1. 个人所得税应税项目

我国个人所得税共有 11 个应税项目,分别如下:

(1)工资、薪金所得。

(2)个体工商户的生产、经营所得。

(3)对企事业单位的承包经营、承租经营所得。

(4)劳务报酬所得。

(5)稿酬所得。

(6)特许权使用费所得。

(7)利息、股息、红利所得。

(8)财产租赁所得

(9)财产转让所得。

(10)偶然所得。

(11)经国务院财政部门确定征税的其他所得。

2. 个人所得税税率

我国的个人所得税采用分类所得税制,对不同的所得项目分别确定不同的适用税率和不同的税率形式。其采用的税率形式分别为比例税率和超额累进税率。具体规定如下:

(1)工资、薪金所得,适用 7 级超额累进税率,税率为 3%~45%。

(2)个体工商户的生产、经营所得和对企事业单位的承包经营、承租经营所得,适用 5%~35% 的超额累进税率。

(3)稿酬所得,适用比例税率,税率为 20%,并按应纳税额减征 30%,故其实际税率为 14%。

(4)劳务报酬所得,适用比例税率,税率为 20%。对劳务报酬所得一次收入极高的,可以实行加成征收,具体办法由国务院规定。

(5)特许权使用费所得,利息、股息、红利所得,财产租赁所得,财产转让所得,偶然所得和其他所得,适用比例税率,税率为20%。从2007年8月15日起,居民储蓄利息税率调为5%,自2008年10月9日起免征储蓄存款利息的个人所得税。对个人出租住房取得的所得,减按10%的税率征收个人所得税。

(四)个人所得税应纳税所得额

1. 工资、薪金所得

工资、薪金所得,以每月收入额减除费用3 500元的余额为应纳税所得额。

应纳税所得额 = 每月收入额 - 3 500

2. 个体工商户的生产、经营所得

个体工商户的生产、经营所得,以每一纳税年度的收入总额减除成本、费用以及损失后的余额为应纳税所得额。

3. 对企事业单位的承包经营、承租经营所得

对企事业单位的承包经营、承租经营所得,以每一纳税年度的收入总额减除必要费用后的余额为应纳税所得额。

4. 特许权使用费所得、财产租赁所得以及劳务报酬所得

特许权使用费所得、财产租赁所得以及劳务报酬所得,每次收入不超过4 000元的,减除费用800元;4 000元以上的,减除20%的费用,其余额为应纳税所得额。

5. 财产转让所得

财产转让所得,以转让财产的收入额减除财产原值和合理费用后的余额为应纳税所得额。

6. 稿酬所得

稿酬所得,每次出版、发表的收入不超过4 000元的,减除费用800元;4 000元以上的,减除20%的费用,其余额为应纳税所得额。

7. 利息、股息、红利所得

利息、股息、红利所得,偶然所得和其他所得,以每次收入为应纳税所得额。

(五)个人所得税征收管理

个人所得税的纳税办法,有自行申报纳税和代扣代缴两种。

1. 自行申报

自行申报纳税,是由纳税人自行在税法规定的纳税期限内,向税务机关申报取得的应税所得项目和数额,如实填写个人所得税纳税申报表,并按照税法规定计算应纳税额,据此缴纳个人所得税的一种方法。自行申报纳税的纳税义务人主要有:

(1)自2006年1月1日起,年所得在12万元以上的。

(2)从中国境内两处或者两处以上取得工资、薪金所得的。

(3)从中国境外取得所得的。

(4)取得应税所得,没有扣缴义务人的。

(5)国务院规定的其他情形。

对于年所得在12万元以上的纳税人,无论取得的各项所得是否已足额纳税了个人所得税,均应按照规定,于纳税年度终了后3个月内向主管税务机关办理纳税申报。

2. 代扣代缴

代扣代缴,是指按照税法规定负有扣缴税款义务的单位或者个人,在向个人支付应纳税所得时,计算应纳税额,从其所得中扣除并缴入国库,同时向税务机关报送扣缴个人所得税报告表的行为。

凡支付个人应纳税所得的企业(公司)、事业单位、机关、社团组织、军队、驻华机构、个体户等单位或者个人,为个人所得税的扣缴义务人。

扣缴义务人向个人支付下列所得,应代扣代缴个人所得税:

(1)工资、薪金所得;

(2)对企事业单位的承包经营、承租经营所得;

(3)劳务报酬所得;

(4)稿酬所得

(5)特许权使用费所得;

(6)利息、股息、红利所得;

(7)财产租赁所得;

(8)财产转让所得;

(9)偶然所得;

(10)经国务院财政部门确定征税的其他所得。

任务三　税收征收管理

【任务描述】

使学生了解我国的税收征收管理制度,并能在实践工作中办理税务登记的相关内容。

【任务分析】

通过本任务要了解:开业登记,变更登记,停业、复业登记,注销登记,外出经营报验登记等相关手续。

【知识准备】

了解税务管理,这是税收征收管理的重要内容。

一、税收征管概述

税收征管,指国家征税机关依据国家税收法律、行政法规的规定,按照统一的标准,通过一定的程序,对纳税人应纳税额组织入库的一种行政活动,是国家将税收政策贯彻实施到每个纳税人,有效地组织税收收入及时、足额入库的一系列活动。

《税收征管法》于2001年4月28日第九届全国人民代表大会常务委员会第二十一次会议修订,自2001年5月1日起实施。根据《税收征管法》规定,税收征管包括税务登记、发票开具与管理、纳税申报、税款征收、税务检查和法律责任等环节。

（一）税收征管法的立法目的

1. 加强税收征收管理。

2. 规范税收征收和缴纳行为。

3. 保障国家税收收入。

4. 保护国家税收收入。

5. 促进经济和社会发展。

（二）税收征管法的遵守主体

《税收征管法》的遵守主体包括：

1. 税务机关——税务行政主体。

2. 纳税人、扣缴义务人和其他有关单位——税务行政管理相对人。法律、行政法规规定负有纳税义务的单位和个人为纳税人；法律、行政法规规定负有代扣代缴、代收代缴义务的单位和个人为扣缴义务人。

3. 有关单位和部门。包括地方人民政府在内的有关单位和部门同样是《税收征管法》的遵守主体。

二、税务登记

税务登记又称纳税登记，是税务机关依据税法规定，对纳税人的生产、经营活动进行登记管理的一项法定制度，也是纳税人依法履行纳税义务的法定手续。税务登记是整个税收征管的起点，是税务机关对纳税人实施征收管理的首要环节和基础工作。其作用在于掌握纳税人的基本情况和税源分布情况。

根据《税务登记管理办法》的规定，凡由法律、法规规定的应税收入、应税财产或应税行为的各类纳税人，均应当办理税务登记；扣缴义务人应当在发生扣缴义务时，到税务机关申报登记，领取扣缴税款凭证。税务登记包括：开业登记，变更登记，停业、复业登记，注销登记，外出经营报验登记等。

（一）开业登记

开业登记是指从事生产经营的纳税人，经国家工商行政管理部门批准开业后办理的纳税登记。

1. 开业登记的对象

根据有关规定，开业登记的纳税人分以下两类：

（1）领取营业执照从事生产、经营的纳税人。

（2）其他纳税人。根据有关法规规定，不从事生产、经营，但依照法律、法规的规定负有纳税义务的单位和个人，除临时取得应税收入或发生应税行为以及只缴纳个人所得税、车船税的外，都应按规定向税务机关办理税务登记。

2. 开业登记的时间和地点

（1）从事生产、经营的纳税人，应当自领取营业执照之日起30日内，向生产、经营地或者纳税义务发生地的主管税务机关申报办理税务登记。

(2)上述以外的其他纳税人,除国家机关和个人外应当自纳税义务发生之日起30日内,持有关证件向所在地主管税务机关申报办理税务登记。

以下几种情况应比照开业登记办理:

(1)扣缴义务人应当在扣缴义务发生之日起30日内,向所在地的主管税务机关申报办理扣缴税款登记,领取扣缴税款登记证件。

(2)跨地区的非独立核算分支机构应当自设立之日起30日内,向所在地税务机关办理注册税务登记。

(3)从事生产、经营的纳税人到外县(市)临时从事生产、经营活动的,应当持税务登记证副本和所在地税务机关填开的"外出经营活动税收管理证明",向营业地税务机关报验登记,接受税务管理。

从事生产经营的纳税人外出经营,在同一地累计超过180天的,应当在营业地办理税务登记手续。在同一地累计超过180天是指纳税人在同一县(市)实际经营或提供劳务在连续的12个月内累计超过180天,自期满之日起,向生产经营所在地税务机关申报办理税务登记证,税务机关核发临时税务登记证。

3. 开业登记的内容

(1)单位名称、法定代表人或业主姓名及其居民身份证、护照或者其他证明身份的合法证件。

(2)住所、经营地点。

(3)登记注册类型及所属主管单位。

(4)核算方式。

(5)行业、经营范围、经营方式。

(6)注册资金(资本)、投资总额、开户银行及账号。

(7)经营期限、从业人数、营业执照号码。

(8)财务负责人、办税人员。

(9)其他有关事项。

企业在外地的分支机构或者从事生产、经营的场所,还应当登记总机构名称、地址、法人代表、主要业务范围、财务负责人。

4. 开业登记程序

(1)税务登记的申请

纳税人所属的本县(市)以外的非独立经济核算的分支机构,除由总机构申报办理税务登记外,还应当自设立之日起30日内,向分支机构所在地税务机关申报办理注册税务登记。在申报办理税务登记时,纳税人应认真填写税务登记表。

(2)纳税人办理税务登记时应提供的证件、资料

①营业执照或其他核准执业证件及工商登记表,或其他核准执业登记表复印件;

②有关机关、部门批准设立的文件；

③有关合同、章程、协议书；

④法定代表人和董事会成员名单；

⑤法定代表人（负责人）或业主居民身份证、护照或者其他证明身份的合法证件；

⑥组织机构统一代码证书；

⑦住所或经营场所证明；

⑧委托代理协议书复印件；

⑨属于享受税收优惠政策的企业，还应包括需要提供的相应证明、资料，税务机关需要的其他资料、证件。

企业在外地的分支机构或者从事生产、经营的场所，在办理税务登记时还应当提供由总机构所在地税务机关出具的在外地设立分支机构的证明。

(3)税务登记表的受理、审核

①受理。税务机关对申请办理税务登记的单位和个人所提供的“申请税务登记报告书”及要求报送的各种附列资料、证件进行查验，手续完备、符合要求，方可受理登记，并根据其经营类型发给相应的税务登记表。

②审核。税务登记审核工作，既是税务机关税务登记工作的开始，也是税务登记管理工作的关键。对纳税人填报的税务登记表、提供的证件和资料，税务机关应当在收到之日起 30 日内审核完毕，符合规定的，予以登记；不符合规定的，不予登记，也应在 30 日内予以答复。

(4)税务登记证的核发

税务机关对纳税人填报的税务登记表及附送资料、证件审核无误的，应在 30 日内发给税务登记证件。

对既没有纳税义务又不需要领用收费（经营）票据的社会团体等，可以只登记不发证。

（二）变更登记

变更登记是指纳税人在办理税务登记后，原登记的内容发生变化时向原税务机关申报办理的税务登记。

1. 变更税务登记的范围及时间要求

(1)适用范围。纳税人办理税务登记后，如发生下列情形之一，应当办理变更税务登记：发生改变名称、改变法定代表人、改变经济性质或经济类型、改变住所和经营地点（不涉及主管税务机关变动的）、改变生产经营或经营方式、增减注册资金（资本）、改变隶属关系、改变生产经营期限、改变或增减银行账号、改变生产经营权属以及改变其他税务登记内容的。

(2)时间要求。纳税人税务登记内容发生变化的，应当自工商行政管理机关或者其他机关办理变更登记之日起 30 日内，持有关证件向原税务登记机关申报办理变更税务登记。

2. 变更登记的程序、方法

(1)申请。纳税人申请办理变更税务登记时,应向主管税务机关领取"税务登记变更表",如实填写变更登记事项、变更登记前后的具体内容。

(2)提供相关证件、资料。

(3)"税务登记变更表"的内容。主要包括纳税人名称、变更项目、变更前内容、变更后内容、上缴的证件情况。

(4)受理。税务机关对纳税人填报的表格及提交的附列资料、证件要进行认真审议,对提交的附列资料、证件要进行认真审阅,在符合要求及资料证件提交齐全的情况下,予以受理。

(5)审核。主管税务机关对纳税人报送的已填登完毕的"税务登记变更表"及相关资料,进行分类审核。

(6)发证。对需变更税务登记证内容的,主管税务机关应收回原税务登记证(正、副本),按变更后的内容,重新制发税务登记证(正、副本)。

(三)停业、复业登记

停业、复业登记是纳税人暂停和恢复生产经营活动而办理的纳税登记。

实行定期定额征收方式的纳税人在营业执照核准的经营期限内需要停业的,应当向税务机关提出停业登记,说明停业的理由、时间,停业前的纳税情况和发票的领、用、存情况,并如实填写"申请停业登记表"。税务机关经过审核,应当责成申请停业的纳税人结清税款并收回其税务登记证件、发票领购簿和发票,办理停业登记。纳税人的发票不便收回的,税务机关应当就地予以封存。

纳税人应当于恢复生产、经营之前,向税务机关提出复业登记申请,经确认后办理复业登记,领回或启用税务登记证件和发票领购簿及其领购的发票,纳入正常管理。纳税人停业期满不能及时恢复生产、经营的,应当在停业期满前向税务机关提出延长停业登记。纳税人停业期满未按期复业又不申请延长停业的,税务机关应当视为已恢复营业,实施正常的税收征收管理。纳税人停业期间发生纳税义务,应当及时向主管税务机关申报,依法补缴应纳税款。

(四)注销登记

注销登记是指纳税人在发生解散、破产、撤销以及依法终止履行纳税义务的其他情形时,向原登记税务机关申请办理的登记。

1. 注销税务登记的适用范围及时间要求

(1)适用范围。纳税人因经营期限届满而自动解散;企业由于改组、分立、合并等原因而被撤销;企业资不抵债而破产;纳税人住所、经营地址迁移而涉及改变原主管税务机关;纳税人被工商行政管理部门吊销营业执照,以及纳税人依法终止履行纳税义务的其他情形。

(2)时间要求。纳税人发生解散、破产、撤销以及其他情形,依法终止纳税义务的,应当在向工商行政管理机关办理注销登记前,持有关证件向原税务登记管理机关申报办理注销税务登记;按照规定不需要在工商管理机关办理注销登记的,应当自有关机关批准或者宣告终止之日起 15 日内,持有关证件向原税务登记管理机关申报办理注销税务登记。

纳税人因住所、生产、经营场所变动而涉及改变主管税务登记机关的,应当在向工商行政管理机关申请办理变更或注销登记前,或者住所、生产、经营场所变动前,向原税务登记机关申报办理注销税务登记,并在 30 日内向迁达地主管税务登记机关申报办理税务登记。

纳税人被工商行政管理机关吊销营业执照的,应当自营业执照被吊销之日起 15 日内,向原税务登记机关申报办理注销税务登记。

2. 注销税务登记的程序、方法

(1)纳税人办理注销税务登记时,应向原税务登记机关领取"注销税务登记申请审批表",如实填写注销登记事项内容及原因。

(2)提供有关证件、资料。纳税人如实填写"注销税务登记申请审批表",连同下列资料、证件报税务机关:

①注销税务登记申请书;

②主管部门批文或董事会、职代会的决议及其他有关证明文件;

③营业执照被吊销的,应提交工商机关发放的注销决定;

④主管税务机关原发放的税务登记证件(税务登记证正、副本及登记表等);

⑤其他有关资料。

(3)注销税务登记申请审批表的内容。由纳税人填写的项目主要包括纳税人名称(含分支机构名称)、注销原因、批准机关名称、批准文号及日期。

由税务机关填写的项目主要包括纳税人实际经营期限、纳税人已享受税收优惠、发票缴销情况、税款清缴情况、税务登记证件收回情况。

(4)受理。税务机关受理纳税人填写完毕的表格,审阅其填报内容是否符合要求,所附资料是否齐全后,督促纳税人做好下列事宜:

①申请办理发票缴销;

②向征收环节清缴税款。

(5)核实。纳税人持由上述两个环节签署意见后的审批表交登记管理环节;登记管理环节审核确认后,制发"税务文书领取通知书"给纳税人,同时填制"税务文书传递单",并附"注销税务登记申请审批表"送稽查环节。

(五)外出经营报验登记

从事生产、经营的纳税人到外县(市)进行生产经营的,应当向主管税务机关申请开具外出经营活动税收管理证明。主管税务机关对纳税人的申请进行审核后,按照一地(县、市)一证的原则,核发"外出经营活动税收管理证明"。纳税人应当在到达经营地进行生产、经营前向经营地税务机关申请报验登记，并按规定提交有关证件、资料。外出经营活动结束，纳税人应当向经营地税务机关填报“外出经营活动情况申请表”，并按规定结清税款、缴销未使用完的发票。

（六）纳税人税种登记

税务机关根据“纳税人税种登记表”所填写的项目，自受理之日起3日内进行税种登记。

（七）扣缴义务人扣缴税款登记

扣缴税款登记是指根据税收法律、行政法规的规定负有扣缴税款义务的扣缴义务人（国家机关除外），应当如实向税务机关提供与代扣代缴、代收代缴税款有关的信息，办理扣缴税款登记。

已办理税务登记的扣缴义务人应当自扣缴义务发生之日起30日内，向税务登记地税务机关申报办理扣缴税款登记，税务机关在其税务登记证件上登记扣缴税款事项，不单独发放扣缴税款登记证件；根据税收法律、行政法规的规定可不办理税务登记的扣缴义务人也应当自扣缴义务发生之日起30日内，向机构所在地的主管税务机关申报办理扣缴税款登记，税务机关核发扣缴税款登记证件。

（八）税务登记证

税务登记证是纳税人已履行税务登记义务的书面证明。税务登记证件只限纳税人本人使用，不得转借、涂改、毁损、买卖或者伪造。纳税人遗失税务登记证件的，应当在15日内书面报告主管税务机关，并登报声明作废。同时，凭报刊上刊登的遗失声明向主管税务机关申请补办税务登记证件。

除按照规定不需要发给税务登记证件的外，纳税人办理下列事项时，必须持税务登记证件：

（1）开立银行账户；

（2）申请减税、免税、退税；

（3）申请办理延期申报、延期缴纳税款；

（4）领购发票；

（5）申请开具外出经营活动税收管理证明；

（6）办理停业、歇业；

（7）其他有关税务事项。

税务机关对已核发的税务登记证件，实行定期验证和换证制度。未按规定办理验证或换证手续的，由县级以上税务机关宣布其税务登记证件失效，并收回有关税务证件及发票。

（九）银行账户管理

从事生产、经营的纳税人应当自开立基本存款账户或者其他存款账户之日起15日内，向主管税务机关书面报告其全部账号；发生变化的，应当自变化之日起15日内，向主管税务机关书面报告。

三、发票开具与管理

(一)发票的概念和特征

发票是指在购销商品、提供或者接受服务以及从事其他经营活动中,开具、收取的收付款的书面证明,是确定经营收支行为发生的法定凭证,是会计核算的原始依据,也是税务稽查的重要证据。发票具有合法性、真实性、时效性、共享性和传递性的特征。

发票一般分为存根联、发票联、记账联三个联次。存根联由开票方留存备查,发票联由收执方作为付款或收款原始凭证,记账联由开票方作为记账原始凭证。除此之外,增值税专用发票还应当包括抵扣联。

(二)发票的种类

发票分为增值税专用发票、普通发票和专业发票三大类。

1. 增值税专用发票

增值税专用发票只限于增值税一般纳税人领购使用,增值税小规模纳税人和非增值税纳税人不得领购使用。从行业划分来讲,它是工业、商业企业用于结算销售货物和加工修理修配劳务使用的发票。

2. 普通发票

普通发票主要是由营业税纳税人和增值税小规模纳税人使用,增值税一般纳税人在不能开具增值税专用发票的情况下也可使用普通发票。普通发票由行业发票和专用发票组成,前者适用于某个行业的经营业务,后者仅适用于某一经营项目。

3. 专业发票

专业发票是指国有金融、保险企业的存货、汇兑、转账凭证、保险凭证,国有邮政、电信企业的邮票、邮单、话务、电报收据,国有铁路、民用航空企业和交通部门、国有公路、水上运输企业的客票、货票等。经国家税务总局或者省、自治区、直辖市税务机关批准,专业发票可由政府和主管部门自行管理,不套印税务机关的统一发票监制章,也可根据税收征管的需要纳入统一发票管理。

(三)发票的开具与保管要求

单位、个人在购销商品、提供或者接受经营服务以及从事其他经营活动中,应当按照规定开具发票。发票的开具与保管必须符合国家的有关规定,具体包括以下几个方面:

1. 单位和个人应在发生经营业务、确认营业收入时,才能开具发票。未发生经营业务一律不准开具发票。

2. 开具发票时,应按顺序填开,填写项目齐全,内容真实,字迹清楚,全部联次一次复写、打印,内容完全一致,并在发票联和抵扣联加盖单位财务印章或者发票专用章。

3. 开具发票应当使用中文。民族自治地区可以同时使用当地通用的一种民族文字。外商投资企业和外国企业可以同时使用一种外国文字。

4. 使用电子计算机开具发票，必须报主管税务机关批准，并使用税务机关统一监制的机打发票，开具后的存根联应当按照顺序号装订成册，以备税务机关检查。

5. 开具发票时限、地点应符合规定。

6. 任何单位和个人不得转借、转让、代开发票；未经税务机关批准，不得拆本使用发票；不得自行扩大专业发票使用范围。

已开具的发票存根联和发票登记簿应当保存5年。

使用发票的单位和个人应当妥善保管发票，不得丢失。发票丢失，应于丢失当日书面报告主管税务机关，并在报刊和电视等传播媒介上公告声明作废。

四、纳税申报

纳税申报是指纳税人、扣缴义务人按照法律、行政法规规定，在申报期限内就纳税事项向税务机关提出书面申报的一种法定手续。

（一）纳税申报的对象

临时取得应税收入或发生应税行为的纳税人，在发生纳税义务之后，应立即向经营地税务机关办理纳税申报和缴纳税款。扣缴义务人应当在规定的申报期限内办理代扣代缴、代收代缴税款的申报手续。纳税人享受减税、免税待遇的，在减税、免税期间应当按照规定办理纳税申报。纳税人、扣缴义务人按照规定的期限办理纳税申报确有困难，需要延期的，应在规定的期限内向税务机关提出书面延期申请，经税务机关核准后，在核准的期限内办理。

（二）纳税申报的内容

纳税人办理纳税申报时，应当如实填写纳税申报表，并根据不同情况相应报送下列有关证件、资料：①财务、会计报表及其说明材料；②与纳税有关的合同、协议书；③外出经营活动税收管理证明；④境内或者境外公证机构出具的有关证明文件；⑤税务机关规定应当报送的其他有关证件、资料。

纳税人、扣缴义务人的纳税申报或者代扣代缴、代收代缴税款报告表的主要内容包括：税种，税目，应纳税项目或者应代扣代缴、代收代缴税款项目，适用税率或者单位税额，计税依据，扣除项目及标准，应纳税额或者应代扣代缴、代收代缴税额，税款所属期限等。

（三）纳税申报的方式

1. 直接申报

直接申报，即上门申报，纳税人直接到税务机关办理纳税申报。根据申报的地点不同，直接申报又可分为直接到办税服务厅申报、到巡回征收点申报和到代征点申报三种。直接申报是一种传统申报方式。

2. 邮寄申报

邮寄申报，是指经税务机关批准的纳税人使用统一规定的特种申报特快专递专用信封，通过邮寄部门办理交寄手续，并向邮政部门索取收据作为申报凭据的方式。邮寄申报以邮政部门的邮戳日期为实际申报日期。

3. 数据电文申报

数据电文,是指经税务机关确定的电话语音、电子数据交换和网络传输等电子方式等等。例如,目前纳税人的网上申报就是数据电文申报方式的一种形式。纳税人以数据电文方式申报的,其申报日期以税务机关计算机网络系统收到该数据电文的时间为准。

4. 简易申报

简易申报,是指实行定期定额的纳税人,经税务机关批准,通过以缴纳税款凭证代替申报或简并征期的一种申报方式。

简易申报方式的实现有两种途径:一是纳税人按照税务机关核定的税款按期缴纳入库,以完税凭证代替纳税申报,从而简化纳税人纳税申报的行为;二是纳税人按照税务机关核定的税款和纳税期或 3 个月(半年、1 年)申报纳税,从而达到便利纳税的目的。

5. 其他方式

其他方式是指除上述集中申报方式外的符合主管税务机关要求的其他申报方式。如纳税人和扣缴义务人委托他人代理向税务机关办理纳税申报或报送代扣代缴、代收代缴报告表等。

五、税款征收

税款征收是指税务机关依照税收法律、法规规定,将纳税人依法应纳的税款以及扣缴义务人代扣代缴、代收代缴的税款通过不同的方式组织征收入库的活动。税款征收是税收征收管理的核心内容和中心环节,是实现税收职能的最关键环节,在整个税收征收管理工作中占有极其重要的地位。

(一)查账征收

查账征收是指税务机关按照纳税人提供的账表所反映的经营情况,依照适用税率计算缴纳税款的方式。这种方式一般适用于财务会计制度较为健全,能够认真履行纳税义务的纳税单位。

(二)查定征收

查定征收是指税务机关根据纳税人的从业人员、生产设备、采用原材料等因素,对其产制的应税产品查实核定产量、销售额并据以征收税款的方式。这种方式一般适用于账册不够健全,但能够控制原材料或进销货的纳税单位。

(三)查验征收

查验征收是指税务机关对纳税人应税商品,通过查验数量,按市场一般销售单价计算其销售收入并据以征税的方式。这种方式一般适用于经营品种比较单一,经营地点、时间和商品来源不固定的纳税单位。

(四)定期定额征收

定期定额征收是指税务机关通过典型调查,逐户确定营业额和所得额并据以征税的方式。这种方式一般适用于无完整考核依据的小型纳税单位。

(五)代扣代缴

代扣代缴是指按照税法规定,负有扣缴税款义务的法定义务人,在向纳税人支付款项时,从所支付的款项中直接扣收税款的方式。这种方式有利于对零星分散的税源实行控管。

(六)代收代缴

代收代缴是指负有代收代缴义务的法定义务人,对纳税人应纳的税款进行代收代缴的方式,即由与纳税人有经济业务往来的单位和个人在向纳税人收取款项时,依照税收的规定收取税款并代为缴入国库。

(七)委托征收

委托征收是指受托单位按照税务机关核发的代征证书的要求,以税务机关的名义向纳税人征收一些零散税款的一种税款征收方式。

(八)其他征收方式

其他征收方式如邮寄申报纳税、自计自填自缴、自报核缴方式等。邮寄申报纳税是指纳税人在邮寄纳税申报表的同时,经税务机关审核,汇寄并解缴税款的方式。另外,还有利用网络申报、用IC卡纳税等征收方式。

六、税务代理

(一)税务代理的概念

税务代理是指税务代理人在国家税法规定的代理范围内,接受纳税人、扣缴义务人的委托,代为办理各项税务行为的总称,是社会中介服务的一部分。

(二)税务代理的特点

1. 中介性

税务代理业是一个独立的社会中介服务行业,税务代理机构与税务机关不存在任何隶属关系。

2. 法定性

税务代理机构的设立法定、业务范围法定、业务开展法定,税务代理必须按国家有关法律的规定进行,并受到法律的保护。

3. 自愿性

委托税务代理人代为办理税务事宜是纳税人、扣缴义务人自愿采取的一种办税方式,无论是税务代理人还是任何国家机关都不能强制纳税人、扣缴义务人进行税务代理,是否委托税务代理是纳税人、扣缴义务人的权利。

4. 公正性

税务代理作为一种社会中介服务,必须站在公正、客观的立场,按照国家的税收法律、行政法规的规定,以及税务机关依照税务法律、法规的规定作出决定,代为纳税人、扣缴义务人办理税务事宜,并要符合委托人的合法意愿,既不能损害纳税人、扣缴义务人的合法权益,也不能损害国家的利益。

（三）税务代理的法定业务范围

税务代理的法定业务范围主要是纳税人、扣缴义务人所委托的各项涉税事宜。

税务代理人可以接受纳税人、扣缴义务人的委托，从事下列范围内的业务代理：

1. 办理税务登记、变更税务登记和注销税务登记手续。

2. 办理纳税、退税和减免税申报。

3. 建章建制，办理账务。

4. 办理除增值税专用发票以外的发票领购手续。

5. 办理纳税申报或扣缴税款报告。

6. 制作涉税文书。

7. 开展税务咨询（顾问）、税收筹划、涉税培训等涉税服务业务。

8. 税务行政复议手续。

9. 审查纳税情况。

10. 办理增值税一般纳税人资格认定申请。

11. 利用主机共享服务系统为增值税一般纳税人代开增值税专用发票。

12. 国家税务总局规定的其他业务。

七、税收检查及法律责任

（一）税收检查

税收检查是税务机关依照税收法律、行政法规的规定，对纳税人、扣缴义务人履行纳税义务或者扣缴义务及其他有关税务事项进行审查、核实、监督活动的总称。

1. 税收保全措施

税收保全措施是指税务机关在规定的纳税期之前，对有逃避纳税义务行为的纳税人，限制其处理可用作缴纳税款的存款、商品、货物等财产的一种行政强制措施，其目的是预防纳税人逃避税款缴纳义务，防止以后税款的征收不能保证或难以保证，以保证国家税款及时、足额入库。税收保全措施仅适用于从事生产、经营的纳税人，不适用于扣缴义务人和纳税担保人，也不适用于非从事生产、经营的纳税人。

2. 税收强制执行

税收强制执行是指税务机关对未按规定的期限履行纳税义务的纳税人、扣缴义务人、纳税担保人等税收管理相对人，依法采取法定的强制手段，以迫使其履行法定义务的一种征管制度。税收强制执行是税务机关依法采取的强制追缴手段。

（二）法律责任

税收法律责任是指税收法律关系主体即征税主体和纳税主体，违反税法行为所引起的不利法律后果。

1. 税务行政处罚

税务行政处罚是指从事生产、经营的纳税人和其他税务当事人违反税收征收管理秩序和行为，尚未构成犯罪，依法应当承担行政法律责任的，由税务机关依法对其实施一定的制裁措施。税务行政处罚的种类有：

(1)责令限期改正。责令限期改正主要适用于情节轻微或尚未构成实际危害后果的违法行为，是一种较轻的处罚形式。

(2)罚款。罚款是对违反税收法律、法规，不履行法定义务的当事人的一种经济上的处罚，是税务行政处罚中应用最广的一种。

(3)没收财产。具体有两种情况：一是对相对人非法所得的财物没收。就性质而言，这些财物并非相对人所有，而是被其非法占有。二是财物虽系相对人所有，但因其用于非法活动而被没收。

(4)收缴未用发票和暂停供应发票。

(5)停止出口退税权。

2. 税务刑事处罚

税法中的刑事法律责任是对违反法律情节严重，构成犯罪的责任人给予的刑事制裁。其形式从人身罚到财产罚，从拘役、有期徒刑到死刑。

根据税法规定，对于下列行为情节严重构成犯罪的，应当依法追究刑事责任：

(1)纳税人伪造、变造、隐匿、擅自销毁账簿、记账凭证，或者在账簿上多列支出或者不列、少列收入，或者经税务机关通知申报而拒不申报或者进行虚假的纳税申报，不缴或者少缴应纳税款的。

(2)纳税人欠缴应纳税款，采取转移或者隐匿财产的手段，妨碍税务机关追缴欠缴的税款的。

(3)以假报出口或者其他欺骗手段，骗取国家出口退税款的。

(4)以暴力、威胁方法拒不缴纳税款的。

(5)非法印制发票的。

(6)税务人员徇私舞弊，对依法应当移送司法机关追究刑事责任的不移送，情节严重的。

(7)税务人员与纳税人、扣缴义务人勾结，唆使或者协助纳税人、扣缴义务人有偷逃税款行为的，以及税务人员私分扣押、查封的商品、货物或者其他财产的。

(8)税务人员利用职务上的便利，收受或者索取纳税人、扣缴义务人财物或者谋取其他不正当利益的。

(9)税务人员徇私舞弊或者玩忽职守，不征收或者少征应征税款，致使国家税收遭受重大损失的。

(10)税务人员对控告、检举税收违法违纪行为的纳税人、扣缴义务人以及其他检举人进行打击报复的。

(11)违反法律、行政法规的规定，擅自作出税收的开征、停征或者减税、免税、退税、补税以及其他同税收法律、行政法规相抵触的决定的。

3. 税务行政复议

税务行政复议是指当事人(纳税人、扣缴义务人、纳税担保人及其他税务当事人)不服税务机关及其工作人员作出的税务具体行政行为,依法向上一级税务机关(复议机关)提出申请,复议机关经审理对原税务机关具体行政行为依法作出维持、变更、撤销等决定的活动。

复议机关受理申请人对下列具体行政行为不服提出的行政复议申请:

(1)税务机关作出的征税行为。

(2)税务机关作出的税收保全措施。

(3)税务机关未及时解除保全措施,使纳税人及其他当事人合法权益遭受损失的行为。

(4)税务机关作出的强制执行措施。

(5)税务机关作出的行政处罚行为。

(6)税务机关不予依法办理或者答复的行为。

(7)税务机关作出的取消增值税一般纳税人资格的行为。

(8)收缴发票、停止发售发票。

(9)税务机关责令纳税人提供纳税担保或者不依法确认纳税担保有效的行为。

(10)税务机关不依法给予举报奖励的行为。

(11)税务机关作出的通知出境管理机关阻止出境行为。

(12)税务机关作出的其他具体行政行为。

当事人对各级税务机关作出的具体行政行为不服的,向其上一级税务机关申请行政复议。对行政复议决定不服,申请人可以向人民法院提起行政诉讼,也可以向国务院申请裁决,国务院的裁决为最终裁决。

任务四　税收法律制度案例分析

【工作步骤】

应用案例一:

梁博是下岗工人,申请注册一个小商品经营店,按规定享有免税优惠政策。梁博认为,既然享有免税优惠就不需要办理税务登记。梁博的观点是否正确?如果不正确,梁博应如何办理税务登记?

案例评析:

梁博的观点是错误的。根据《税收征管法》的规定,税务登记是税务机关依据税法规定,对纳税人的生产、经营活动进行登记管理的一项法定制度,也是纳税人依法履行纳税义务的法定手续。办理纳税登记是征纳法律关系成立的依据和证明,是纳税人取得合法地位的标志。梁博作为小商品经营者,虽然享受免税政策,他与税务机关的征纳关系仍然存在,应接受税务机关的管理。梁博刚进行了工商开业注册登记,所以他应在工商部门批准之日起30日内到税务机关办理开业税务登记。

应用案例二：

某私营企业已注册经营两年，由于该经营地点近期要拆迁，该私营企业于2012年2月3日将经营地点从原来街道搬迁到离原来街道不远的另一条街道，两条街道同属于中山区内街道，税务机关于2012年4月6日对辖区内的企业进行检查，发现该私营企业未办理税务登记，于是责令该私企10日内到税务机关办理税务登记。并对其处以罚款2 000元的处罚。请分析什么是税务登记？税务登记有哪几种？该私营企业由于搬迁经营地点应办理哪种税务登记？该企业应该在什么时间办理税务登记？

案例评析：

税务登记是税务机关依据税法规定，对纳税人的生产、经营活动进行登记管理的一项法定制度，也是纳税人依法履行纳税义务的法定手续。税务登记包括：开业登记，变更登记，停业、复业登记，注销登记，外出经营报验登记等。该私营企业由于搬迁经营地点应办理变更登记。变更登记是指纳税人在办理税务登记后，原登记的内容发生变化时向原税务机关申报办理的税务登记。根据《税务登记管理办法》的规定，纳税人税务登记内容发生变化的，应当自工商行政管理机关或者其他机关办理变更登记之日起30日内，持有关证件向原税务登记机关申报办理变更税务登记。因此该私营企业应自变更工商登记之日起30日内办理变更税务登记。

项目小结

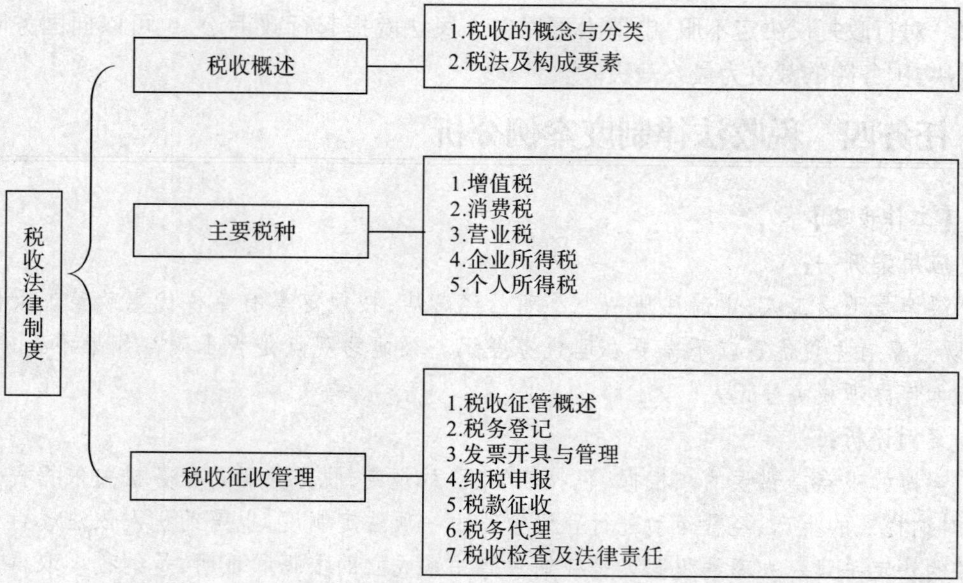

从业资格训练

一、单项选择题

1. 我国对税收法律关系中纳税义务人的确定，采取的原则是(　　)。

A. 属地原则　　B. 属人原则

C. 属地兼属人的原则　　D. 灵活确定的原则

2. 下列行为中，不应缴纳营业税的是(　　)。

A. 建筑公司的修缮、装饰业务　　B. 某歌舞团演出取得的收入

C. 修理修配业务　　D. 融资租赁业务

3. 下列各项中，准予在缴纳企业所得税前扣除的是(　　)。

A. 增值税　　B. 税收滞纳金

C. 赞助支出　　D. 购货成本

4. 根据个人所得税法律制度的规定，下列各项中，属于工资、薪金所得项目的是(　　)。

A. 午餐补助　　B. 劳动分红

C. 独生子女补贴　　D. 托儿补助费

5. 某企业2013年3月销售给增值税一般纳税人货物，开具的增值税专用发票上注明的销售额为10万元，同时向购买方收取运输费、包装费等合计3 500元，增值税税率为17%。则该企业3月应缴纳的增值税销项税额为(　　)元。

A. 17 595　　B. 17 000　　C. 16 405　　D. 15 000

6. 下列各项中，对税收的说法错误的是(　　)。

A. 税收具有强制性、有偿性、固定性的特征

B. 税收是国家组织财政收入的主要形式

C. 国家征税的依据是其政治权力

D. 征税的基本目的是满足国家的财政需要

7. (　　)方式比较适合财务会计核算健全、纳税意识强、具有一定规模的大中型纳税人。

A. 查账征收　　B. 查验征收

C. 代扣代缴　　D. 委托代征

8. 纳税人已在工商行政管理机关办理变更登记的，应当自工商行政管理机关变更登记之日起(　　)日内，向原税务登记机关申报办理变更税务登记。

A. 60　　B. 20　　C. 30　　D. 50

9. 下列发票中，属于专业发票的是(　　)。

A. 广告费用结算发票　　B. 邮政业务统一发票

C. 工业企业产品销售统一发票　　D. 商品房销售发票

10. 税务登记不包括(　　)。

A. 开业登记　　B. 经营登记

C. 复业登记　　D. 注销登记

二、多项选择题

1. 下列税种中,属于流转税的有(　　)。

A. 增值税　　B. 消费税　　C. 关税　　D. 营业税

2. 在我国现行的下列税种中,属于地方税的有(　　)。

A. 增值税　　B. 消费税　　C. 土地增值税　　D. 房产税

3. 增值税的销售额中,价外费用不包含的项目有(　　)。

A. 包装物租金

B. 委托加工应税消费品代收代缴的消费税

C. 增值税

D. 包装费、装卸费

4. 根据个人所得税法律制度的有关规定,下列各项中,属于个人所得税应税项目的有(　　)。

A. 劳动报酬所得　　B. 稿酬所得

C. 保险赔款　　D. 彩票中奖所得

5. 下列各项收入中,属于企业所得税的不征税收入的有(　　)。

A. 财政拨款

B. 依法收取并纳入财政管理的行政事业性收费、政府性基金

C. 接受捐赠的非货币性资产

D. 国债利息收入

6. 下列各项中,适用增值税低税率的有(　　)。

A. 粮食、鲜奶　　B. 出口货物

C. 图书、报纸　　D. 化肥、农药

7. 下列选项中,采用从价从量复合计征方式征收消费税的应税消费品有(　　)。

A. 成品油　　B. 卷烟　　C. 白酒　　D. 汽车轮胎

8. 目前,我国的专业发票主要包括(　　)。

A. 国有金融、保险企业的存贷凭证、汇兑凭证、转账凭证、保险凭证

B. 国有邮政、电信企业的邮票、邮单、话务、电报收据

C. 国有铁路、水上运输企业的客票、货票

D. 国有航空企业和交通部门的客票、货票

9. 注册税务登记的范围有(　　)。

A. 吊销营业执照　　B. 资不抵债破产

C. 纳税人解散、撤销　　D. 新成立企业

10. 以下关于税务登记的内容,正确的有(　　)。

A. 纳税人应当在恢复生产经营之前,向税务机关申报办理复业登记

B. 纳税人税务登记表的内容发生变更,但税务登记证中的内容未发生变化的,税务机关应重新换发税务登记证

C. 纳税人在办理注销税务登记前,需要向税务机关结算应纳税款、滞纳金等

D. 从事生产经营的纳税人发生解散,依法终止纳税义务,首先可向工商行政管理机关办理注销登记,随后办理注销税务登记

三、判断题

1. 纳税期限就是纳税义务发生时间。(　　)

2. 增值税一般纳税人不能使用普通发票。(　　)

3. 我国消费税的纳税人包括在我国境内从事生产、委托加工和进口应税消费品的单位和个人。(　　)

4. 以分期收款方式销售商品的,按合同确定的购买人应付价款的日期为纳税义务发生时间。(　　)

5. 购买国家重点建设债券取得的利息收入可以不用缴纳企业所得税。(　　)

6. 纳税人被工商行政管理机关吊销营业执照或者被其他机关予以撤销登记的,应当自营业执照被吊销或者被撤销登记之日起 30 日内,向原税务机关申报办理注销税务登记。(　　)

7. 增值税专用发票的使用范围包括销售货物、提供加工修理修配劳务。(　　)

8. 定期定额税款征收方式适用于生产经营规模小,又确无建账能力,经主管税务机关审核批准可以不设置账簿或暂缓建账的小型纳税人。(　　)

9. 专用发票是指一些特别行业、部门、业务等专业性比较强的经营所适用的一种发票。(　　)

10. 填写发票应当使用中文。但是,民族自治地区可以使用当地通用的一种文字;外商投资企业和外资企业可以使用外国文字。(　　)

☞ 参考答案

一、单项选择题

1. C　2. C　3. D　4. B　5. A　6. A　7. A　8. C　9. B　10. B

二、多项选择题

1. ABCD　2. CD　3. BC　4. ABD　5. AB　6. ACD　7. BC　8. ABCD　9. ABC　10. AC

三、判断题

1. ×　2. ×　3. √　4. √　5. ×　6. √　7. √　8. √　9. ×　10. ×

项目四

财政法规制度

学习目标

知识目标：通过本项目的学习，学生能够熟记国家预算的作用和预算管理的职权、预算法律制度的构成及预算法的调整对象、《中华人民共和国政府采购法》的立法宗旨、政府采购的概念等。

能力目标：学生能够了解预算法律制度、政府采购的原则和功能、国库集中收付制度、财政收入收缴方式和程序。

【情境导入】

"在采购之前，他们向我们公司询过价，我们态度很积极，对这个项目很感兴趣，但他们却没有通知我们参加。是不是因为我们没有给他们什么好处，他们就不理我们了？"在一个监控系统项目竞争性谈判结束后，A公司销售经理找到当地财政部门负责人打听和举报某采购代理机构。当地财政部门负责人接到这样的举报后，建议其先向采购代理机构提出质疑，如果对质疑答复不满再依法提起投诉。

据了解，采购活动正式开始前，采购代理机构确实通过向A、B、C三家供应商询价的方式了解过市场情况。竞争性谈判采购公告发布后，只有B、C两家供应商领取了谈判文件并递交了竞争性谈判响应文件。最终，C公司成为此次采购的成交供应商。

A公司向当地财政部门相关负责人举报后，听取其建议，依法提出了质疑。当地采购代理机构答复质疑时称，此次采购完全是公开、公平的，他们不可能单独去通知单一的某个供应商参加谈判活动。本次竞争谈判的采购公告发布在财政部门指定的政府采购信息发布媒体上，所有的潜在供应商都能够看到。

A公司不满采购代理机构的答复，向当地财政部门提起了诉讼。当地财政部门受理投诉后认为，采购代理机构组织的此次采购不符合竞争性谈判法定程序，责令其重新开展采购活动。请分析，A公司的投诉是否合理。

任务一　预算法律制度

【任务描述】

使学生对我国现行的预算法律制度内容有所了解和掌握,并能与所学的会计相关课程的内容相结合,较好地运用法律规定规范会计工作。

【任务分析】

从事会计岗位工作需要熟悉相关的预算管理规定。

【知识准备】

了解预算法律制度的构成以及预算管理的职权。

一、预算法律制度的构成

预算法律制度是指国家经过法定程序制定的,用以调整国家预算关系的法律、行政法规和相关规章制度。随着社会主义市场经济体制的不断完善,财政改革的不断深化,预算法律制度在强化我国预算的分配和监督职能、健全预算管理、加强国家宏观调控、保障经济和社会健康发展等方面都发挥了重要作用。我国的预算法律制度主要由《中华人民共和国预算法》(以下简称《预算法》)和《中华人民共和国预算法实施条例》(以下简称《预算法实施条例》)构成。

(一)预算法

预算法是调整国家在进行预算资金的筹集和取得、使用和分配、监督和管理等过程中所发生的社会关系的法律规范的总称,是财政法的核心。

预算法的调整对象是国家在预算资金的筹集和取得、使用和分配、监督和管理等过程中所发生的社会关系,这种社会关系可简称为国家预算关系。

1994 年 3 月 22 日第八届全国人民代表大会第二次会议通过《预算法》,并自 1995 年 1 月 1 日起施行。

预算法的主要内容:

1. 明确了各级人大的预算管理职权;
2. 明确了我国预算的组成;
3. 理顺了政府预算编制、审批、执行、调整、监督和决算的程序;
4. 确定了分税制的预算管理体制。

(二)预算法实施条例

《预算法实施条例》1995 年 11 月 2 日由国务院第三十七次常务会议通过,1995 年 11 月 22 日国务院令第 186 号发布并施行。进一步细化了《预算法》关于预算管理职权、预算的编制与执行方面的规定,成为《预算法》实施的必要补充。

二、国家预算

(一)国家预算的概念

国家预算是国家的基本财政收支计划,从内容上看,国家预算是将财政收支活动记载在收支分类表中,以反映政府活动的范围和方向,体现政府的政策意图。

(二)国家预算的作用

1. 财力保证作用。通过预算的编制,事先进行预测,使政府能掌握一年内筹集到多少收入,并根据财力的多少和支出的需要确定支出,也就是常说的量入为出。

2. 调节制约作用。预算上的一收一支,绝不仅仅是数字的排列,它必然要反映在政府的各项活动上。如近些年来,国家每年都加大对教育、农业、科技的投入,就反映出国家重视农业、重视科教兴国的政策。

3. 反映监督作用。国家预算是国民经济的综合反映,预算收入反映国民经济发展规模和经济效益水平,预算支出反映各项建设事业发展的基本情况。因此,通过国家预算的编制和执行,便于监督和掌握国民经济的运行情况、发展趋势以及出现的问题,从而采取有针对性的对策措施,促进国民经济稳定协调地发展。

4. 有利于政府活动的有序进行。由于预算对政府一年要做哪些事,做某件事要给多少钱都事先作出了安排,在新的年度开始后,征收部门即可按法律规定组织收入,财政部门按预算拨付资金,相关职能部门得到资金后按事先安排开展工作。

(三)国家预算的级次划分

1. 中央级预算。

2. 省、自治区、直辖市级预算。

3. 设区的市、自治州级预算。

4. 县、自治县、不设区的市、市辖区级预算。

5. 乡、民族乡、镇级预算。

(四)国家预算的构成

1. 中央预算

中央预算是指中央政府预算,由中央各部门(含直属单位)的预算组成,包括地方向中央上缴的收入数额和中央对地方返还或者给予补助的数额。它在国家预算体系中占主导地位。

2. 地方预算

地方预算是指各级地方政府总预算的统称,是国家预算的有机组成部分。

我国地方预算包括:

(1)省(自治区、直辖市)级预算。

(2)设区的市(自治州)级预算。

(3)县(不设区的市、自治县)级预算。

(4)乡(镇)级预算。

地方各级总预算由本级政府预算和汇总的下一级总预算组成。

3. 总预算

总预算是指政府的财政汇总预算。按照国家行政区划和政权结构可相应划分为各级次的总预算，如我国的中央总预算、省（自治区、直辖市）总预算、市总预算、县总预算等。

4. 部门、单位预算

部门预算是指与财政部门直接发生缴拨款关系的一级预算单位的预算，它由本部门所属各单位的预算组成。

单位预算则是指列入部门预算的国家机关、社会团体和其他单位的收支预算。

三、预算管理的职权

划分国家各级权力机关、各级政府、各级财政部门以及各部门、各单位在预算活动中的职权，是保证依法管理预算的前提条件，也是将各级预算编制、预算审批、预算执行、预算调整和预算决算的各环节纳入法制化、规范化轨道的必要措施。

（一）各级人民代表大会的职权

根据法律规定，全国和地方各级人民代表大会对预算管理的权力主要有审查权、批准权、改变和撤销权等；全国和地方各级人民代表大会常务委员会对预算管理的权力主要有监督权、审查和批准权、撤销权等。具体内容如下：

1. 全国人民代表大会对预算进行管理的权力有：审查权——审查中央和地方预算草案及中央和地方预算执行情况的报告；批准权——批准中央预算和中央预算执行情况的报告；改变和撤销权——改变或者撤销全国人民代表大会常务委员会关于预算、决算的不适当决议。

2. 全国人民代表大会常务委员会对预算进行管理的权力有：监督权——监督中央和地方预算的执行；审查和批准权——审查和批准中央预算的调整方案，审查和批准中央决算；撤销权——撤销国务院制定的同宪法、法律相抵触的关于预算、决算的行政法规、法令和命令，撤销省、自治区、直辖市人民代表大会及其常务委员会制定的同宪法、法律和行政法规相抵触的关于预算、决算的地方性法规和决议。

3. 县级以上地方各级人民代表大会对预算进行管理的权力有：审查权——审查本级总预算草案及本级总预算执行情况的报告；批准权——批准本级预算草案及本级预算执行情况的报告；改变和撤销权——改变或者撤销本级人民代表大会常务委员会关于预算、决算的不适当的决议，撤销本级政府关于预算、决算的不适当的决定和命令。

4. 县级以上地方各级人民代表大会常务委员会对预算进行管理的权力有：监督权——监督本级总预算的执行；审查和批准权——审查和批准本级预算的调整方案，审查和批准本级政府决算；撤销权——撤销本级政府和下一级人民代表大会及其常务委员会关于预算、决算的不适当的决定、命令和决议。

5. 设立预算的乡、民族乡、镇的人民代表大会对预算进行管理的权力有：审查和批准权——审查和批准本级预算和本级预算执行情况的报告，审查和批准本级预算的调整方案，审查和批准本级决算；监督权——监督本级预算的执行；撤销权——撤销本级政府关于预算、决算的不适当的决定和命令。

（二）国务院的职权

编制中央预算、决算草案；向全国人民代表大会作关于中央和地方预算草案的报告；将省、自治区、直辖市政府报送备案的预算汇总后报全国人民代表大会常务委员会备案；组织中央和地方预算的执行；决定中央预算预备费的动用；编制中央预算调整方案；监督中央各部门和地方政府的预算执行；改变或者撤销中央各部门和地方政府关于预算、决算的不适当的决定、命令；向全国人民代表大会、全国人民代表大会常务委员会报告中央和地方预算的执行情况。

（三）各级财政部门的职权

1. 国务院财政部门的职权：具体编制中央预算、决算草案；具体组织中央和地方预算的执行；提出中央预算预备费动用方案；具体编制中央预算的调整方案；定期向国务院报告中央和地方预算的执行情况。

2. 地方各级政府财政部门的职权：编制本级预算、决算草案；具体组织本级总预算的执行；提出本级预算预备费动用方案；具体编制本级预算的调整方案；定期向本级政府和上一级政府财政部门报告本级总预算的执行情况。

（四）各部门、各单位的职权

1. 各部门的职权。各部门编制本部门预算、决算草案；组织和监督本部门预算的执行；定期向本级政府财政部门报告预算的执行情况。

2. 各单位的职权。各单位编制本单位预算、决算草案；按照国家规定上缴预算收入，安排预算支出，并接受国家有关部门的监督。

四、预算收入与预算支出

国家预算由预算收入和预算支出组成。

（一）预算收入

预算收入划分为中央预算收入、地方预算收入、中央和地方预算共享收入。

中央预算收入是指按照分税制财政管理体制，纳入中央预算、地方不参与分享的收入，包括中央本级收入和地方按照规定向中央上缴的收入。地方预算收入是指按照分税制财政管理体制，纳入地方预算、中央不参与分享的收入，包括地方本级收入和中央按照规定返还或者补助地方的收入。中央和地方预算共享收入是指按照分税制财政管理体制，中央预算和地方预算对同一税种的收入，按照一定划分标准或者比例分享的收入。

预算收入包括各项税收、国有资产经营收益、专项收入和其他收入。

（二）预算支出

预算支出划分为中央预算支出和地方预算支出。

中央预算支出是指按照分税制财政管理体制，由中央财政承担并列入中央预算的支出，包括中央本级支出和中央返还或者补助地方的支出。地方预算支出是指按照分税制财政管理体制，由地方财政承担并列入地方预算的支出，包括地方本级支出和地方按照规定上缴中央的支出。

预算支出包括：经济建设支出；教育、科学、文化、卫生、体育等事业发展支出；国家管理费用支出；国防支出；各项补贴支出；其他支出。

五、预算组织程序

（一）预算的编制

1. 预算年度

预算年度又称财政年度，是指国家预算的有效起止期限，通常为 1 年。财政年度均采用公历年制，即自公历 1 月 1 日起至 12 月 31 日止。

2. 预算草案的编制依据

预算草案，是指各级政府、各部门、各单位编制的未经法定程序审查和批准的预算收支计划。

各级政府编制年度预算草案的依据：

（1）法律、法规；

（2）国民经济和社会发展计划、财政中长期计划以及有关的财政经济政策；

（3）本级政府的预算管理职权和财政管理体制确定的预算收支范围；

（4）上一年度预算执行情况和本年度预算收支变化因素；

（5）上级政府对编制本年度预算草案的指示和要求。

各部门、各单位编制年度预算草案的依据：

（1）法律、法规；

（2）本级政府的指示和要求以及本级政府财政部门的部署；

（3）本部门、本单位的职责、任务和事业发展计划；

（4）本部门、本单位的定员定额标准；

（5）本部门、本单位上一年度预算执行情况和本年度预算收支变化因素。

3. 预算草案的编制内容

中央预算的编制内容：

（1）本级预算收入和支出。

（2）上一年度结余用于本年度安排的支出。

（3）返还或者补助地方的支出。

（4）地方上解的收入。

中央财政本年度举借的国内外债务和还本付息数额应当在本级预算中单独列示。

（二）预算的审批

财政部审核中央各部门的预算草案，编制中央预算草案；中央预算草案经全国人民代表大会批准后，为当年中央预算。

财政部应当自全国人民代表大会批准中央预算之日起 30 日内，批复中央各部门预算。

中央各部门应当自财政部批复本部门预算之日起 15 日内，批复所属各单位预算。

（三）预算的执行

预算执行是指经法定程序审查和批准的预算的具体实施过程，是把预算由计划变为现实的具体实施步骤。

预算执行工作是实现预算收支任务的关键步骤，也是整个预算管理工作的中心环节。

（四）预算的调整

预算调整是指经全国人民代表大会批准的中央预算和经地方各级人民代表大会批准的本级预算，在执行中因特殊情况需要增加支出或者减少收入，使原批准的收支平衡的预算的总支出超过总收入，或者使原批准的预算中举借债务的数额增加的部分变更。

六、决算

决算是政府、机关、团体和事业单位的年度会计报告，是根据年度预算的最终执行结果编制的。编制决算草案，必须符合法律、行政法规，做到收支数额准确、内容完整、报送及时。各部门对所属各单位的决算草案，应当审核并汇总编制本部门的决算草案，在规定的期限内报本级政府财政部门审核。各级政府财政部门对本级各部门决算草案审核后发现有不符合法律、行政法规规定的，有权予以纠正。

国务院财政部门编制中央决算草案，报国务院审定后，由国务院提请全国人民代表大会常务委员会审查和批准。县级以上地方各级政府财政部门编制本级决算草案，报本级政府审定后，由本级政府提请本级人民代表大会常务委员会审查和批准。乡、民族乡、镇政府编制本级决算草案，提请本级人民代表大会审查和批准。各级政府决算经批准后，财政部门应当向本级各部门批复决算。

七、预、决算的监督

全国人民代表大会及其常务委员会对中央和地方预算、决算进行监督；县级以上地方各级人民代表大会及其常务委员会对本级和下级政府预算、决算进行监督；乡、民族乡、镇人民代表大会对本级预算、决算进行监督。

各级人民代表大会和县级以上各级人民代表大会常务委员会有权就预算、决算中的重大事项或者特定问题组织调查，有关的政府、部门、单位和个人应当如实反映情况和提供必要的材料。各级人民代表大会和县级以上各级人民代表大会常务委员会举行会议时，人民代表大会代表或者常务委员会组成人员，依照法律规定程序就预算、决算中的有关问题提出询问或者质询，受询问或者受质询的有关的政府或者财政部门必须及时给予答复。各级政府应当在每一预算年度内至少两次向本级人民代表大会或者其常务委员会作预算执行情况的报告。

各级政府监督下级政府的预算执行，下级政府应当定期向上一级政府报告预算执行情况。各级政府财政部门负责监督检查本级各部门及其所属各单位预算的执行；并向本级政府和上一级政府财政部门报告预算执行情况。各级政府审计部门对本级各部门、各单位和下级人民政府预算的执行情况及决算实行审计监督。

【职业技能训练4－1】

下列选项中,不属于全国人民代表大会常务委员会的预算管理职权的是(　　)。

A. 编制中央预算、决算草案

B. 审查和批准中央预算的调整方案

C. 审查和批准中央决算

D. 监督中央和地方预算的执行

【答案】A

【解析】全国人民代表大会常务委员会的预算管理职权包括:监督中央和地方预算的执行;审查和批准中央预算的调整方案;审查和批准中央决算;撤销国务院制定的同宪法、法律相抵触的关于预算、决算的行政法规、决定和命令;撤销省、自治区、直辖市人民代表大会及其常务委员会制定的同宪法、法律和行政法规相抵触的关于预算、决算的地方性法规和决议。选项A属于国务院的预算管理职权。

任务二　政府采购法律制度

【任务描述】

使学生了解我国政府采购法律制度的构成及政府采购的方式。

【任务分析】

通过知识准备环节,熟悉政府采购的相关规定。

【知识准备】

掌握政府采购的概念、原则和功能以及政府采购的相关法规。

一、政府采购法律制度的构成

我国的政府采购法律制度由《中华人民共和国政府采购法》(以下简称《政府采购法》)、国务院各部门特别是财政部颁布的一系列部门规章,以及地方性法规和政府规章、相关规范性文件等组成。

(一)政府采购法

《政府采购法》由第九届全国人民代表大会常务委员会第二十八次会议于2002年6月29日通过,并于2003年1月1日起施行。

《政府采购法》的立法宗旨是规范政府采购行为,提高政府采购资金的使用效益,维护国家利益和社会公共利益,保护政府采购当事人的合法权益,促进廉政建设。

(二)政府采购部门规章

政府采购部门规章由财政部制定并发布。

1.《政府采购货物和服务招标投标管理办法》;

2.《政府采购信息公告管理办法》;

3.《政府采购供应商投诉处理办法》;

4.《政府采购代理机构资格认定办法》。

（三）政府采购地方性法规和政府规章

1. 政府采购地方性法规

如《云南省政府采购条例》、《广东省实施〈政府采购法〉办法》、《深圳经济特区政府采购条例》。

2. 政府采购地方政府规章

如《北京市政府采购办法》、《上海市政府采购管理办法》。

二、政府采购的概念

政府采购，是指各级国家机关、事业单位和团体组织，使用财政性资金采购依法制定的集中采购目录以内的或者采购限额标准以上的货物、工程和服务的行为。

（一）政府采购的主体范围

我国政府采购的主体范围包括国家机关、事业单位和团体组织。根据我国《宪法》规定，国家机关包括国家权力机关、国家行政机关、国家审判机关、国家检察机关、军事机关等。事业单位是指政府为实现特定目的而批准设立的事业法人。团体组织是指各党派及政府批准的社会团体。

（二）政府采购的资金范围

政府采购的资金来源于财政性资金，具体范围包括财政预算资金和预算外资金。财政预算资金是指国家财政以各种形式划拨的资金；预算外资金是指单位通过各种行政事业性收费、政府采购性基金、政府间捐赠资金等获得的收入，不包括单位各种其他事业收入。

（三）政府集中采购目录和政府采购限额标准

1. 政府集中采购目录

集中采购是政府采购的主要方式之一。集中采购的范围由省级以上人民政府公布的集中采购目录确定。属于中央预算的政府采购项目，其集中采购目录由国务院确定并公布；属于地方预算的政府采购项目，其集中采购目录由省、自治区、直辖市人民政府或者其授权的机构确定并公布。纳入集中采购目录的政府采购项目，应当实行集中采购。

2. 政府采购限额标准

政府采购限额标准，属于中央预算的政府采购项目，由国务院确定并公布；属于地方预算的政府采购项目，由省、自治区、直辖市人民政府或者其授权的机构确定并公布。所有政府集中采购目录和采购限额标准都必须依照《政府采购法》规定的权限制定。

（四）政府采购的对象范围

法定的政府采购对象为货物、工程和服务。货物是指各种形态和种类的物品，包括原材料、燃料、设备、产品等。工程是指建设工程，包括建筑物和构筑物的新建、改建、扩建、装修、拆除、修缮等。服务是指除货物和工程以外的其他政府采购对象。

三、政府采购的原则

政府采购应当遵循公开透明原则、公平竞争原则、公正原则和诚实信用原则。

(一)公开透明原则

公开透明原则,即政府采购所进行的有关活动都必须公开进行,包括采购的数量、质量、规格、要求都要公开,招标投标活动要公开,采购的过程要公开,以及采购结果要公开等。

(二)公平竞争原则

公平竞争原则要求采购人及其委托的采购代理机构在政府采购活动中,应当给每个参与政府采购的供应商平等的机会和条件,不得以不合理的条件对供应商实行差别待遇和歧视待遇。

(三)公正原则

公正原则是指在政府采购的交易中要公允正当,不能以自己所处的地位强迫对方接受不合理的条件或者无理要求。

(四)诚实信用原则

诚实信用原则要求政府采购当事人在政府采购活动中,应当依法履行各自的权利和义务,讲求信誉,兑现承诺,不得提供、散布虚假信息,不得有欺诈隐瞒行为,不得伪造、编造、隐匿、销毁需要依法保存的文件。

四、政府采购的功能

(一)节约财政支出,提高采购资金的使用效益

推行政府采购的初衷就是为了加强财政支出管理,提高财政资金的使用效益。与此同时,政府采购通过引入竞争激励机制,吸引大量供应商的参与,能有效节约资金的支出。政府采购能使政府财政资金得到最大限度的利用,并且易形成买方市场,进一步提高采购资金的使用效益。

(二)强化宏观调控

政府采购作为财政支出的重要组成部分,是实现财政支出政策的重要工具。政府在政府采购市场中处于主动、有利的地位,可以通过调整采购总量、采购时间、采购项目、采购规划等方式来实现特定的宏观调控目标。比如,政府可以通过调整采购总量来调控社会总需求,促进社会总供给和总需求的平衡,进而促进经济增长,保持宏观经济稳定;可以通过调整采购品种、数量和频率等影响国民经济产业结构和产品结构;可以通过对采购地区的选择来平衡地区间的经济发展。总之,政府采购应当有助于实现国家的经济和社会发展政策目标,包括保护环境,扶持不发达地区和少数民族地区,促进中小企业发展。

(三)活跃市场经济

政府采购遵循的是公平竞争的原则,在竞标过程中执行严密、透明的"优胜劣汰"机制,这样会极大地调动供应商参与政府采购的积极性,并能够促使其不断提高产品和服

务质量、降低生产成本、改进服务水平，以使自己能够在公平竞争中胜出而获得政府订单。

（四）推进反腐倡廉

政府采购制度是财政监督机制的有机组成部分，是财政分配职能的延伸，通过财政部门、审计部门、供应商、社会公众等全方位的参与和监督，能有效制止幕后交易、权钱交易、暗箱操作等腐败现象，最终实现对政府资金使用的监督和管理。

（五）保护民族产业

发挥政府采购对民族产业的保护功能是世界上许多国家通行的做法。民族产业是一国经济的基石，对其进行保护不仅是经济全球化对提高民族产业竞争力的要求，也是维护国家安全和民族利益的需要。在众多的非关税贸易壁垒中，政府采购是世界各国为保护民族产业所普遍采用的手段。

五、政府采购的执行模式

（一）集中采购

政府采购一个最基本要求就是，要在保证采购对象质量符合要求的前提下，尽可能地降低采购成本，以使有限的采购资金发挥更大的效益。而实现这一要求的最有效措施就是实行集中采购。

集中采购，即由政府采购的集中采购机构依据政府制定的集中采购目录，受有关采购人的委托，按照公开、公平、公正的采购原则，以及必须采取的市场竞争机制和一系列专门操作规程进行的统一采购。

实行集中采购的优点是取得规模效益，降低采购成本，争取价格优势和优质服务，保证采购质量，贯彻落实政府采购有关政策取向，便于实施统一的管理和监督；缺点是难以适应紧急情况采购，难以满足用户多样性需求，采购程序复杂，采购周期较长等。

（二）分散采购

分散采购，是指由各预算单位直接采购所需货物、工程及服务的一种采购组织实施形式。分散采购是集中采购模式的对称。凡采购未纳入集中采购目录的政府采购项目，可以自行采购，也可以委托集中采购机构在委托的范围内代理采购。分散采购的特点是采购者与使用者、采购权与使用权的合一。

实行分散采购的优点是灵活性好、自主性强、手续简便、满足采购及时性和多样性的需求；缺点是失去了规模效益，加大了采购成本，会导致资产闲置及资金浪费，不利于国家宏观调控，容易滋生腐败。

六、政府采购当事人

政府采购当事人是指在政府采购活动中享有权利和承担义务的各类主体，包括采购人、供应商、采购代理机构等。

（一）采购人

采购人是指依法进行政府采购的国家机关、事业单位、团体组织。

1. 采购人的权利

采购人的权利主要包括：

(1) 自行选择采购代理机构的权利。

(2) 要求采购代理机构遵守委托协议约定的权利。

(3) 审查政府采购供应商资格的权利。

(4) 依法确定中标供应商的权利。

(5) 签订采购合同并参与对供应商履约验收的权利。

(6) 特殊情况下提出特殊要求的权利。

(7) 其他合法权利。

2. 采购人的义务

采购人的义务主要包括：

(1) 遵守政府采购的各项法律、法规和规章制度。

(2) 接受和配合政府采购监督管理部门的监督检查，同时还要接受和配合审计机关的审计监督以及监察机关的监察。

(3) 尊重供应商的正当合法权益。

(4) 遵守采购代理机构的工作秩序。

(5) 在规定时间内与中标供应商签订政府采购合同。

(6) 在指定媒体及时向社会发布政府采购信息、招标结果。

(7) 依法答复供应商的询问和质疑。

(8) 妥善保存反映每项采购活动的采购文件。

(9) 其他法定义务。

(二) 供应商

供应商是指在中国境内外注册的企业、公司及其他提供货物、工程、服务的自然人、法人。

1. 供应商应具备的条件

供应商参加政府采购活动应当具备以下条件：

(1) 具有独立承担民事责任的能力。

(2) 具有良好的商业信誉和健全的财务会计制度。

(3) 具有履行合同所必需的设备和专业技术能力。

(4) 有依法缴纳税收和社会保障资金的良好记录。

(5) 参加政府采购活动前 3 年内，在经营活动中没有重大违法记录。

(6) 法律、行政法规规定的其他条件。

2. 供应商的权利

供应商的权利主要包括：

(1) 平等地取得政府采购供应商资格的权利。

(2)平等地获得政府采购信息的权利。

(3)自主、平等地参加政府采购竞争的权利。

(4)就政府采购活动事项提出询问、质疑和投诉的权利。

(5)自主、平等地签订政府采购合同的权利。

(6)要求采购人或采购代理机构保守其商业秘密的权利。

(7)监督政府采购依法公开、公正进行的权利。

(8)其他合法权利。

3. 供应商的义务

供应商的义务主要包括:

(1)遵守政府采购的各项法律、法规和规章制度。

(2)按规定接受供应商资格审查,并在资格审查中客观真实地反映自身情况。

(3)在政府采购活动中,满足采购人或采购代理机构的正当要求。

(4)投标中标后,按规定程序签订政府采购合同并严格履行合同义务。

(5)其他法定义务。

(三)采购代理机构

1. 采购代理机构的含义

采购代理机构是指具备一定条件,经政府有关部门批准而依法拥有政府采购代理资格的社会中介机构。采购代理机构又可分为集中采购机构和一般采购代理机构。

2. 集中采购机构

集中采购机构有如下性质:

第一,集中采购机构是采购代理机构,它只能根据采购人的委托,以代理人的身份办理政府采购事务。集中采购机构完全是为了向采购人提供采购服务而设立的。

第二,集中采购机构不是政府机关,是非营利性的事业法人。集中采购机构进行的采购不是为了满足自身的需要,而是为采购人采购纳入集中采购目录和部分未纳入集中采购目录的政府采购项目等。

政府采购中心是典型的集中采购机构,它不是政府行政机构,是非营利性的事业法人。其采购代理资格不需政府特别认定。

采购人采购纳入集中采购目录的政府采购项目,必须委托集中采购机构代理采购;采购未纳入集中采购目录的政府采购项目,可以自行采购,也可以委托集中采购机构在委托的范围内代理采购。

纳入集中采购目录属于通用的政府采购项目的,应当委托集中采购机构代理采购;属于本部门、本系统有特殊要求的项目,应当实行部门集中采购;属于本单位有特殊要求的项目,经省级以上人民政府批准,可以自行采购。

3. 一般采购代理机构

一般采购代理机构应是依法成立并具有法人资格的社会中介机构,有能力和良好信誉承担政府采购的业务代理工作。

一般采购代理机构的主要业务是接受采购人的委托,以采购人的名义,利用招标等方式,为采购人择优选定供应商。它要向委托人或中标人收取一定的服务费。

七、政府采购方式

(一)公开招标

所谓公开招标采购,是指采购人按照法定程序,通过发布招标公告,邀请所有潜在的不特定的供应商参加投标,采购人通过某种事先确定的标准,从所有投标供应商中择优评选出中标供应商,并与之签订政府采购合同的一种采购方式。公开招标应作为政府采购的主要方式。

(二)邀请招标

邀请招标采购,是指采购人根据供应商的资信和业绩,选择若干供应商向其发出投标邀请书,由被邀请的供应商投标竞争,从中选定中标者的招标方式。

(三)竞争性谈判

竞争性谈判采购,是指采购人直接邀请三家以上的供应商进行谈判,最后从中确定最优供应商的采购方式。

(四)单一来源采购

只能从一家供应商处采购,因为它是一种没有竞争的采购,所以也叫直接采购。

(五)询价

询价采购,是指采购人向有关供应商发出询价单让其报价,然后在报价的基础上进行比较,并确定最优供应商的一种采购方式,也就是我们说的货比三家,这是一种直接的采购方式,也是一种相对简单的采购方式。

(六)国务院政府采购监督管理部门认定的其他采购方式

例如,批量采购、小额采购和定点采购等等,为适应不同情况下政府采购的实际需要,法律作出了这项原则性规定。

虽然其他采购方式有很多,但只有经国务院政府采购监督管理部门认定的方式才可以用于政府采购。

八、政府采购的监督检查

(一)行政监督部门的监督检查职责

政府采购监督管理部门是指各级人民政府财政部门。

(二)监督检查的主要内容

1. 有关政府采购的法律、行政法规和规章的执行情况。

2. 采购范围、采购方式和采购程序的执行情况。

3. 政府采购人员的职业素质和专业技能。

(三)对政府采购监督检查的其他规定和要求

1. 政府采购监督管理部门不得设置集中采购机构,不得参与政府采购项目的采购活动。采购代理机构与行政机关不得存在隶属关系或者其他利益关系。

2. 集中采购机构应当建立健全内部监督管理制度。采购活动的决策和执行程序应当明确,并相互监督、相互制约。

经办采购的人员与负责采购合同审核、验收人员的职责权限应当明确,并相互分离。

集中采购机构的采购人员应当具有相关职业素质和专业技能,符合政府采购监督管理部门规定的专业岗位任职要求。

【职业技能训练4-2】

下列采购活动中,适用《政府采购法》调整的是(　　)。

A. 某事业单位使用财政性资金采购办公用品

B. 某军事机关采购军需品

C. 某省政府因严重自然灾害紧急采购救灾物资

D. 某省国家安全部门采购用于情报工作的物资

【答案】A

【解析】政府采购,是指各级国家机关、事业单位和团体组织,使用财政性资金采购依法制定的集中采购目录以内的或者采购限额标准以上的货物、工程和服务的行为。军事采购、因严重自然灾害和其他不可抗力事件所实施的紧急采购和涉及国家安全和秘密的采购,不适用《政府采购法》。

任务三　国库集中收付制度

【任务描述】

使学生对国库集中收付制度的内容有所了解和掌握,并能与所学的会计相关课程的内容相结合,较好地运用到实际工作中。

【任务分析】

通过知识准备环节,熟悉财政收支的相关规定。

【知识准备】

了解国库集中收付制度改革,以及相关收付制度中的账户关系。

从2000年开始,我国政府开始着手推进国库集中收付制度改革。经过大量的考察实践和前期准备工作,并借鉴发达国家国库管理的经验,2001年2月,国务院通过了由财政部和中国人民银行制定的《财政国库管理制度改革试点方案》,确立了我国财政国库管理制度改革的目标、指导思想和原则、改革的内容、配套措施及实施步骤。改革方案中明确提出,我国财政国库管理制度改革的目标是建立以国库单一账户体系为基础、资金缴拨以国库集中收付为主要形式的财政国库管理制度。2002年,财政部和中国人民银行又联合印发了《中央单位财政国库管理制度改革试点资金支付管理办法》。

一、国库集中收付制度

国库集中收付制度一般也称为国库单一账户制度,包括国库集中支付制度和收入收缴管理制度,是指由财政部门代表政府设置国库单一账户体系,所有的财政性资金均纳入国库单一账户体系收缴、支付和管理的制度。

财政收入通过国库单一账户体系,直接缴入国库;财政支出通过国库单一账户体系,以财政直接支付和财政授权支付的方式,将资金支付到商品和劳务供应者或用款单位,即预算单位使用资金但见不到资金;未支用的资金均保留在国库单一账户,由财政部门代表政府进行管理运作,降低政府筹资成本,为实施宏观调控政策提供可选择的手段。

二、国库单一账户体系

(一)国库单一账户体系的概念

国库单一账户体系,是指以财政国库存款账户为核心的各类财政性资金账户集合,所有财政性资金的收入、支付、存储及资金清算活动均在该账户体系运行。

(二)国库单一账户体系的组成

国库单一账户体系由下列银行账户构成。

1. 国库单一账户。财政部门在中国人民银行开设国库单一账户,按预算收支科目和资金使用性质设置收入和支出分类账。国库单一账户为国库存款账户。代理银行应当按日将支付的财政预算内资金和纳入预算管理的政府性基金与国库单一账户进行清算。国库单一账户在财政总预算会计中使用,行政单位和事业会计中不设置该账户。

2. 财政部门零余额账户。该账户用于财政直接支付和与国库单一账户清算。该账户每日发生的支付,于当日营业终了前与国库单一账户清算;营业中单笔支付额在5 000万元人民币以上(含5 000万元)的,应当及时与国库单一账户清算。财政部门零余额账户在国库会计中使用。

3. 预算单位零余额账户。财政部门在代理银行为预算单位开设的授权支付零余额账户,该分账户与国库集中支付总户是同一账户,由会计核算中心按预算单位进行分户核算,用于记录、核算和反映预算单位的零星支出。该分账户用于财政授权支付,实行零余额管理。

4. 预算外资金财政专户。财政部门在代理银行开设预算外资金财政专户,该专户用于记录、核算和反映预算外资金的收入和支出活动,并用于预算外资金日常收支清算。预算外资金专户在财政部门设立和使用。

5. 财政部为预算单位开设的小额现金账户,简称小额现金账户。

6. 经国务院批准或国务院授权财政部门批准为预算单位在商业银行开设的特殊专户,简称特设专户。该账户用于记录、核算和反映预算单位的特殊专项支出活动,并与国库单一账户清算。特设专户在按规定申请设置了特设专户的预算单位使用。

财政部门是持有和管理国库单一账户体系的职能部门,任何单位不得擅自设立、变更或撤销国库单一账户体系中的各类银行账户。中国人民银行按照有关规定,对国库单一账户和代理银行进行管理和监督。这里所说的代理银行,是指由财政部门确定的、具体办理财政性资金收付业务的商业银行。

三、财政收入收缴方式和程序

（一）收缴方式

1. 直接缴库

直接缴库是指纳税人或扣缴义务人直接向国库经收处缴纳税款的一种缴库方式。

2. 集中汇缴

集中汇缴是指税务机关直接向纳税人收取税款，并按照规定的期限向国库或国库经收处汇总解缴的一种缴库方式。

（二）收缴程序

1. 直接缴库程序

直接缴库的税收收入，由纳税人或税务代理人提出纳税申报，经征收机关审核无误后，由纳税人通过开户银行将税款缴入国库单一账户。直接缴库的其他收入比照上述程序缴入国库单一账户或预算外资金财政专户。

2. 集中汇缴程序

小额零散税收和法律另有规定的应缴收入，由征收机关于征缴收入的当日汇总缴入国库单一账户。非税收入中的现金缴款，比照本程序缴入国库单一账户或预算外资金财政专户。

四、财政支出支付方式和程序

（一）支付方式

1. 财政直接支付

财政直接支付是指由财政部门根据预算单位按批复的分月用款计划提交的支付申请，审核无误后向代理银行开具支付凭证，直接将财政资金支付到收款人（商品和劳务供应者）或用款单位。

实行财政直接支付的支出包括财政统一发放的工资支出、工程采购支出、物品和服务采购等购买支出的集中采购部分和转移支出。

2. 财政授权支付

财政授权支付是指预算单位根据财政部门按批复的分月用款计划所授权的额度，自行开具支付凭证，通过预算单位零余额账户将财政资金支付到收款人。

（二）支付程序

1. 财政直接支付程序

预算单位实行财政直接支付的财政性资金包括工资支出、工程采购支出、物品和服务采购支出。

财政直接支付的申请由一级预算单位汇总，填写“财政直接支付汇总申请书”，报财政部门国库支付执行机构。财政部门国库支付执行机构审核一级预算单位提出的支付申请无误后，开具“财政直接支付汇总清算额度通知单”和“财政直接支付凭证”，经财政部门国库管理机构加盖印章签发后，分别送中国人民银行和代理银行。代理银行根据“财政直接支付凭证”及时将资金直接支付给收款人或用款单位。

2. 财政授权支付程序

财政授权支付程序适用于未纳入工资支出、工程采购支出、物品和服务采购支出管理的购买支出和零星支出。其包括单件物品或单项服务购买额不足 10 万元人民币的购买支出、年度财政投资不足 50 万元人民币的工程采购支出、特别紧急的支出和经财政部门批准的其他支出。

财政部门根据批准的一级预算单位用款计划中月度财政授权支付额度，每月 25 日前以“财政授权支付汇总清算额度通知单”、“财政授权支付额度通知单”的形式分别通知中国人民银行、代理银行。代理银行在收到财政部门下达的“财政授权支付额度通知单”时，向相关预算单位发出“财政授权支付额度到账通知书”。基层预算单位凭据“财政授权支付额度到账通知书”所确定的额度支用资金；代理银行凭据“财政授权支付额度通知单”受理预算单位财政授权支付业务，控制预算单位的支付金额，并与国库单一账户进行资金清算。预算单位支用授权额度时，填制财政部门统一印制的“财政授权支付凭证”送交代理银行；代理银行根据支付结算凭证及所附“财政授权支付凭证”，通过预算单位零余额账户办理资金支付。

任务四 财政法规制度案例分析

【工作步骤】

应用案例一：

假如清华大学主体教学楼建设项目 2014 年决定重新修建，工程总造价 5 000 万元，该教学楼建设项目是否属于政府采购？如不属于，请说明原因；如属于，请说明应采用哪种采购方式，原因何在。

案例分析：

清华大学主体教学楼建设项目属于政府采购，因工程造价大，施工期限长，采购时间长，且招标费用远远小于工程造价，应该邀请不特定的供应商参加投标竞争，所以应该选择公开招标的采购方式。

应用案例二：

某市级医院招标采购一批进口设备，由于该医院过去在未实行政府采购前与一家医疗设备公司有长期的业务往来，故此次招标仍希望这家医疗设备公司中标。于是双方达成默契，等开标时该医院要求该公司尽量压低投标标价，以确保中标。在签订合同前，该医院允许按原来的投标标价提高 10%，作为追加售后服务内容与医疗设备公司签订了采购合同。结果，提高后的合同价远远高于其他所有投标人的标价。请分析该医院的此种招标方式是否合法。此招标如有不妥之处，请指出不妥之处并加以说明。

案例分析：

招标人与投标人相互串通，以低价中标、高价签订合同的做法，严重影响了政府采购活动的公平性和公正性，损害了广大潜在投标人的正当利益，造成了采购资金的巨额流失，扰乱了正常的市场竞争秩序。

项目小结

- 财政法规制度
  - 预算法律制度
    1. 预算法律制度的构成
    2. 国家预算
    3. 预算管理的职权
    4. 预算收入与预算支出
    5. 预算组织程序
    6. 决算
    7. 预、决算的监督
  - 政府采购法律制度
    1. 政府采购法律制度的构成
    2. 政府采购的概念
    3. 政府采购的原则
    4. 政府采购的功能
    5. 政府采购的执行模式
    6. 政府采购当事人
    7. 政府采购方式
    8. 政府采购的监督检查
  - 国库集中收付制度
    1. 国库集中收付制度
    2. 国库单一账户体系
    3. 财政收入收缴方式和程序
    4. 财政支出支付方式和程序

从业资格训练

一、单项选择题

1.《预算法》由第八届全国人民代表大会第二次会议于 1994 年 3 月 22 日通过，自(　　)起施行。

A. 1994 年 5 月 1 日　　B. 1994 年 10 月 1 日

C. 1995 年 1 月 1 日　　D. 1995 年 3 月 1 日

2. 我国国家预算的级次分为(　　)。

A. 3 级　　B. 4 级　　C. 5 级　　D. 7 级

3. 下列选项中，不属于全国人民代表大会常务委员会的预算管理职权的是(　　)。

A. 编制中央预算、决算草案

B. 审查和批准中央预算的调整方案

C. 审查和批准中央决算

D. 监督中央和地方预算的执行

4. 下列关于预算编制的表述中，不正确的是(　　)。

A. 中央预算和地方各级政府预算，应当参考上一年预算执行情况和本年度收支预测

进行编制

B. 中央预算和地方各级政府预算按照单式预算编制

C. 各级预算支出的编制,应当贯彻厉行节约、勤俭建国的方针

D. 各级预算收入的编制,应当与国民生产总值的增长率相适应

5. 各级政府预算周转金从本级政府预算的结余中设置和补充,其额度应当逐步达到本级政府预算支出总额的(　　)。

A. 2%　　B. 4%　　C. 3%　　D. 5%

6. 国务院于每年(　　)前向省、自治区、直辖市政府和中央各部门下达编制下一年度预算草案的指示,提出编制预算草案的原则和要求。

A. 9 月 30 日　　B. 10 月 11 日　　C. 11 月 1 日　　D. 11 月 10 日

7. 中央各部门负责本部门所属各单位预算草案的审核,并汇总编制本部门的预算草案,于每年(　　)前报财政部审核。

A. 10 月 30 日　　B. 11 月 11 日　　C. 12 月 1 日　　D. 12 月 10 日

8. 财政部应当自全国人民代表大会批准中央预算之日起(　　)日内,批复中央各部门预算。

A. 10　　B. 15　　C. 20　　D. 30

9. 地方各部门应当自本级财政部门批复本部门预算之日起(　　)日内,批复所属各单位预算。

A. 10　　B. 15　　C. 20　　D. 30

10. 中央预算收入、中央和地方预算共享收入的退库,由(　　)批准。

A. 国务院或其授权的机构　　B. 中国人民银行总行

C. 财政部或者财政部授权的机构　　D. 全国人民代表大会常务委员会

11. 省、自治区、直辖市政府财政部门应按照法定期限和方式向财政部报告本行政区域预算执行情况,其中,预算收支旬报,按照财政部规定的内容编制,于每旬终了后(　　)日内报送财政部。

A. 3　　B. 5　　C. 10　　D. 15

12. 关于预算调整方案,下列表述错误的是(　　)。

A. 预算调整方案由政府财政部门负责具体编制

B. 预算调整方案应当列明调整的原因、项目、数额、措施及有关说明

C. 预算调整方案经本级政府审定后,提请上级政府财政部门审查和批准

D. 各级政府对于必须进行的预算调整,应当编制预算调整方案

13. 财政部应当在每年第(　　)季度部署编制决算草案的原则、要求、方法和报送期限,制发中央各部门决算、地方决算及其他有关决算的报表格式。

A. 一　　B. 二　　C. 三　　D. 四

14. 县级以上各级政府决算草案经本级人民代表大会常务委员会批准后,本级政府

财政部门应当自批准之日起(　　)日内向本级各部门批复决算。

A. 10　　B. 20　　C. 15　　D. 30

15. 各部门应当自本级政府财政部门批复本部门决算之日起(　　)日内向所属各单位批复决算。

A. 10　　B. 20　　C. 15　　D. 30

16. 下列采购活动中,适用《政府采购法》调整的是(　　)。

A. 某事业单位使用财政性资金采购办公用品

B. 某军事机关采购军需品

C. 某省政府因严重自然灾害紧急采购救灾物资

D. 某省国家安全部门采购用于情报工作的物资

17. 根据《政府采购法》的规定,政府采购的主体范围不包括(　　)。

A. 国家机关　　B. 国有企业　　C. 事业单位　　D. 团体组织

18. 根据《政府采购法》的规定,政府采购的主要采购方式应是(　　)。

A. 公开招标　　B. 邀请招标

C. 竞争性谈判　　D. 询价

19. 货物和服务项目采用招标方式采购的,自招标文件开始发出之日起至投标人提交投标文件之日止,不得少于(　　)日。

A. 10　　B. 15　　C. 20　　D. 30

20. 下列货物或者服务,不可以采用单一来源方式采购的是(　　)。

A. 只能从唯一供应商处采购的

B. 具有特殊性,只能从有限范围的供应商处采购的

C. 发生了不可预见的紧急情况不能从其他供应商处采购的

D. 必须保证原有采购项目一致性或者服务配套的要求,需要继续从原供应商处添购,且添购资金总额不超过原合同采购金额10%的

21. 采购人与中标、成交供应商应当在中标、成交通知书发出之日起(　　)日内,按照采购文件确定的事项签订政府采购合同。

A. 10　　B. 15　　C. 20　　D. 30

22. 政府采购监督管理部门在处理投诉事项期间,可以视具体情况书面通知采购人暂停采购活动,但暂停时间最长不得超过(　　)日。

A. 20　　B. 30　　C. 45　　D. 60

23. 将所有财政性资金全部集中到国库单一账户,并规定所有的支出必须由国库直接支付给商品或劳务供应者或用款单位,实行收支两条线管理的制度称为(　　)。

A. 国库集中收付制度　　B. 国库集中支付制度

C. 国库集中收入收缴管理制度　　D. 现金管理制度

二、多项选择题

1.《预算法》的立法目的是(　　)。

A. 强化预算的分配和监督职能　　　　B. 加强国家宏观调控
C. 健全国家对预算的管理　　　　　　D. 保障经济和社会的健康发展
2. 国家预算的作用包括(　　)。
A. 节约财政支出作用　　　　　　　　B. 财力保证作用
C. 调节制约作用　　　　　　　　　　D. 反映监督作用
3. 国家预算的调节制约作用表现在(　　)。
A. 国家预算是政府实施各项社会经济政策的有效保证
B. 预算的收支规模可调节社会总供给和总需求的平衡
C. 预算支出的结构可调节国民经济结构
D. 预算支出反映各项建设事业发展的基本情况
4. 国家预算的构成包括(　　)。
A. 中央预算　　　　　　　　　　　　B. 地方预算
C. 部门、单位预算　　　　　　　　　D. 总预算
5. 下列关于我国各级预算组成的表述,正确的有(　　)。
A. 中央预算由中央各部门(含直属单位)的预算组成
B. 地方预算由各省、自治区、直辖市总预算组成
C. 各部门预算由本部门所属各单位预算组成
D. 地方各级总预算由本级政府预算(本级预算)和汇总的下一级总预算组成;下一级只有本级预算的,下一级总预算即指下一级的本级预算
6. 根据《预算法》的规定,全国人民代表大会的预算管理职权包括(　　)。
A. 审查中央和地方预算草案及中央和地方预算执行情况的报告
B. 撤销国务院制定的同宪法、法律相抵触的关于预算、决算的行政法规、决定和命令
C. 批准中央预算和中央预算执行情况的报告
D. 改变或者撤销全国人民代表大会常务委员会关于预算、决算的不适当决议
7. 国务院的预算管理职权有(　　)。
A. 向全国人民代表大会作关于中央和地方预算草案的报告
B. 编制中央预算、决算草案
C. 将省、自治区、直辖市政府报送备案的预算汇总后报全国人民代表大会常务委员会批准
D. 决定中央预算预备费的动用、编制中央预算调整方案
8. 国务院财政部门的预算管理职权有(　　)。
A. 具体编制中央预算、决算草案
B. 具体组织中央和地方预算的执行
C. 提出中央预算预备费动用方案
D. 定期向国务院报告中央和地方预算的执行情况

9. 根据《预算法》的规定，预算收入包括（　　）。

A. 税收收入　　B. 依照规定应当上缴的国有资产收益

C. 专项收入　　D. 其他收入

10. 预算支出包括（　　）。

A. 教育、科学、文化、卫生、体育等事业发展支出

B. 国家管理费用支出、国防支出

C. 支持企业的挖潜改造支出

D. 拨付的生产性贷款贴息支出

11. 各级政府编制年度预算草案的依据有（　　）。

A. 国民经济和社会发展计划、财政中长期计划以及有关的财政经济政策

B. 本级政府的预算管理职权和财政管理体制确定的预算收支范围

C. 上一年度预算执行情况和本年度预算收支变化因素

D. 法律、法规

12. 中央预算的编制内容包括（　　）。

A. 本级预算收入和支出

B. 上一年度结余用于本年度安排的支出

C. 返还或者补助地方的支出

D. 地方上解的收入

13. 各级政府预算按照复式预算编制，可分为（　　）。

A. 政府公共预算　　B. 国有资产经营预算

C. 社会保障预算　　D. 其他预算

14. 关于预算的审批权限，下列表述正确的有（　　）。

A. 中央预算由国务院审查和批准，并报全国人民代表大会常务委员会备案

B. 中央预算由全国人民代表大会审查和批准

C. 地方各级政府预算由国务院审查和批准

D. 地方各级政府预算由本级人民代表大会审查和批准

15. 根据《预算法实施条例》的规定，政府财政部门负责预算执行的具体工作，其主要任务有（　　）。

A. 研究落实财政税收政策的措施，支持经济和社会的健康发展

B. 根据年度支出预算和季度用款计划，合理调度、拨付预算资金，监督检查各部门、各单位管好用好预算资金，节减开支，提高效率

C. 指导和监督各部门、各单位建立健全财务制度和会计核算体系，按照规定使用预算资金

D. 制定组织预算收入和管理预算支出的制度和办法

16. 政府财政部门在预算拨款管理中应遵循的原则有（　　）。

A. 按照规定的预算级次和程序拨款，即根据用款单位的申请，按照用款单位的预算级次和审定的用款计划，按期核拨，不得越级办理预算拨款

B. 按照进度拨款，即根据各用款单位的实际用款进度和国库库款情况拨付资金

C. 在适当情况下可以办理无预算、无用款计划，或者是超预算、超计划的拨款，但不得擅自改变支出用途

D. 按照预算拨款

17. 政府采购法律制度包括(　　)。

A. 政府采购法　　B. 政府采购部门规章

C. 政府采购地方性法规　　D. 政府采购政府规章

18. 政府采购的原则包括(　　)。

A. 公平竞争原则　　B. 公开透明原则

C. 公正原则　　D. 诚实信用原则

19. 政府采购的功能有(　　)。

A. 节约财政支出，提高采购资金的使用效益

B. 强化宏观调控

C. 推进反腐倡廉

D. 保护民族产业

20. 供应商参加政府采购活动应当具备的条件包括(　　)。

A. 具有独立承担民事责任的能力

B. 具有履行合同所必需的设备和专业技术能力

C. 有依法缴纳税收和社会保障资金的良好记录

D. 参加政府采购活动前 3 年内，在经营活动中没有重大违法记录

21. 政府采购的方式主要有(　　)。

A. 邀请招标　　B. 竞争性谈判

C. 单一来源采购　　D. 询价

22. 下列货物或者服务，可以依法采用竞争性谈判方式采购的有(　　)。

A. 招标后没有供应商投标或者没有合格标的或者重新招标未能成立的

B. 技术复杂或者性质特殊，不能确定详细规格或者具体要求的

C. 采用招标所需时间不能满足用户紧急需要的

D. 采用公开招标方式的费用占政府采购项目总价值的比例过大的

23. 在招标采购中，应予废标的情形有(　　)。

A. 符合专业条件的供应商或者对招标文件作实质响应的供应商超过 3 家的

B. 出现影响采购公正的违法、违规行为的

C. 投标人的报价均超过了采购预算，采购人不能支付的

D. 因重大变故，采购任务取消的

24. 采用竞争性谈判方式采购的，应当遵循的程序有（ ）。

A. 成立谈判小组

B. 制定谈判文件

C. 确定邀请参加谈判的供应商名单

D. 确定成交供应商

25. 竞争性谈判方式采购中，谈判文件应当明确的事项包括（ ）。

A. 谈判程序 B. 谈判内容

C. 合同草案的条款 D. 评定成交的标准

26. 采购活动记录应当包括的内容有（ ）。

A. 采购项目预算、资金构成和合同价格

B. 采购方式，采用公开招标以外的采购方式的，应当载明原因

C. 评标标准及确定中标人的原因

D. 邀请和选择供应商的条件及原因

27. 政府采购监督管理部门监督检查的主要内容有（ ）。

A. 有关政府采购的法律、行政法规和规章的执行情况

B. 采购范围、采购方式和采购程序的执行情况

C. 政府采购人员的职业素质

D. 政府采购人员的专业技能

28. 根据《政府采购法》的规定，供应商有下列情形之一的，处以采购金额千分之五以上千分之十以下的罚款，列入不良行为记录名单，在1～3年内禁止参加政府采购活动，有违法所得的，并处没收违法所得，情节严重的，由工商行政管理机关吊销营业执照（ ）。

A. 在招标采购过程中与采购人进行协商谈判的

B. 拒绝有关部门监督检查或者提供虚假情况的

C. 与采购人、其他供应商或者采购代理机构恶意串通的

D. 向采购人、采购代理机构行贿或者提供其他不正当利益的

29. 国库单一账户体系是实行财政国库集中支付后，用于所有财政性资金收支核算管理的账户体系，这个账户体系主要由（ ）构成。

A. 国库单一账户 B. 预算单位零余额账户

C. 财政部门零余额账户 D. 特设专户

30. 实行财政直接支付的支出包括（ ）。

A. 工资支出

B. 购买支出

C. 中央对地方的专项转移支付

D. 中央对地方的一般性转移支付中的税收返还、原体制补助、过渡期转移支付、结算

补助等支出

三、判断题

1. 国家预算是指经法定程序批准的国家年度财政收支计划，它反映了国家的施政方针和社会经济政策，规定了政府活动的范围和方向。（　　）

2. 国家预算作为国家的基本财政计划，是国家财政实行宏观控制的主要依据和主要手段。（　　）

3. 县级以上地方政府的派出机关，根据本级政府授权进行预算管理活动，也作为一级预算。（　　）

4. 中央预算包括地方向中央上解的收入数额，而不包括中央对地方返还或者给予补助的数额。（　　）

5. 地方各级政府预算包括下级政府向上级政府上解的收入数额和上级政府对下级政府返还或者给予补助的数额。（　　）

6. 我国国家预算现设立中央、省（自治区、直辖市）、设区的市（自治州）、县（自治县）、乡（民族乡、镇）五级预算。（　　）

7. 预算年度自公历1月1日起，至12月31日止。（　　）

8. 各部门编制本部门预算、决算草案，按照国家规定上缴预算收入，安排预算支出，并接受上级主管部门的监督。（　　）

9. 预算收入和预算支出以人民币元为计算单位。预算收支以外国货币收纳和支付的，按照中国人民银行公布的当日人民币基准汇价折算。（　　）

10. 我国实行中央和地方分税制。（　　）

11. 预算支出中的教育、科学、文化、卫生、体育等事业发展支出，具体包括公益性基本建设支出、设备购置支出、人员费用支出、业务费用支出以及其他事业发展支出。（　　）

12. 预算收入划分为中央预算收入和地方预算收入。（　　）

13. 预算收入应当统筹安排使用，确需设立专用基金项目的，须经全国人民代表大会常务委员会批准。（　　）

14. 上级政府可以在预算之外调用下级政府预算的资金。下级政府不得挤占或者截留属于上级政府预算的资金。（　　）

15. 中央财政本年度举借的国内外债务和还本付息数额应当在本级预算中单独列示。（　　）

16. 中央预算中必需的建设投资的部分资金，可以通过举借国内和国外债务等方式筹措，但是借债应当有合理的规模和结构。（　　）

17. 各级政府预算的上年结余，可以在下年用于上年结转项目的支出；有余额的，可以补充预算周转金；再有余额的，不可以用于下年必需的预算支出。（　　）

18. 国务院财政部门应当在每年全国人民代表大会会议举行的一个星期前，将中央

预算草案的主要内容提交全国人民代表大会财政经济委员会进行初步审查。( )

19. 各级预算由本级政府组织执行，具体工作由本级政府财政部门负责。( )

20. 县级以上各级预算必须设立国库；具备条件的乡、民族乡、镇也应当设立国库。( )

21. 中央国库业务由中国人民银行经理。未设中国人民银行分支机构的地区，由中国人民银行协商财政部后，委托有关银行办理。( )

22. 地方预算收入的退库，由中国人民银行或者其授权的机构批准。( )

23. 在预算执行中一般不制定新的减收增支政策和措施，确需制定的，应当采取相应的增收节支措施。( )

24. 政府财政部门对要求追加预算支出、减少预算收入的事项应当严格审核，对需要动用预备费的，必须经上级政府财政部门批准。( )

25. 各级政府预算预备费的动用方案，由本级政府财政部门提出，报上级政府财政部门决定。( )

26. 预算调整是指经全国人民代表大会批准的中央预算和经地方各级人民代表大会批准的本级预算，在执行中因特殊情况需要增加支出或者减少收入，使原批准的收支平衡的预算的总支出超过总收入，或者使原批准的预算中举借债务的数额增加的部分变更。( )

27. 各级政府对于必须进行的预算调整，应当编制预算调整方案。中央预算的调整方案必须提请国务院审查和批准。( )

28. 未经批准调整预算，各级政府不得作出任何使原批准的收支平衡的预算的总支出超过总收入或者使原批准的预算中举借债务的数额增加的决定。( )

29. 在预算执行中，因上级政府返还或者给予补助而引起的预算收支变化，属于预算调整。( )

30. 各部门、各单位的预算支出，必须按照本级政府财政部门批复的预算科目和数额执行，不得挪用；确需作出调整的，必须经本级政府财政部门同意。( )

31. 政府有关部门以本级预算安排的资金拨付给下级政府有关部门的专款，必须经本级政府财政部门同意并办理预算划转手续。( )

32. 国务院财政部门编制中央决算草案，报国务院审定后，由国务院提请全国人民代表大会常务委员会审查和批准。( )

33. 各级政府决算经批准后，财政部门应当向本级各部门批复决算。( )

34. 决算各项数字应当以经核实的基层单位汇总的会计数字为准，不得以估计数字替代，不得弄虚作假。( )

35. 违反法律、行政法规的规定，擅自动用国库库款或者擅自以其他方式支配已入国库的库款的，由政府财政部门责令退还或者追回国库库款，并由上级机关给予负有直接责任的主管人员和其他直接责任人员行政处分。( )

36. 政府采购实行集中采购和分散采购相结合。(　　)

37. 属于中央预算的政府采购项目,其集中采购目录由财政部确定并公布;属于地方预算的政府采购项目,其集中采购目录由省、自治区、直辖市人民政府财政部门或者其授权的机构确定并公布。(　　)

38. 政府采购当事人是指在政府采购活动中享有权利和承担义务的各类主体,包括采购人、供应商和采购代理机构等。(　　)

39. 集中采购机构为采购代理机构。集中采购机构是营利性事业法人,根据采购人的委托办理采购事宜。(　　)

40. 采购人采购纳入集中采购目录的政府采购项目,可以自行采购。(　　)

41. 采购人采购未纳入集中采购目录的政府采购项目,可以自行采购,也可以委托集中采购机构在委托的范围内代理采购。(　　)

42. 采购人有权自行选择采购代理机构,任何单位和个人不得以任何方式为采购人指定采购代理机构。(　　)

43. 供应商是指向采购人提供货物、工程和服务的法人和其他组织,不包括自然人。(　　)

44. 邀请招标,是指采购人依法从符合相应资格条件的供应商中随机邀请 2 家以上供应商,并以投标邀请书的方式,邀请其参加投标。(　　)

45. 废标后,采购人无须将废标理由通知所有投标人。(　　)

46. 竞争性谈判方式采购中,谈判小组由采购人的代表和有关专家共 3 人以上的单数组成,其中专家的人数不得少于成员总数的 3/4。(　　)

47. 政府采购项目的采购合同自签订之日起 10 个工作日内,采购人应当将合同副本报同级政府采购监督管理部门和有关部门备案。(　　)

48. 经采购人同意,中标、成交供应商可以依法采取分包方式履行合同。供应商就采购项目和分包项目向采购人负责,分包供应商就分包项目承担责任。(　　)

49. 供应商认为采购文件、采购过程和中标、成交结果使自己的权益受到损害的,可以在知道或者应知其权益受到损害之日起 5 个工作日内,以书面形式向采购人提出质疑。(　　)

50. 采购代理机构与行政机关之间是隶属关系。(　　)

51. 集中采购机构对采购人员的专业水平、工作实绩和职业道德状况定期进行考核。采购人员经考核不合格的,不得继续任职。(　　)

52. 审计机关应当对政府采购进行审计监督。政府采购监督管理部门、政府采购各当事人有关政府采购活动,应当接受审计机关的审计监督。(　　)

53. 集中采购机构在政府采购监督管理部门考核中,虚报业绩,隐瞒真实情况的,处以 2 万元以上 20 万元以下的罚款,并予以通报;情节严重的,取消其代理采购的资格。(　　)

54. 财政部是管理国库单一账户体系的职能部门，任何单位不得擅自设立、变更或撤销国库单一账户体系中的各类银行账户。(　　)

55. 财政部门零余额账户用于财政直接支付，该账户每日发生的支付，于当日营业终了前与国库单一账户清算；营业中单笔支付额5 000万元人民币以上(含5 000万元)的，应当及时与国库单一账户清算。财政部门零余额账户在国库会计中使用。(　　)

56. 预算单位不得将特设专户资金转入本单位的其他银行账户，也不得将本单位的其他银行账户资金转入特设专户。(　　)

57. 财政收入的收缴分为直接缴库和集中汇缴两种方式。(　　)

58. 直接缴库的税收收入，由纳税人或税务代理人提出纳税申报，经征收机关审核无误后，由征收机关通过开户银行将税款缴入国库单一账户。(　　)

59. 财政支出总体上分为购买性支出和转移性支出。(　　)

60. 财政直接支付由预算单位自行开具支付令。(　　)

61. 预算单位实行财政直接支付的财政性资金包括工资、工程采购支出、物品和服务采购支出。(　　)

62. “财政授权支付通知单”确定各基层预算单位下一月度授权支付的资金使用额度。(　　)

63. 财政直接支付的申请由一级预算单位汇总，填写“财政直接支付汇总申请书”，报财政国库支付执行机构。(　　)

64. 财政授权支付程序适用于未纳入工资支出，工程采购支出，物品、服务采购支出管理的购买支出和零星支出。包括单件物品或单项服务购买额不足10万元人民币的购买支出，年度财政投资额不足50万元人民币的工程采购支出，以及特别紧急的支出。(　　)

65. 小额现金账户只能用于财政部授权预算单位支付额度内的支付和与国库单一账户的资金清算。不得违反规定从该账户向预算单位其他账户划拨资金。(　　)

66. 中央预算草案经全国人民代表大会批准后，为当年中央决算。(　　)

67. 财政授权支付是预算单位根据财政部授权，自行开具支付令，通过国库单一账户体系将资金支付到收款人账户。(　　)

68. 决算草案由各级政府、各部门、各单位，在每一预算年度终了后按照国务院规定的时间编制。(　　)

69. 县级以上地方各级政府财政部门编制本级决算草案，报本级政府审定后，由本级政府提请本级人民代表大会常务委员会审查和批准。(　　)

70. 决算草案是指各级政府、各部门、各单位编制的未经法定程序审查和批准的预算收支的年度执行结果。(　　)

71. 对于年度预算执行中上下级财政之间按照规定需要清算的事项，应当在决算时办理结算。(　　)

72. 政府采购的所有信息都应当在政府采购监督管理部门指定的媒体上及时向社会公开发布。(　　)

73. 国库单一账户为国库存款账户,用于记录、核算和反映纳入预算管理的财政收入和支出活动,并用于与财政部门在商业银行开设的零余额账户进行清算,实现支付。(　　)

74. 财政收入的集中汇缴是指由征收机关按有关法律法规规定,将所收的应缴收入汇总缴入国库单一账户或预算外资金财政专户。(　　)

☞ 参考答案

一、单项选择题

1. C　2. C　3. A　4. B　5. B　6. D　7. D　8. D　9. B　10. C　11. A　12. C　13. D　14. B　15. C　16. A　17. B　18. A　19. C　20. B　21. D　22. B　23. A

二、多项选择题

1. ABCD　2. BCD　3. BC　4. ABCD　5. ABCD　6. ACD　7. ABD　8. ABCD　9. ABCD　10. ABCD　11. ABCD　12. ABCD　13. ABCD　14. BD　15. ABCD　16. ABD　17. ABCD　18. ABCD　19. ABCD　20. ABCD　21. ABCD　22. ABC　23. BCD　24. ABCD　25. ABCD　26. ABCD　27. ABCD　28. ABCD　29. ABCD　30. ABCD

三、判断题

1. √　2. √　3. ×　4. ×　5. √　6. √　7. √　8. ×　9. √　10. √　11. √　12. ×　13. ×　14. ×　15. √　16. √　17. ×　18. ×　19. √　20. √　21. √　22. ×　23. √　24. ×　25. ×　26. √　27. ×　28. √　29. ×　30. √　31. √　32. √　33. √　34. √　35. √　36. √　37. ×　38. √　39. ×　40. ×　41. √　42. √　43. ×　44. ×　45. ×　46. ×　47. ×　48. √　49. ×　50. ×　51. √　52. √　53. √　54. √　55. √　56. √　57. √　58. ×　59. √　60. ×　61. √　62. √　63. √　64. √　65. √　66. ×　67. √　68. √　69. √　70. √　71. √　72. ×　73. √　74. √

项目五
会计职业道德

学习目标

知识目标:通过本项目的学习,学生能够了解职业道德的内容、会计职业道德的内容、会计职业道德与会计法律制度的联系和区别,以及会计职业道德教育的内容。

能力目标:学生能够遵守会计职业道德规范,了解会计从业人员应具备的职业道德,能够正确区分会计职业道德与会计法律制度的关系。

【情境导入】

《文汇报》2002 年 3 月 15 日报道,地处黄河口的广饶县和利津县同处山东省东营市,相隔不过数十公里,10 年前,两地经济状况还难分伯仲,可如今,广饶人在经济上已经远远走在了前面。前年,广饶县实现工业总产值接近90 亿元,而利津县只有30 亿元。两县工业基础相差无几,发展模式也基本相同,为何会产生如此大的差距?

前些年,适逢我国经济结构调整之际,银行紧缩银根,许多乡镇和地方企业步履艰难。此时,不少地方和企业纷纷刮起了借改制之名逃避金融债务之风。广饶县县委、县政府则要求企业不能借改制逃避金融债务。对那些濒临关停倒闭的企业,从全县信用环境的大局出发,由县政府出面,让一些效益好的大企业先把其债务全部承担落实下来,由政府部门想办法逐步消化。连续 5 年,广饶县金融机构家家赢利。良好的信用环境,使银行敢于向企业贷款。这为广饶县的经济发展提供了强大的金融后盾。

同样的处境,一些利津人却采取了截然不同的措施。从 1995 年起,利津县的一些企业在改制过程中采取母体分离、嫁接改造等形式,“悬空”银行债务,进而又以破产为名,另组建新企业,逃避银行债务。在利津县,有近半数的县属企业存在逃债的行为。这种状况,使银行损失惨重。片面追求短期利益的行为破坏了利津县长期的信用环境。信用根基的动摇与损坏,使利津县的经济发展受到了影响。利津县那些通过逃避债务而得以一时喘息的企业,也因为失去了银行长久的支持,很快再次陷入困境。

任务一　会计职业道德概述

【任务描述】

使学生了解职业道德和会计职业道德的概念和作用,清楚地区分会计职业道德与会计法律制度之间的联系与区别,从而在工作中遵循法律制度,严格职业操守。

【任务分析】

从事会计岗位工作需要熟悉相关的会计法律制度,做到将会计职业道德与会计法律制度相区分。

【知识准备】

会计职业道德与会计法律制度都属于会计人员行为规范的范畴,两者既有联系,也有区别。

一、职业道德的概念和主要内容

(一)职业道德的概念

职业道德的概念有广义和狭义之分。广义的职业道德是指从业人员在职业活动中应该遵循的行为准则,涵盖了从业人员与服务对象、职业与职工、职业与职业之间的关系。狭义的职业道德是指在一定职业活动中应遵循的体现一定职业特征、调整一定职业关系的职业行为准则和规范。不同职业的人员在特定的职业活动中形成了特殊的职业关系,包括职业主体与职业服务对象之间的关系、职业团体之间的关系、同一职业团体内部人与人之间的关系,以及职业劳动者、职业团体与国家之间的关系,等等。为了协调这些复杂的、特殊的社会关系,除了需要政治的、行政的、法律的、经济的规范和手段之外,还需要一种适应职业生活特点的调节职业关系的规范和手段,由此形成了不同职业人员的道德规范,即职业道德。如医生的职业道德是救死扶伤、治病救人、实行人道主义;法官的职业道德是清正廉明、刚直不阿;商人的职业道德是买卖公平、童叟无欺;注册会计师的职业道德是独立、客观、公正;军人的职业道德是服从命令、不怕牺牲。这些职业道德规范用来指导和约束职业行为,以保证职业活动的正常进行。

(二)职业道德的特征

职业道德是道德在职业实践活动中的具体体现,除了具有道德的一般特征之外,还具有以下特征:

1. 职业性(行业性)。职业道德的内容与职业实践活动紧密相连,反映着特定职业活动对从业人员行为的道德要求。所以,职业道德的行业性很强,不具有全社会普遍的适用性。一定的职业道德规范只适用于一定的职业活动领域;有些具体的行业道德规范,只适用于本行业,其他行业就不完全适用,或完全不适用。

2. 实践性。由于职业活动都是具体的实践活动,因此根据职业实践经验概括出来的职业道德规范，具有较强的针对性、实践性，形成条文，它一般以行业公约、工作守则、行为须知、操作规程等具体的规章制度形式，来教育、约束本行业的从业人员，并且公之于众，让行业内外人员（包括服务对象）检查、监督。有的甚至被纳入法律规范，如《中国注册会计师职业道德基本准则》就是以财政部部门规范性文件的形式颁布的，可以直接指导、规范注册会计师的职业活动。

3. 继承性。职业道德作为社会意识形态的一种特殊形式，是受社会经济关系决定的，随着社会经济关系的变化而改变；但是，由于职业首先是与职业活动紧密结合的，所以即使在不同的社会经济发展阶段，因服务对象、服务手段、职业利益、职业责任和义务相对稳定，同样一种职业职业行为的道德要求的核心内容就被继承和发扬下来。因此，职业道德具有较强的相对稳定性和历史继承性的特点。例如，教师“诲人不倦”、医生“救死扶伤”、商人“买卖公平”等道德要求，就在这些行业中世代相传，并且得到不断丰富和发展。

4. 多样性。既然职业道德与具体的职业相联系，而社会上的职业是复杂、多样的，因此有多少种职业就有多少种职业道德。例如，经商有“商德”，行医有“医德”，执教有“师德”，从艺有“艺德”。在同一行业中又有不同的岗位，这些不同的岗位又有更加具体的职业道德要求。而且随着生产力和社会的发展，新兴行业不断产生，与之相适应的职业道德也就层出不穷，职业道德就越来越多样，越来越丰富。

（三）职业道德的作用

1. 促进职业活动的健康进行。职业道德最主要的作用就是通过调节职业关系，维护正常的职业活动秩序。人们在从事的各种职业活动中所涉及的各方都会存在着责、权、利的矛盾和差异，职业道德作为职业行为的规范，用来协调职业关系中的各种矛盾和差异，确保职业活动的正常进行，同时也促进职业活动的健康发展。

2. 对社会道德风尚会产生积极的影响。职业道德是社会道德的一个重要组成部分，职业道德状况对社会道德风尚会产生极大的影响。在我们的现实生活中，人们把商业、交通、医疗、供电、供热等对社会生活影响较大的一些行业和部门形象地比喻为“窗口行业”，这些行业和部门的职业道德水准，直接体现着社会道德风尚的面貌。如果人们都能自觉地遵守各自的职业道德规范，必将会形成良好的社会道德风尚。

（四）职业道德的主要内容

1. 爱岗敬业。爱岗就是热爱自己的工作岗位，热爱本职工作。爱岗是对人们工作态度的一种普遍要求。热爱本职，就是职业工作者以正确的态度对待各种职业劳动，努力培养热爱自己所从事的工作的幸福感、荣誉感。敬业就是用一种严肃的态度对待自己的工作，勤勤恳恳，兢兢业业，忠于职守，尽职尽责。

爱岗与敬业精神是相通的，是相互联系在一起的。爱岗是敬业的基础，敬业是爱岗的具体表现，不爱岗就很难做到敬业，不敬业也很难说是真正的爱岗。爱岗敬业是为人民服务和集体主义精神的具体体现，是社会主义职业道德一切基本规范的基础。

2. 诚实守信。诚实，就是忠诚老实，不讲假话。诚实的人能忠实于事物的本来面目，不歪曲、不篡改事实，同时也不隐瞒自己的真实思想，光明磊落，言语真切，处事实在。诚实的人反对投机取巧，趋炎附势，吹拍逢迎，见风使舵，争功诿过，弄虚作假，口是心非。守信，就是信守诺言，说话算数，讲信誉，重信用，履行自己应承担的义务。

诚实和守信两者意思是相通的，是互相联系在一起的。诚实是守信的基础，守信是诚实的具体表现，不诚实很难做到守信，不守信也很难说是真正的诚实。"诚实"是真实不欺，"守信"也是真实不欺。诚实侧重于对客观事实的反映是真实的，对自己内心的思想、情感的表达也是真实的。守信侧重于对自己应承担、履行的责任和义务的忠实，毫无保留地实践自己的诺言。诚实守信是忠诚老实，信守诺言，是为人处世的一种美德。

3. 办事公道。办事公道是指从业人员在办理事情、处理问题时，要站在公正的立场上，按照同一标准和同一原则办事。

人们生活在世界上，就要与人打交道，就要处理各种关系，这就存在办事是否公道的问题。每个从业人员都有一个办事公道问题。如服务员接待顾客不以貌取人，对不同国籍、不同肤色、不同民族的顾客能一视同仁，同样热情服务，这就是办事公道；售货员对于购买其商品的消费者，无论其购买商品的贵贱，同样周到接待，这就是办事公道。

4. 服务群众。服务群众就是为人民群众服务，时时刻刻为群众着想，急群众之所急，忧群众之所忧，乐群众之所乐。理解服务群众的含义，应注意两个方面：

(1)服务群众是对各级领导及各级领导机关、各级公务员的一种要求。领导干部、各级公务员一定要真心诚意服务于群众，绝不能践踏人民的利益，不能利用人民赋予的权力随心所欲，谋取私利。服务群众是党的群众路线在社会主义职业道德方面的具体表现，也是社会主义职业道德与以往私有制社会职业道德的根本分水岭。

(2)服务群众是对所有从业人员的要求。每个从业人员都是群众中的一员，既是为别人服务的主体，又是别人服务的对象。每个人都有权享受他人的职业服务，同时又承担着为他人提供职业服务的义务。因此，服务群众作为职业道德，不仅仅是对领导及公务员的要求，也是对所有从业人员的要求。

5. 奉献社会。奉献社会，就是全心全意为社会作贡献。奉献就是不计较个人得失，兢兢业业，任劳任怨。一个人不论从事什么行业的工作，不论在什么岗位，都可以做到奉献社会。奉献社会是一种人生境界，是一种融在一生事业中的高尚人格。

奉献社会与爱岗敬业、诚实守信、办事公道、服务群众这四项规范相比较，是职业道德中的最高境界，同时也是做人的最高境界。爱岗敬业、诚实守信是对从业人员的职业行为的基础要求，是首先应当做到的。做不到这两项要求，就很难做好工作。办事公道、服务群众比前两项要求高了一些，需要有一定的道德修养做基础。奉献社会，则是这五项要求中最高的境界。一个人只要达到一心为社会奉献的境界，他的工作就必然能做得很好,这就是全心全意为人民服务了。

【职业技能训练5-1】

职业道德是同人们的(　　)紧密联系的,具有自身职业特征的道德准则、职业行为规范的总和。

A. 道德活动　　B. 职业活动　　C. 经济活动　　D. 政治活动

【答案】B

【解析】职业道德就是同人们的职业活动紧密联系的,具有自身职业特征的道德准则、职业行为规范的总和。

二、会计职业道德

(一)会计职业道德的概念

会计职业道德是指在会计职业活动中应当遵循的体现会计职业特征、调整会计职业关系的职业行为准则和规范。其含义包括以下几个方面:

1. 会计职业道德是调整会计职业活动中各种利益关系的手段。会计工作的性质决定了在会计职业活动中要处理方方面面的经济关系,包括单位与单位、单位与国家、单位与投资者、单位与债权人、单位与职工、单位内部各部门之间及单位与社会公众之间等的经济关系,这些经济关系的实质是经济利益关系。在我国社会主义市场经济中,当各经济主体的利益与国家利益、社会公众利益发生冲突的时候,会计职业道德不允许通过损害国家和社会公众利益来获取违法利益,但允许个人和各经济主体获取合法的自身利益。会计职业道德可以配合国家法律制度,调整职业关系中的经济利益关系,维护正常的经济秩序。

2. 会计职业道德具有相对稳定性。会计是一种专业技术性很强的职业。在其对单位经济事项进行确认、计量、记录和报告中,会计标准的设计、会计政策的制定、会计方法的选择,都必须遵循其内在的客观经济规律和要求。由于人们面对的是共同的客观经济规律,因此,会计职业道德在社会经济关系不断的变迁中,始终保持自己的相对稳定性。在会计职业活动中,诚实守信、客观公正等是对会计人员的普遍要求。没有任何一个社会制度能够容忍虚假会计信息,也没有任何一个经济主体会允许会计人员私自向外界提供或者泄露单位的商业秘密。

3. 会计职业道德具有广泛的社会性。会计职业道德的社会性是由会计职业活动所生成的产品决定的。特别是在所有权和经营权分离的情况下,会计不仅要为政府机构、企业管理层、金融机构等提供符合质量要求的会计信息,而且要为投资者、债权人及社会公众服务,因其服务对象涉及面很广,提供的会计信息是公共产品,所以会计职业道德的优劣将影响国家和社会公众利益。像银广夏、郑百文、蓝田股份等会计造假丑闻就是典型例子,会计造假致使广大股东遭受了巨大的损失,严重干扰了社会正常的经济秩序。

可见，会计信息质量直接影响着社会经济的发展和社会经济秩序的健康运行，会计职业道德必然受社会关注，具有广泛的社会性。

（二）会计职业道德的特征

会计作为社会经济活动中的一种特殊职业，会计职业道德除了具有职业道德的一般特征外，与其他职业道德相比还具有如下特征：

1. 具有一定的强制性。法律是具有强制性的，它要求人们“必须这样或那样做”；而道德一般不具有强制性，它要求人们“应该这样或那样做”。但在我国，会计职业道德和其他道德不一样，许多内容都直接纳入了会计法律制度，如《会计法》、《会计基础工作规范》等都有会计职业道德的相关内容和要求。因此，会计职业道德是一种“思想立法”，它已经超出“应该怎样做”的界限，跨入“必须这样做”的范围。如果不按照“守则”、“准则”、“条例”去做，有的虽谈不上犯罪，但也是违反职业纪律的，更是会计职业道德所不允许的。会计职业道德的这种独特的强制性，是由会计工作在市场经济活动中的特殊地位所决定的。当然，会计职业道德仍然存在许多非强制性内容，而且也在发挥着作用。例如，会计职业道德中的提高技能、强化服务、参与管理、奉献社会等内容虽然是非强制性要求，但其直接影响到专业胜任能力、会计信息质量和会计职业的声誉，也要求会计人员遵守。

2. 较多关注公众利益。会计职业的另一个显著特征是会计职业活动与社会公众利益密切联系。在会计工作中，会计确认、计量、记录和报告的程序、标准和方法，在选择和运用上发生任何变化，都会引起与经济主体有关的各方经济利益受到直接的影响。由于会计人员自身的经济利益往往与其所处的经济主体的利益一致，当经济主体利益与国家利益和社会公众利益出现矛盾时，会计人员的利益指向如果偏向经济主体，那么国家和社会公众的利益就会受损，便产生了会计职业道德危机。因此，会计职业的特殊性，对会计职业道德提出了更高的要求，要求会计人员客观公正，在会计职业活动中，发生道德冲突时要坚持准则，把社会公众利益放在第一位。

（三）会计职业道德的作用

会计职业道德的作用，主要体现在以下几个方面：

1. 会计职业道德是规范会计行为的基础。动机是行为的先导，有什么样的动机就有什么样的行为。会计职业道德对会计人员的行为动机提出了相应的要求，如诚实守信、客观公正等，引导、规劝、约束会计人员树立正确的职业观念，建立良好的职业品行，从而达到规范会计行为的目的。

2. 会计职业道德是实现会计目标的重要保证。从会计职业关系角度讲，会计目标就是为会计职业关系中的各个服务对象提供真实、可靠的会计信息。由于会计职业活动既是技术性的处理过程，同时又涉及对多种经济利益关系的调整。会计目标能否顺利实现，既取决于会计从业人员专业技能水平，也取决于会计从业人员能否严格履行职业行为准则。如果会计从业人员故意或非故意地提供了不真实、不可靠的会计信息，就会导致服务对象的决策失误，甚至导致社会经济秩序混乱。因此，依靠会计职业道德规范约束会计从业者的职业行为，是实现会计目标的重要保证。

3. 会计职业道德是对会计法律制度的重要补充。在现实生活中，人们的很多行为很难由法律作出规定。例如，会计法律只能对会计人员的违法行为作出规定，不宜对他们如何爱岗敬业、诚实守信、提高技能等提出具体要求，但是，如果会计人员缺乏爱岗敬业的热情和态度，缺乏诚实守信的做人准则，没有必要的职业技能，则很难保证会计信息达到真实、完整的法定要求。很显然，会计职业道德是其他会计法律制度所不能替代的。会计职业道德是对会计法律制度的重要补充。

三、会计职业道德与会计法律制度的联系

会计职业道德与会计法律制度有着共同的目标、相同的调整对象，承担着同样的职责，两者联系密切。主要表现在：

1. 两者在作用上相互补充、协调。在规范会计行为时，我们不可能完全依赖会计法律制度的强制功能而排斥会计职业道德的教化功能，会计行为不可能都由会计法律制度进行规范，不需要或不宜由会计法律制度进行规范的行为，可通过会计职业道德规范来实现。同样，那些基本的会计行为必须运用会计法律制度强制规范。

2. 两者在内容上相互渗透、相互重叠。会计法律制度中含有会计职业道德规范的内容，同时，会计职业道德规范中也包含会计法律制度的某些条款。

3. 两者在地位上相互转化、相互吸收。最初的会计职业道德规范就是对会计职业行为约定俗成的基本要求，后来制定的会计法律制度吸收了这些基本要求，便形成了会计法律制度。

总之，会计法律制度和会计职业道德在实施过程中相互作用，会计职业道德是会计法律制度实施的重要社会和思想基础，会计法律制度是促进会计职业道德形成和得以遵守的制度保障。

四、会计职业道德与会计法律制度的区别

会计职业道德与会计法律制度的主要区别表现在：

（一）两者性质不同

会计法律制度反映统治者的意志和愿望，通过国家机器强制执行。

凡违法者，轻者被罚款，重者触犯刑律的则被判刑、失去人身自由乃至失去生命。会计法律制度具有很强的他律性。而会计职业道德并不都代表统治者的意志，很多来自职业习惯和约定俗成。在同一社会里，会计职业道德不是唯一的。会计职业道德依靠会计从业人员的自觉性，自愿地执行，并依靠社会舆论和良心来实现，基本上是非强制执行的，具有很强的自律性。

（二）两者作用范围不同

会计法律制度侧重于调整会计人员的外在行为和结果的合法化，具有较强的客观性。会计职业道德不仅要求调整会计人员的外在行为，还要调整会计人员内在的精神世界，其调节的范围远比法律广泛。会计人员某些错误的行为，只要它还不到触犯会计法律的地步，法律可以不予追究、制裁，但从道德方面来说，却要受到社会舆论的批评、谴责。可以这么说，受到会计职业道德谴责的，不一定受到会计法律的制裁；而受到会计法律制裁的，一般都会受到道德的谴责（某些过失犯罪除外）。

（三）两者表现形式不同

会计法律制度是通过一定的程序由国家立法部门或行政管理部门制定和颁布的，其表现形式是具体的、正式形成文字的成文条款。而会计职业道德源自会计人员的职业生活和职业实践，日积月累，约定俗成。其表现形式既有明确成文的规定，也有不成文的只存在于会计人员内心的意识和信念。即使是那些成文的会计职业道德，与会计法律制度相比，在表现形式上也缺乏具体性和准确性，通常只是指出会计人员应当做或不应当做某种行为的一般原则和要求。

（四）两者实施保障机制不同

会计法律制度由国家强制力保障实施；会计职业道德既有国家法律的相应要求，又需要会计人员自觉的遵守。

（五）两者的评价标准不同

会计法律是以会计人员享有的权利和义务为标准来判定其行为是否违法。会计法律规定会计人员享有一定的权利，如果这种权利遭受侵犯，造成不良后果，那么侵权者就要受到会计法律制裁。会计法律同时规定了会计人员要承担的义务，如果会计人员不尽义务，造成不良后果，同样要受到会计法律的制裁。而会计职业道德则以善恶为标准来判定人们的行为是否违背道德规范。如果一个会计人员的职业行为符合会计职业道德规范，就是善的，就会受到社会舆论的赞扬、鼓励，自己内心也会受到激励；反之，就是恶的、不道德的，就会受到社会舆论的批评、谴责，其内心将是痛苦的，感到内疚不安。一般地说，道德重在确认人们的义务，而不讲权利，即不以谋取个人某种权利作为履行义务的前提和归宿，这点与兼顾权利与义务的法律也是不同的。

【职业技能训练 5－2】

会计法律制度与会计职业道德的相互作用表现在（　　）。

A. 道德是法律的坚实基础　　B. 道德是法律的前提条件

C. 法律是道德的有力保证　　D. 法律是道德的行为规范

【答案】AC

【解析】会计法律制度与会计职业道德的相互作用表现在：会计职业道德是会计法律制度正常运行的社会和思想基础，会计法律制度是促进会计职业道德规范形成和得以遵守的制度保障。

任务二 会计职业道德规范的主要内容

【任务描述】

使学生对会计职业道德的内容有所了解和掌握,并能与所学的会计相关课程的内容相结合,较好地掌握会计职业道德,在工作中遵循相关的职业操守。

【任务分析】

从事会计岗位工作需要熟悉会计职业道德,其中,会计职业道德的内容是重中之重。

【知识准备】

了解会计人员在从事会计工作中必须遵循的职业道德内容。

一、爱岗敬业

(一)爱岗敬业的含义

爱岗敬业指的是忠于职守的事业精神,这是会计职业道德的基础。爱岗就是会计人员应该热爱自己的本职工作,安心于本职岗位,稳定、持久地在会计天地中耕耘,恪尽职守地做好本职工作。敬业就是会计人员应该充分认识本职工作在社会经济活动中的地位和作用,认识本职工作的社会意义和道德价值,具有会计职业的荣誉感和自豪感,在职业活动中具有高度的劳动热情和创造性,以强烈的事业心、责任感,从事会计工作。

爱岗敬业是爱岗与敬业的总称。爱岗和敬业互为前提,相互支持、相辅相成。"爱岗"是"敬业"的基石,"敬业"是"爱岗"的升华。如果会计人员对所从事的会计工作不热爱,工作中就难以做到兢兢业业,就不会主动刻苦钻研业务,更新专业知识,提高业务技能;就不会珍惜会计这份工作,努力维护会计职业的声誉和形象;就无法具备与其职务相适应的业务素质和能力,更谈不上坚持准则、客观公正、文明服务,维护国家和集体的利益,为国家和企业承担责任。反之,如果会计人员虽有热爱会计职业的一腔热情,但没有勤奋踏实的工作作风和忠于职守的实际行动,敬业也就成为一句空话。

(二)爱岗敬业的基本要求

第一,正确认识会计职业,树立职业荣誉感。爱岗敬业精神,自始至终都是以人们对职业的认识程度以及所采取的态度作为行动的指导并体现在实际工作中的。如果会计人员对所从事的会计职业缺乏正确的认识,认为会计不过是简单的"写写算算"、"收收支支"的琐碎工作,或者有"会计难当,职权难用,成绩难见,违纪难免"的想法,就必然会自觉不自觉地把这些意识反映到其工作行动之中,就会表现出"懒"、"惰"、"拖"的不良行为,给会计职业及其声誉造成不良影响。

会计人员只有正确地认识会计本质,明确会计在经济管理工作中的地位和重要性,树立职业荣誉感,才有可能去爱岗敬业。这是做到爱岗敬业的前提,也是首要要求。

第二，热爱会计工作，敬重会计职业。热爱一项工作，首先就意味着对这项工作有一种职业的荣誉感，有自信心和自尊心；其次是对这项工作抱有浓厚的兴趣，把职业生活看成是一种乐趣。于是平凡的、甚至是琐碎的日常工作，就成为生活中不可缺少的内容，并且能在工作中时时感受到它的乐趣。只要人们是根据自己的爱好、兴趣和特长来选择职业，通常都对所选职业充满情感，喜爱这一职业。但是，任何社会、任何时候都难以绝对保证人们所选择的职业是自己满意的。因而，在所从事的职业与自己的兴趣、爱好不一致时，要求人们对其所从事的职业有一个正确的认识态度。如果做了会计，就应该热爱会计工作，敬重会计职业，即使对会计职业并不感兴趣。

在我国各行各业的无数职业道德标兵的先进事迹告诉我们，对自己的工作是否热爱，对自己的岗位是否敬重，是做好本职工作的前提。会计人员只要树立了“干一行爱一行”的思想，就会发现会计职业中的乐趣；只有树立“干一行爱一行”的思想，才会刻苦钻研会计业务技能，才会努力学习会计业务知识，才会发现在会计核算、企业理财领域有许多值得人们去研究探索的东西。有了对本职工作的热爱，就会激发出一种敬业精神，自觉自愿地执行职业道德的各种规范，不断改进自己的工作，在平凡的岗位上作出不平凡的业绩。

第三，安心工作，任劳任怨。安心本职工作，就是以从事会计工作为“乐”，而不是“这山望着那山高”。只有安心本职工作，才能潜下心来“勤学多思，勤问多练”，才能对会计工作中不断出现的新问题去探索和研究，也才能真正做到敬业。任劳任怨，要求会计人员具有不怕吃苦的精神和不计较个人得失的思想境界。会计人员在进行会计事项的处理中，有时会出现两难的境地，当集体利益与职工个人利益或国家利益与单位利益发生冲突时，会计人员如果维护了国家利益或集体利益，就可能不被人们理解甚至抱怨；反之，则会有道德危机。会计职业道德要求会计人员既任劳也任怨。

第四，严肃认真、一丝不苟。从业者对目己本职工作的热爱，必定会体现在对工作所必需的职业技能的态度上，体现在对自己工作成果的追求上，这就是对工作严肃认真、一丝不苟，对技术精益求精。会计工作是一项严肃细致的工作，没有严肃认真的工作态度和一丝不苟的工作作风，就容易出现偏差。对一些损失浪费、违法乱纪的行为和一切不合法不合理的业务开支，要严肃认真地对待，把好费用支出关。严肃认真、一丝不苟的职业作风贯穿于会计工作的始终，不仅要求数字计算准确，手续清楚完备，而且绝不能有“都是熟人不会错”的麻痹思想和“马马虎虎”的工作作风。

第五，忠于职守，尽职尽责。忠于职守，不仅要求会计人员认真地执行岗位规范，而且要求会计人员在各种复杂的情况下，能够抵制各种诱惑，忠实地履行岗位职责。尽职尽责具体表现为会计人员对自己应承担责任和义务所表现出的一种责任感和义务感，这种责任感和义务感包含两方面的内容：一是社会或他人对会计人员规定的责任；二是会计人员对社会或他人所负的道义责任。

在现代经济生活中，会计职业因其所处的环境具有其特殊性，不同的岗位要求承担的责任和义务不尽相同。注册会计师接受单位委托对委托者进行审计、鉴证或咨询，要维护委托人的权益，保守商业秘密，依法出具审计报告。单位内部会计人员不仅要尽职尽责地履行会计职能，客观真实地记录反映服务主体的经济活动状况，负责其资金的有效运作，积极参与经营和决策，而且还应抵制不当的开支，防止有人侵占单位资产，保护财产安全完整。在对单位(或雇主)的忠诚与国家和社会公众利益发生冲突时，会计人员应该忠实于国家、忠实于社会公众，承担起维护国家和社会公众利益的责任。单位会计人员应对外提供有关服务主体真实可靠的会计信息；注册会计师不仅要对委托人负责，更应对广大的信息使用者负责，对被审计单位的财务状况和经营成果作出客观、公允的审计报告。

二、诚实守信

(一)诚实守信的含义

诚实是指言行跟内心思想一致，不弄虚作假、不欺上瞒下，做老实人，说老实话，办老实事。守信就是遵守自己所作出的承诺，讲信用，重信用，信守诺言，保守秘密。诚实守信是做人的基本准则，是人们在古往今来的交往中产生出的最根本的道德规范，也是会计职业道德的精髓。

诚实与守信具有内在的因果联系，一般来说，诚实即为守信，守信就是诚实。有诚无信，道德品质得不到推广和延伸；有信无诚，信就失去了根基，德就失去了依托。诚实必须守信。

中国现代会计学之父潘序伦先生认为，“诚信”是会计职业道德的重要内容。他终身倡导“信以立志，信以守身，信以处事，信以待人，毋忘‘立信’，当必有成”，并将其作为立信会计学校的校训。为突显并倡导会计职业的诚信，潘序伦先生一生的实业，皆冠之以“立信”，如立信会计事务所、立信会计学校、立信会计出版社等。

人无信不立，国无信不强。在现代市场经济社会，“诚信”尤为重要。市场经济是“信用经济”、“契约经济”，注重的就是“诚实守信”。可以说，信用是维护市场经济步入良性发展轨道的前提和基础，是市场经济社会赖以生存的基石。江泽民同志指出：“没有信用，就没有秩序，市场经济就不能健康发展。”朱镕基同志在2001年视察北京国家会计学院时，为北京国家会计学院题词：“诚信为本，操守为重，坚持准则，不做假账。”这是对广大会计人员和注册会计师最基本的要求。

(二)诚实守信的基本要求

第一，做老实人，说老实话，办老实事，不弄虚作假。做老实人，要求会计人员言行一致，表里如一，光明正大。说老实话，要求会计人员说话诚实，是一说一，是二说二，不夸大，不缩小，不隐瞒，如实反映和披露单位经济业务事项。办老实事，要求会计人员工作踏踏实实，不弄虚作假，不欺上瞒下。总之，会计人员应言行一致，实事求是，如实反映单位经济业务活动情况，不为个人和小集团利益，伪造账目，弄虚作假，损害国家和社会公众利益。

近年来，在财政部进行的会计信息质量抽查中，假凭证、假账簿、假报表比较普遍。而虚假信息均是出自单位管理层和会计人员之手，而且一些注册会计师也扮演了不光彩的角色，严重影响了会计职业的社会信誉。会计人员要树立良好的职业形象，就必须恪守诚实守信的基本道德准则。

第二，保密守信，不为利益所诱惑。保密，即保守秘密，是指会计人员在履行自己的职责时，应树立保密观念，做到保守商业秘密，对机密资料不外传、不外泄，守口如瓶。在市场经济中，秘密可以带来经济利益，严守单位的商业秘密是极其重要的，它往往关系到单位的生死存亡。而会计人员因职业特点经常接触到单位和客户的一些秘密，如单位的财务状况、经营情况、成本资料及重要单据、经济合同等。因而，会计人员应依法保守单位秘密，这是会计人员应尽的义务，也是诚实守信的具体体现。

泄密，不仅是一种不道德的行为，也是违法行为，是会计职业的大忌。在没有得到法律规定允许或经单位规定程序批准，会计人员不能以任何借口或方式把单位商业秘密泄露出去。我国有关法律制度对会计人员保守秘密作了相关的规定。如《中华人民共和国注册会计师法》第十九条规定："注册会计师对在执行业务中知悉的商业秘密，负有保密义务。"财政部印发的《会计基础工作规范》第二十三条规定："会计人员应当保守本单位的商业秘密。除法律规定和单位领导人同意外，不能私自向外界提供或者泄露单位的会计信息。"

会计人员如果泄露本单位的商业秘密，不仅会对单位的利益产生威胁，同时也将会损害会计人员自身的形象和利益。一是会计人员是单位里的一分子，泄露单位的商业秘密后会使单位利益受损，单位的损失最终将不同程度地反映到每位员工身上，会计人员因此也会身受其害。二是泄露商业秘密属于违法行为，一旦查出，泄露秘密的会计人员将承担法律责任。三是会计人员泄露商业秘密将对整个会计职业的社会声誉产生负面影响，使会计职业信誉"受到怀疑"，整个行业的利益将会蒙受损失。在这一点上，对注册会计师的影响尤为显著。

会计人员要做到保密守信，就要注意不在工作岗位以外的场所谈论、评价企业的经营状况和财务数据，此外，在日常生活中会计人员也应保持必要的警惕，防止无意泄密。俗话说，说者无意，听者有心。人们在日常交流中经常会对熟知的事情脱口而出，而没有想到后果。为了防止这种情况的发生，会计人员要了解自己所知的信息中，哪些是商业秘密，哪些是无关紧要的事项，以防止无意泄密的情况发生。而且要抵制住各种各样的利益诱惑，绝对不能用商业秘密作为谋利的手段。

三、廉洁自律

（一）廉洁自律的含义

廉洁就是不贪污钱财，不收受贿赂，保持清白。自律是指主体按照一定的标准，自己约束自己、自己控制自己的言行和思想的过程。廉洁自律是会计职业道德的前提，也是会计职业道德的内在要求，这是会计工作的特点决定的。

整天与钱财打交道的会计人员，必须两袖清风，不取不义之财，做到面对金钱不眼红。会计人员只有首先做到自身廉洁，严格约束自己，才能要求别人廉洁，才能理直气壮地阻止或防止别人侵占集体利益，正确行使反映和监督的会计职责，保证各项经济活动正常进行。

自律的核心就是用道德观念自觉地抵制自己的不良欲望。一个能自律的人，能保持清醒的头脑，把持住自我不迷失方向；而不能自律的人则头脑昏昏，丧失警惕，终将成为权、财的奴隶。在我们身边这方面事例有很多。惩治腐败，打击会计职业活动中的各种违法活动和违反职业道德的行为，除了要靠法制手段，建立和完善法律外，会计人员严格自律，防微杜渐，构筑思想道德防线，也是防止腐败和不道德行为的有效手段。

廉洁是自律的基础，而自律是廉洁的保证。自律性不强就很难做到廉洁，不廉洁就谈不上自律。"吃了人家的嘴软，拿了人家的手短"。会计人员必须既廉洁又自律，二者不可偏废。

（二）廉洁自律的基本要求

第一，树立正确的人生观和价值观。廉洁自律，首先要求会计人员必须加强世界观的改造，树立正确的人生观和价值观。人生观是人们对人生的目的和意义的总的观点和看法。价值观是指人们对于价值的根本观点和看法，它是世界观的一个重要组成部分，包括对价值的本质、功能、创造、认识、实现等有关价值的一系列问题的基本观点和看法。会计人员应以马克思主义、毛泽东思想、邓小平理论、"三个代表"重要思想为指导，树立科学的人生观和价值观，自觉抵制享乐主义、个人主义、拜金主义等错误的思想，这是在会计工作中做到廉洁自律的思想基础。

第二，公私分明，不贪不占。公私分明就是指严格划分公与私的界线，公是公，私是私。如果公私分明，就能够廉洁奉公，一尘不染，做到"常在河边走，就是不湿鞋"。如果公私不分，就会出现以权谋私的腐败现象，甚至出现违法违纪行为。

廉洁自律的天敌就是"贪"、"欲"。在会计工作中，由于大量的钱财要经过会计人员之手，因此，很容易诱发会计人员的"贪"、"欲"。一些会计人员贪图金钱和物质上的享受，利用职务之便，自觉或不自觉地行"贪"。有的被动受贿，有的主动索贿，有的贪污、挪用公款，有的监守自盗，有的集体贪污。究其根本原因是这些会计人员忽视了世界观的自我改造，放松了道德的自我修养，弱化了职业道德的自律。

第三，遵纪守法，尽职尽责。遵纪守法，正确处理会计职业权利与职业义务的关系，增强抵制行业不正之风的能力，是会计人员廉洁自律的又一个基本要求。会计人员的权利和义务在《中华人民共和国会计法》中作出了明确规定。会计人员不仅要遵纪守法，不违法乱纪、以权谋私，做到廉洁自律；而且要敢于、善于运用法律所赋予的权利，尽职尽责，勇于承担职业责任，履行职业义务，保证廉洁自律。

四、客观公正

（一）客观公正的含义

客观是指按事物的本来面目去反映，不掺杂个人的主观意愿，也不为他人意见所左右。公正就是平等、公平、正直，没有偏失。但公正是相对的，世上没有绝对的公正。客观公正是会计职业道德所追求的理想目标。

对于会计职业活动而言，客观主要包括两层含义：一是真实性，即以实际发生的经济活动为依据，对会计事项进行确认、计量、记录和报告；二是可靠性，即会计核算要准确，记录要可靠，凭证要合法。

在会计职业活动中，由于涉及到对多方利益的协调处理，因此，公正就是要求各企事业单位管理层和会计人员不仅应当具备诚实的品质，而且应公正地开展会计核算和会计监督工作，即在履行会计职能时，摒弃单位、个人私利，公平公正，不偏不倚地对待相关利益各方。注册会计师在进行审计鉴证时，应以超然独立的姿态，进行公平公正的判断和评价，出具客观、适当的审计意见。

客观是公正的基础，公正是客观的反映。要达到公正，仅仅做到客观是不够的。公正不仅仅指诚实、真实、可靠，还包括作出公正选择。这种选择尽管是建立在客观的基础之上，还需要在主观上作出公平合理的选择。是否公平、合理，既取决于客观的选择标准，也取决于选择者的道德品质和职业态度。

（二）客观公正的基本要求

第一，端正态度。坚持客观公正原则的基础是会计人员的态度、专业知识和专业技能。没有客观公正的态度，不可能尊重事实。有了正确的态度之后，没有扎实的理论功底和较高的专业技能，工作也会出现失误，感到力不从心。

第二，依法办事。依法办事，认真遵守法律法规，是会计工作保证客观公正的前提。当会计人员有了端正的态度和专业知识技能之后，必须依据《会计法》、《企业会计准则》、《企业会计制度》等法律、法规和制度的规定进行会计业务处理，并对复杂疑难的经济业务，作出客观的会计职业判断。总之，只有熟练掌握并严格遵守会计法律法规，才能客观公正地处理会计业务。

第三，实事求是，不偏不倚。社会经济是复杂多变的，会计法律制度不可能对所有的经济事项作出规范，那么会计人员对经济事项的职业判断，就可能会出现偏差。因此，客观公正是会计工作和会计人员追求的目标，通过不断提高专业技能，正确理解、把握并严格执行会计准则、制度，不断消除非客观、非公正因素的影响，做到最大限度的客观公正。

在实际生活中，要做到“客观公正”，最根本的是要有“实事求是”的科学态度。没有实事求是的严谨态度，主观地、片面地、表面地看问题，就无法做到“情况明”，也就无法根据客观情况来公正地处理问题。即使主观上想“客观公正”，客观上也无从实现。

客观公正应贯穿于会计活动的整个过程，一是指在处理会计业务的过程中或进行职业判断时，应保持客观公正的态度，实事求是、不偏不倚；二是指会计人员对经济业务的处理结果是公正的。例如，某人因公出差丢失了报销用的车票，在业务处理时，不能因为无报销凭证就不报销，也不能随意报销，而要求出差人员办理各种合法合理的证明手续后，才予以报销，即最终结果是客观公正地进行会计处理。不报销或随意报销，都是不客观公正的。总之，会计核算过程的客观公正和最终结果的客观公正都是十分重要的，没有客观公正的会计核算过程作为保证，结果的客观公正性就难以保证；没有客观公正的结果，业务操作过程的客观公正就没有意义。

注册会计师的职业特征是维护国家和社会公众利益。注册会计师在进行职业判断时，将会涉及多方的利益，在处理这些复杂的利益关系时，绝不能采取折中的态度和方法。注册会计师应始终站在第三者的独立立场上，不偏不倚地对待有关利益各方，不以牺牲一方利益为条件而使另一方受益，超然独立地对企业遵守会计准则、制度的具体情况进行客观公正的评价并作出恰当的审计意见。只有这样，财务会计报告的使用者才能确定企业财务会计报告的可信度，并作出适当的投资决策或信贷决策。

第四，保持独立性。客观公正是会计职业者的一种工作态度，它要求会计人员对会计业务的处理、会计政策和会计方法的选择，以及财务会计报告的编制、披露和评价，必须独立进行职业判断，做到客观、公平、理智、诚实。

保持独立性，对于注册会计师行业尤为重要。由于工作关系和经济利益等问题，决定了单位会计人员在形式上或实质上都难以保证绝对的独立性。所以这里所说的独立性主要是指注册会计师在执行审计业务的过程中，与相关利益当事人应保持独立。独立是客观、公正的基础，也是注册会计师行业存在的基础。

注册会计师保持其独立性应当做到以下两点：

一是注册会计师应当回避可能影响独立性的审计事项，实现形式上的独立。注册会计师在履行其职责时，保持独立性固然十分重要，但财务报表的使用者对这种独立性的信任也很重要。如果审计人员在执业过程中实质上是独立的，但财务报表的使用者认为他们是客户的辩护人，则审计职业的大部分价值将随之丧失。

二是注册会计师应当恪守职业良心，保持实质上的独立。形式上独立是实质上独立的必要条件，形式上不独立，就不能保证实质上独立，而形式上独立也不一定能够保持实质上独立。注册会计师更重要的是保持实质上的独立。

五、坚持准则

（一）坚持准则的含义

坚持准则是指会计人员在处理业务过程中，要严格按照会计法律制度办事，不为主观或他人意志所左右。这里所说的“准则”不仅指会计准则，而且包括会计法律、法规、国家统一的会计制度以及其他与会计工作相关的法律制度。坚持准则是会计职业道德的核心。

会计人员在进行核算和监督的过程中，只有坚持准则，才能以准则作为自己的行动指南，在发生道德冲突时，应坚持准则，以维护国家利益、社会公众利益和正常的经济秩序。注册会计师在进行审计业务时，应严格按照独立审计准则的有关要求和国家统一会计制度的规定，出具客观公正的审计报告。

现实生活中经常会出现单位、社会公众和国家利益发生冲突的情况。面对不同的情况会计人员应如何处理，国际会计师联合会发布的《职业会计师道德守则》提出了如下建议：第一，遇到严重的职业道德问题时，职业会计师首先应遵循所在组织的已有政策加以解决；如果这些政策不能解决道德冲突，则可私下向独立的咨询师或会计职业团体寻求建议，以便采取可能的行动步骤。

第二，若自己无法独立解决，可与最直接的上级一起研究解决这种冲突的办法。

第三，若仍无法解决，则在通知直接上级的情况下，可请教更高一级的管理层。若有迹象表明，上级已卷入这种冲突，职业会计师必须和更高一级的管理当局商讨该问题。

第四，如果在经过内部所有各级审议之后道德冲突仍然存在，那么对于一些重大问题，如舞弊，职业会计师可能没有其他选择。作为最后手段，他只能辞职，并向该组织的适当代表提交一份信息备忘录。

国际会计师联合会发布的《职业会计师道德守则》中提出的道德冲突的解决途径值得借鉴。我国会计人员如果遇到道德冲突时，首先要对发生的事件作出是非判断，如涉及严重的道德冲突时，应维护国家和社会公众利益。

（二）坚持准则的基本要求

第一，熟悉准则。熟悉准则是指会计人员应了解和掌握《会计法》和国家统一的会计制度及与会计相关的法律制度，这是遵循准则、坚持准则的前提。只有熟悉准则，才能按准则办事，才能遵纪守法，才能保证会计信息的真实性、完整性。

第二，遵循准则。遵循准则即执行准则。准则是会计人员开展会计工作的外在标准和参照物。会计人员在会计核算和监督时要自觉地严格遵守各项准则，将单位具体的经济业务事项与准则相对照，先作出是否合法合规的判断，对不合法的经济业务不予受理。在实际工作中，由于经济的发展和社会环境的变化，会计业务日趋复杂，因而准则规范的内容也会不断变化和完善。这就要求会计人员不仅要经常学习、掌握准则的最新变化，了解本部门、本单位的实际情况,准确地理解和执行准则,还要在面对经济活动中出现的新情况、新问题以及准则未涉及的经济业务或事项时,通过运用所掌握的会计专业理论和技能,作出客观的职业判断,予以妥善处理。

第三,坚持准则。市场经济是利益经济。在会计工作中,各种利益的交织,常常引起会计人员道德上的冲突。如果会计人员为了自己的个人利益不受影响,放弃原则,做"老好人",就会使会计工作严重偏离准则,会计信息的真实性、完整性就无法保证,作为会计人员,也应当承担相应责任。如果会计人员坚持准则,往往会受到单位负责人和其他方面的阻挠、刁难甚至打击报复。

为了切实维护会计人员的合法权益,《会计法》强化了单位负责人对单位会计工作的法律责任,赋予了会计人员相应的权利,改善了会计人员的职业环境。会计人员应认真执行国家统一的会计制度,依法发行会计监督职责,发生道德冲突时,应坚持准则,对法律负责,对国家和社会公众负责,敢于同违反会计法律法规和财务制度的现象作斗争,确保会计信息的真实性和完整性。

六、提高技能

(一)提高技能的含义

会计人员是会计工作的主体。会计工作质量的好坏,一方面受会计人员职业技能水平的影响;另一方面受会计人员道德品行的影响。会计人员的道德品行是会计职业道德的根本和核心,会计人员的职业技能水平是会计人员职业道德水平的保证。会计工作是一门专业性和技术性很强的工作,从业人员必须"具备一定的会计专业知识和技能",才能胜任会计工作。作为一名会计工作者必须不断地提高其职业技能,这既是会计人员的义务,也是在职业活动中做到客观公正、坚持准则的基础,是参与管理的前提。

职业技能,也可称为职业能力,是人们进行职业活动、承担职业责任的能力和手段。就会计职业而言,职业技能包括会计理论水平、会计实务操作能力、职业判断能力、自动更新知识能力、提供会计信息的能力、沟通交流能力以及职业经验等。提高技能就是指会计人员通过学习、培训和实践等途径,持续提高上述职业技能,以达到和维持足够的专业胜任能力的活动。遵守会计职业道德客观上需要不断提高会计职业技能。

会计人员在对会计事项进行确认、计量、记录和报告以及对单位内部会计控制制度设计中等都需要有扎实的理论功底和丰富的实践经验;在进行具体业务处理时对会计处理方法的选择、会计估计的变更、会计信息电算化的处理、网络化传输等都是技术性很强的工作。没有娴熟的专业技能,是无法开展会计工作、履行会计职责的。特别是我国加入世界贸易组织以后,中国经济逐渐融入全球经济体系,要求会计准则、会计制度与国际会计惯例充分协调,需要会计人员不断地学习新的会计理论和新的准则制度,熟悉和掌握新的法律法规。会计人员只有不断地学习,才能保持持续的专业胜任能力、职业判断能力和交流沟通能力，不断地提高会计专业技能，以适应我国深化会计改革和会计国际化的要求。

（二）提高技能的基本要求

第一，具有不断提高会计专业技能的意识和愿望。随着市场经济的发展、全球经济一体化以及科学技术日新月异，会计在经济发展中的作用越来越明显，对会计的要求也越来越高，会计人才的竞争也越来越激烈。会计人员要想生存和发展，就必须具有不断提高会计专业技能的意识和愿望，才能不断进取，才会主动地求知、求学，刻苦钻研，使自身的专业技能不断提高，使自己的知识不断更新，从而掌握过硬的本领，在会计人才的竞争中立于不败之地。

第二，具有勤学苦练的精神和科学的学习方法。专业技能的提高和学习不可能是一劳永逸之事，必须持之以恒，不间断地学习、充实和提高，“活到老学到老”。只有锲而不舍地学习，同时掌握科学的学习方法，在学中思，在思中学，在实践中不断锤炼，才能不断地提高自己的业务水平，才能推动会计工作和会计职业的发展，以适应不断变化的新形势和新情况的需要。

谦虚好学、刻苦钻研、锲而不舍，是练就高超的专业技术和过硬本领的唯一途径，也是衡量会计人员职业道德水准高低的重要标志之一。

七、参与管理

（一）参与管理的含义

参与管理简单地讲就是参加管理活动，为管理者当参谋，为管理活动服务。会计管理是企业管理的重要组成部分，在企业管理中具有十分重要的作用。但会计工作的性质决定了会计在企业管理活动中，更多的是从事间接管理活动。参与管理就是要求会计人员积极主动地向单位领导反映本单位的财务、经营状况及存在的问题，主动提出合理化建议，积极地参与市场调研和预测，参与决策方案的制订和选择，参与决策的执行、检查和监督，为领导的经营管理和决策活动，当好助手和参谋。如果没有会计人员的积极参与，企业的经营管理就会出现问题，决策就可能出现失误。会计人员特别是会计部门的负责人，必须强化自己参与管理、当好参谋的角色意识和责任意识。

（二）参与管理的基本要求

第一，努力钻研业务，熟悉财经法规和相关制度，提高业务技能，为参与管理打下坚实的基础。

娴熟的业务，精湛的技能，是会计人员参与管理的前提。会计人员只有努力钻研业务，不断提高业务技能，深刻领会财经法规和相关制度，才能有效地参与管理，为改善经营管理，提高经济效益服务。钻研业务、提高技能，首先要求会计人员有扎实的基本功，掌握会计的基本理论、基本方法和基本技能，做好会计核算的各项基础性工作，确保会计信息真实、完整。其次,要充分利用掌握的大量会计信息,运用各种管理分析方法,对单位的经营管理活动进行分析、预测,找出经营管理中的问题和薄弱环节,提出改进意见和措施,把管理结合在日常工作之中,从而使会计的事后反映变为事前的预测和事中的控制,真正起到当家理财的作用,成为决策层的参谋助手。

第二,熟悉服务对象的经营活动和业务流程,使管理活动更具针对性和有效性。会计人员应当了解本单位的整体情况,特别是要熟悉本单位的生产经营、业务流程和管理情况,掌握单位的生产经营能力、技术设备条件、产品市场及资源状况等。只有如此,才能充分利用会计工作的优势,更好地满足经营管理的需要,才能在参与管理的活动中有针对性地拟订可行性方案,从而提高经营决策的合理性和科学性,更有效地服务于单位的总体发展目标。

八、强化服务

(一)强化服务的含义

强化服务就是要求会计人员具有文明的服务态度、强烈的服务意识和优良的服务质量。服务态度是服务者的行为表现,“文明服务,以礼待人”,不仅仅是对服务行业提出的道德要求,而是对所有职业活动提出的道德要求。在我们的社会生活中,各岗位上的就业者都处于服务他人和接受他人服务的地位。在服务他人的过程中,人们在承担对他人的责任和义务的同时,也接受着他人的服务。

会计工作虽不能说是“窗口行业”,但其工作涉及面广,又往往需要服务对象和其他部门的协作及配合,而且会计工作的政策性又很强,在工作交往和处理业务过程中,容易同其他部门及服务对象发生利益冲突或意见分歧。因此,会计人员待人处世的态度直接关系到工作能否顺利开展和工作的成效。这就要求会计人员不仅要有热情、耐心、诚恳的工作态度,待人平等礼貌,而且遇到问题要以商量的口吻,充分尊重服务对象和其他部门的意见,做到大事讲原则,小事讲风格,沟通讲策略,用语讲准确,建议看场合。

强化服务的结果,就是奉献社会。任何职业的利益、职业劳动者个人的利益都必须服从社会的利益、国家的利益。如果说爱岗敬业是职业道德的出发点,那么,强化服务、奉献社会就是职业道德的归宿点。

(二)强化服务的基本要求

第一,强化服务意识。会计人员要树立强烈的服务意识,为管理者服务、为所有者服务、为社会公众服务、为人民服务。不论服务对象的地位高低,都要摆正自己的工作位置,管钱管账是自己的工作职责,参与管理是自己的义务。只有树立了强烈的服务意识,才能做好会计工作,履行会计职能,为单位和社会经济的发展作出应有的贡献。

第二,提高服务质量。强化服务的关键是提高服务质量。单位会计人员的服务质量表现在,是否真实地记录单位的经济活动,向有关方面提供可靠的会计信息,是否积极主动地向单位领导反映经营活动情况和存在的问题，提出合理化建议，协助领导决策，参与经营管理活动。注册会计师的服务质量表现在，是否以客观、公正的态度正确评价委托单位的财务状况、经营成果，出具恰当的审计报告，为社会公众及信息使用者服好务。

需要注意的是，在会计工作中提供上乘的服务质量，并非是无原则地满足服务主体的需要，而是在坚持原则、坚持准则的基础上尽量满足用户或服务主体的需要。

【职业技能训练5-3】

会计人员实事求是地反映企业的经济业务是(　　)道德规范的基本要求。

A. 文明服务　　B. 廉洁自律　　C. 坚持准则　　D. 诚实守信

【答案】D

【解析】诚实守信要求会计人员做老实人，说老实话，办老实事，执业谨慎，信誉至上，不为利益所诱惑，不弄虚作假，不泄露秘密。

【职业技能训练5-4】

"常在河边走，就是不湿鞋"，这句话体现的会计职业道德规范内容是(　　)。

A. 参与管理　　B. 廉洁自律　　C. 提高技能　　D. 强化服务

【答案】B

【解析】廉洁自律要求会计人员公私分明、不贪不占、遵纪守法、清正廉洁。"常在河边走，就是不湿鞋"正体现了这一会计职业道德规范。

任务三　会计职业道德教育

【任务描述】

使学生对我国现行的会计职业道德教育内容有所了解和掌握。

【任务分析】

熟悉会计职业道德教育形式，了解会计职业道德教育内容。

【知识准备】

实现以诚信为核心的会计职业道德目标，必须要多管齐下，开展全方位、多形式、多渠道的会计职业道德教育，从而逐步培养会计人员的会计职业道德情感，树立会计职业道德观念，提高会计职业道德水平，使会计职业健康发展。

一、会计职业道德教育形式

会计职业道德教育的主要形式包括接受教育和自我教育。

(一)接受教育

接受教育即外在教育，是指通过学校或培训单位对会计从业人员进行以职业责任、职业义务为核心内容的正面灌输，以规范其职业行为，维护国家和社会公众利益的教育。接受教育具有导向作用，行业部门或行业协会通常是职业道德教育的组织者，由其对从业人员开展正面职业道德教育和灌输。接受教育是一种被动学习、被动接受教育。

（二）自我教育

自我教育是内在教育，是会计从业人员自我学习、自我改造，提高自身职业道德修养的行为活动。自我教育是把外在的职业道德的要求，逐步转变为会计从业人员内在的职业道德情感、职业道德意志和职业道德信念。要大力提倡和引导会计人员自我教育，在社会实践中不断地加强职业道德修养，养成良好的道德行为，从而实现道德境界的升华。

二、会计职业道德教育内容

（一）会计职业道德观念教育

会计职业道德观念教育就是在社会上广泛宣传会计职业道德基本常识，使广大会计人员懂得什么是会计职业道德，了解会计职业道德对社会经济秩序、会计信息质量的影响，以及违反会计职业道德将受到的惩戒和处罚，并利用广播电视、报纸杂志等媒介，表彰坚持原则、德才兼备的会计人员，鞭笞违法违纪的会计行为，形成遵守职业道德光荣，违反职业道德可耻的社会氛围。

（二）会计职业道德规范教育

会计职业道德规范教育就是指对会计人员开展以会计职业道德规范为内容的教育。会计职业道德规范的主要内容包括爱岗敬业、诚实守信、廉洁自律、客观公正、坚持准则、提高技能、参与管理和强化服务等。这是会计职业道德教育的核心内容，应贯穿于会计职业道德教育的始终。

（三）会计职业道德警示教育

会计职业道德警示教育就是指通过开展对违反会计职业道德行为和违法会计行为典型案例的讨论和剖析，给会计人员以启发和警示，从而提高会计人员的法律意识和会计职业道德观念，提高会计人员辨别是非的能力。

（四）其他与会计职业道德相关的教育

其他与会计职业道德相关的教育包括形势教育、品德教育、法制教育等。

三、会计职业道德教育途径

（一）岗前职业道德教育

岗前职业道德教育是指对将要从事会计职业的人员进行的道德教育，包括会计专业学历教育及获取会计从业资格中的职业道德教育。教育的侧重点应放在职业观念、职业情感及职业规范等方面。

1. 会计学历教育中的职业道德教育。《公民道德建设实施纲要》中指出："学校是进行系统道德教育的重要阵地。各级各类学校必须认真贯彻党的教育方针，全面推进素质教育，把教书和育人紧密结合起来。"我国大专院校是培养各类专门人才的基地，其中就读会计类专业的学生，是会计队伍的预备人员，他们当中大部分将走入会计队伍，从事会计工作。会计学历教育的阶段是他们的会计职业情感、道德观念和是非善恶判断标准初步形成的时期,所以会计专业类大专院校是会计职业道德教育的重要阵地,是会计人员岗前道德教育的主要场所,在会计职业道德教育中具有基础性地位。据统计,我国每年有10万名左右的大中专毕业生进入会计队伍的行列。为保证进入到会计队伍的新鲜血液具有良好的职业道德观念,会计职业道德教育必须从会计学历教育抓起。

2. 获取会计从业资格中的职业道德教育。在我国,根据财政部门的有关规定,从事会计工作必须持证上岗。对于要从事会计工作的从业人员来说,必须通过考试取得会计从业资格。为了使有望从事会计职业的人员在进入会计岗位时具备一定的会计职业道德,财政部在会计从业资格考试科目中增加了"财经法规与会计职业道德"。我国注册会计师资格"审计"科目的考试中,也加入了注册会计师职业规范体系和注册会计师法律责任的内容。这就是说,从事会计工作就要接受必要的会计职业道德教育。

(二)岗位职业道德继续教育

继续教育是指从业人员在完成某一阶段的工作和学习后,重新接受一定形式的有组织的、知识更新的教育和培训活动。会计人员继续教育是强化会计职业道德教育的有效形式。

会计职业道德教育应贯穿于整个会计人员继续教育的始终。在职业道德的继续教育中应体现出社会经济的发展变化对道德的要求,也就是说,在不同的阶段,职业道德教育的侧重点应有所不同。就现阶段而言,会计人员继续教育中的会计职业道德教育目标是适应新的市场经济形势的发展变化,在不断更新、补充、拓展会计人员业务能力的同时,使其政治素质、职业道德水平不断提高,具体包括以下内容:

1. 形势教育。教育的重点是要贯彻"以德治国"重要思想和"诚信为本,操守为重,坚持准则,不做假账"的指示精神,进一步全面、系统地加强会计职业道德培训,提高广大会计人员的政治水平和思想道德意识。

2. 品德教育。教育的重点是引导会计人员自觉地用会计职业道德规范指导和约束自身的行为,提高职业道德自律能力,最终形成良好的、稳定的道德品行。

3. 法制教育。教育的重点是引导会计人员熟悉并了解不同历史时期的会计法律法规政策,学会运用法律的手段处理会计事务。

(三)会计职业道德的自我教育与修养

1. 自我教育

自我教育是会计职业道德教育的一种重要形式,是会计职业道德的作用得以顺利实现的重要环节。自我教育有利于培养会计职业道德情感,锻炼会计职业道德意志,树立会计职业道德信念,养成良好的会计职业道德行为,从而凝结成会计职业道德品质。

(1) 自我教育的内容。

第一,职业义务教育。会计职业客观上要求会计人员承担起本职工作对社会和国家的道德使命与职责。会计人员自我教育的目的,就在于提高会计人员对本职工作社会责任的认识,使会计人员具有强烈的职业义务感,能做到在没有社会舆论压力、没有他人监督的情况下,很好地履行自己应尽的职业义务。

第二,职业荣誉教育。职业荣誉教育就是通过会计实践活动,使会计人员充分认识到本职工作在社会经济活动中的重要社会地位和真正的职业价值,从而逐步形成对自己所从事职业的光荣感、自豪感、幸福感。

第三,职业节操教育。节操,也叫志气、气节。会计职业节操,就是不畏压力、不为利诱,在任何时候、任何情况下都要诚信为本,坚持准则,廉洁自律,严格把关,尽职尽责,一尘不染。

(2)自我教育的方法。要达到会计人员职业道德自我教育的目的,需要借助正确的自我教育方法。

第一,自我解剖法。自我解剖法就是会计人员对自己所做的会计工作要进行自我批评、自我解剖,用会计职业道德这面镜子对照检查,认真找出自己的缺点、差距,并通过主观努力来加以改正,使自己的行为纳入职业道德规范和要求的轨道,用自我批评的方法来加强自身的职业道德修养,同时要虚心听取别人的意见。对待别人的批评,要态度诚恳,虚心接受。

第二,自重自省法。自重自省法就是会计人员通过注意自己的言行,反省自己的缺点,不断摒除杂念,严于自我剖析,敢于做到是非观、价值观、知行观的自我斗争,逐步树立起正确的道德观念,培养高尚的道德品质,提高自己的精神境界。

第三,自警自励法。自警就是要随时警醒、告诫自己,要警钟长鸣,防止各种不良思想对自己的侵袭。自励就是要以崇高的会计职业道德理想、信念激励自己、教育自己。经常用会计职业道德规范这把标尺,认真度量自己在职业实践中的一切言行,树立起正确的会计职业道德观。

第四,自律慎独法。慎独就是在单独处事、无人监督时,仍能坚持道德准则,不做任何对国家、对社会、对他人不道德的事情。慎独,既是一种道德修养方法,又是一种很高的道德境界。通过自我约束、自我监督,可以更好地培养、锻炼坚强的职业道德信念和意志。慎独的最基本特征是以高度自觉性为前提,要求会计人员在独立工作、无人监督的环境下,也能够严格按照会计职业道德规范行事。

2. 会计职业道德修养

(1)会计职业道德修养的概念。良好的会计职业道德的形成,离不开职业道德的教育与灌输。教育灌输使会计从业人员将会计职业规范看作是外在的、不受内心支配的东西,而被动地去遵守、服从。教育灌输并不必然使道德规范这种外在要求转化为从业人员的内在要求,也难以让人们自觉地产生符合道德要求的道德行为和道德情感。因此,要达到职业道德的更高境界,就应该向以职业良心为特征的自律型职业道德发展。职业良心是对职业责任的自觉意识,是认识和情感、意志和信念的统一,它不仅会使从业人员表现出强烈的道德责任感,而且能够使其自觉地依据一定的职业道德原则和规范选择和决定其职业行为,这种发自内心的巨大精神动力,在从业人员的职业活动中起主导作用。实施这种转换的途径,就是要开展会计人员的职业道德修养。

会计职业道德修养是指会计人员在会计职业活动中,按照会计职业道德的基本要求,在自身道德品质方面进行的自我教育、自我改造、自我锻炼、自我提高,从而达到一定的职业道德境界。

会计职业道德修养要求会计人员学习职业道德的知识,培养自己的职业情感,在履行义务时,克服困难障碍,磨炼职业道德意志,树立坚定的职业道德信念。职业道德修养的最终目的,在于把职业道德原则和规范逐步转化为自己的职业道德品质,从而将职业实践中对职业道德的意识、情感和信念上升为职业道德习惯,使其贯穿于职业活动的始终。此时,会计人员对职业道德规范的遵守,已成为自己的职业本能。

会计职业道德修养和会计职业道德教育是相辅相成的两个方面。在我国经济体制转型期间,先进与落后的道德思想并存,因此,必须通过教育、灌输和培养,以使先进的道德思想发扬光大。而道德觉悟和道德境界的形成,最终必须通过自我修养和自我改造,甚至要经过一个非常复杂的自我磨炼过程。因此,会计职业道德教育是外因,会计职业道德修养是内因,职业道德原则和规范转化为会计人员的职业道德品质和行为,是一个内外结合、外因通过内因起作用的过程。所以,在我国的会计职业道德体系的建设中,对职业道德教育和职业道德修养要齐抓共建。

(2)会计职业道德修养的途径。高尚的会计职业品德的形成,不是一蹴而就的,而是刻苦进行道德修养的结果。会计职业道德修养,虽然是道德品质和思想素质方面的自我锻炼,但绝非指“闭门思过”,我们所说的修养,是在社会实践中的自我锻炼。

在会计职业活动中,会计人员会遇到各种利益关系和人际关系的协调处理,有成功的经验,也有失败的教训,这就需要加强意志的修养;在会计职业活动中,会计人员还会遇到现实的义利关系、理欲关系,要抵制社会各种不良风气和错误思潮的侵袭,就需要加强品质的修养;在会计职业活动中,会计人员为了更好地与职业对象打交道,还要注意自身形象的修养。总之,会计职业道德修养一刻也离不开社会实践,只有在社会实践中不断磨炼,才能不断提高会计职业道德修养。

(3)会计职业道德修养的境界和方法。

第一,慎独。会计职业道德修养的最高境界在于做到慎独,即在一个人单独处事、无人监督的情况下,也应该自觉地按照道德准则去办事。慎独的前提是有坚定的职业信念和职业良心。会计职业道德修养讲慎独,就是要求每个会计人员严格要求自己,在履行职责时自律谨慎,不管财经法规、制度是否有漏洞,也不管是否有人监督,单位管理是否严格,都按照职业道德的要求去办。

第二,慎欲。慎欲就是指用正当的手段获得物质利益。会计人员做到慎欲,一是要把国家、社会公众和集体利益放在首位,在追求自身利益的时候,不损害国家和他人利益;二是做到节欲,对利益的追求要适度适当,要合理合法,反对用不正当手段达到利己的目的。

第三,慎微。慎微就是指在微处、小处自律,从微处、小处着眼,积小善成大德。慎微,首先要求从微处自律,俗话说"千里之堤,溃于蚁穴";其次要求从小事着手,从一点一滴的小事做起,日积月累,就能获得良好的信誉。

第四,慎省。慎省就是认真自省,通过自我反思、自我解剖、自我总结而发扬长处、克服短处,不断地自我升华、自我超越。

【职业技能训练5-5】

我国目前会计职业道德教育的途径主要包括(　　)。

A. 会计学历教育　　B. 会计继续教育

C. 财政部监督检查　　D. 会计人员的自我教育与修养

【答案】ABD

【解析】会计职业道德教育途径主要包括:(1)通过会计学历教育进行会计职业道德教育;(2)通过会计继续教育进行会计职业道德教育;(3)通过会计人员的自我教育与修养进行会计职业道德教育。

【职业技能训练5-6】

在会计人员继续教育中,会计职业道德教育主要内容为(　　)。

A. 形势教育　　B. 自我教育　　C. 品德教育　　D. 法制教育

【答案】ACD

【解析】在会计人员继续教育中,会计职业道德教育主要内容为形势教育、品德教育和法制教育。

任务四　会计职业道德建设组织与实施

【任务描述】

使学生了解各部门推进会计职业道德建设有效的实施途径和实现形式。

【任务分析】

了解财政部门、会计职业组织以及企业等社会各界对于会计职业道德的重视。

【知识准备】

会计职业道德建设是一项复杂的系统工程,要抓好会计职业道德建设,关键在于加强和改善会计职业道德建设的组织和领导,并得到切实贯彻和实施。

一、财政部门组织和推动会计职业道德建设，依法行政，探索会计职业道德建设的有效途径和实现形式

会计职业道德建设是会计管理工作的重要组成部分，作为会计工作主管部门的各级财政部门，应当将会计职业道德建设纳入重要议事日程，负起组织和推动本地区会计职业道德建设的责任，要深入实际，调查研究，了解新情况，分析新问题，及时发现、总结和推广会计职业道德建设的新经验，在内容、形式、方法、手段、机制等方面积极创新，与时俱进，探索新的有效途径和实践形式。

会计管理工作者要以高度的责任感和事业心，适应新时期的要求，努力学习会计法律知识，不断提高自身的政策理论水平和服务质量，在工作中应求真务实，依法办事，廉洁奉公，勤政为民，率先垂范，以身作则，树立良好的会计职业道德风尚。

各级财政部门要把会计职业道德建设与会计法制建设紧密结合起来，在认真宣传贯彻《会计法》和国家统一的会计制度的同时，加大执法力度，严厉打击违法会计行为，维护国家和社会公众利益，维护正常经济秩序，为会计职业道德建设提供强有力的法律支持和政策保障。

各级财政部门应当根据会计法律制度，积极探索将会计职业道德建设与会计从业人员管理相结合的机制，逐步完善会计从业人员的资格准入、考核、奖惩、培训、退出等制度，同时通过会计从业资格发证、注册、年检等手段，建立会计从业人员诚信档案。各地在组织开展会计人员继续教育中，要将会计职业道德作为一项重要内容，通过组织一定学时的继续教育，使会计人员了解和掌握会计职业道德的主要内容。

二、会计职业组织建立行业自律机制和会计职业道德惩戒制度

会计职业组织起着联系会员与政府的桥梁作用，应充分发挥协会等会计职业组织的作用，改革和完善会计职业组织自律机制，有效发挥自律机制在会计职业道德建设中的促进作用。

我国可以借鉴国外通过会计职业组织实施职业道德约束的做法和经验，在注册会计师协会、会计学会、总会计师协会等职业组织中设立职业道德委员会，专司职业道德规范的制定、解释、修订和实施之职，对涉及会计职业道德的案件由会计职业组织进行处罚。

三、企事业单位任用合格会计人员，开展会计人员职业道德教育，建立和完善内部控制制度，形成内部约束机制，防范舞弊和经营风险，支持并督促会计人员遵循会计职业道德，依法开展会计工作

各企事业单位必须任用具备会计从业资格的人员从事会计工作，在任用重要会计岗位的人员时，应审查其职业记录和诚信档案，选择业务素质高、职业道德好的会计人员；在日常工作中，应注意开展对会计人员的道德和纪律教育，并加强检查，督促会计人员坚持原则，诚实守信；在制度建设上要加强单位内部控制制度的建立和完善，形成内部约束机制，依法开展会计工作，为会计人员遵守职业道德提供良好的职业环境，从而有效地防范舞弊和经营风险，规避道德失范。同时，单位负责人要做遵纪守法的表率，支持会计人员依法开展工作。

四、社会各界各尽其责，相互配合，齐抓共管

加强会计职业道德建设，既是提高广大会计人员素质的一项基础性工作，又是一项复杂的社会系统工程，不仅是某一个单位、某一个部门的任务，也是各地区、各部门、各单位的共同责任。正如《公民道德建设实施纲要》指出："推进公民道德建设，需要社会各方面的共同努力。各级宣传、教育、文化、科技、组织人事、纪检监察等党政部门，工会、共青团、妇联等群众团体以及社会各界，都应当在党委的统一领导下，各尽其责，相互配合，把道德建设与业务工作紧密结合起来，纳入目标管理责任制，制定规划，完善措施，扎实推进。要充分发挥各民主党派和工商联在公民道德建设中的作用。"因此，加强会计职业道德建设，不仅各级党组织要管，各级机关、群众组织等也要管。只有重视和加强各级组织、广大群众和新闻媒体的监督作用，齐抓共管，形成合力，才能有效地搞好会计职业道德建设，更好地提高广大会计人员的思想道德素质。

五、社会舆论监督，形成良好的社会氛围

良好会计职业道德风尚的树立，离不开社会舆论的支持和监督。"银广夏"等会计造假案被发现，媒体的追踪报道功不可没。强化舆论监督，有利于在全社会形成诚实守信的氛围。要以新闻媒体为阵地，广泛开展会计职业道德的宣传教育，使社会各界了解会计职业道德规范的内容，促进良好的会计职业道德深入人心。要在全社会会计人员中倡导诚信为荣、失信为耻的职业道德意识，引导会计人员加强职业修养。要通过会计职业道德建设中正反典型的宣传，弘扬正气，打击歪风。

任务五　会计职业道德的检查与奖惩

【任务描述】

使学生了解会计职业道德的检查与奖惩机制。

【任务分析】

熟悉会计职业道德检查与奖惩的意义。

【知识准备】

为了充分发挥会计职业道德的作用，健全会计职业道德体系，应在建立会计职业道德规范和加强职业道德教育的基础上，强化对会计人员职业道德规范遵循情况的检查，并根据检查的结果进行相应的表彰和惩罚，建立起会计职业道德的奖惩机制，这是会计职业道德他律机制的重要组成部分。

一、会计职业道德检查与奖惩的意义

开展会计职业道德检查与奖惩是道德规范付诸实施的必要方式，也是促使道德力量发挥作用的必要手段,有着很重要的现实意义。

1. 会计职业道德的检查与奖惩,具有促使会计人员遵守职业道德规范的作用。奖惩机制利用人类趋利避害的特点,以利益的给予或剥夺为砝码,对会计人员起着引导或威慑的作用,使会计行为主体不论出于什么样的动机,都必须遵循会计职业道德规范,否则就会遭受利益上的损失。奖惩机制把会计职业道德要求与个人利益结合起来,体现了义利统一的原则。

2. 会计职业道德的检查与奖惩,可以对各种会计行为进行裁决,对会计人员具有深刻的教育作用。作为会计人员哪些会计行为是对的,哪些会计行为是不对的,均可通过会计职业道德的检查与奖惩作出裁决。在这里,会计职业道德的检查与奖惩起着道德法庭的作用。它是运用各种会计法规、条例及道德要求等一系列标准,鞭笞违反道德的行为,同时褒奖那些符合职业道德要求的行为,并使其发扬光大,蔚为风气,人人争相仿效,互相砥砺。因此,通过会计职业道德的检查与奖惩,使广大会计人员生动而直接地感受到道德的价值分量,其教育的作用是不可低估的。

3. 会计职业道德的检查与奖惩,有利于形成抑恶扬善的社会环境。会计职业道德是整个社会道德的一个组成部分,因此,会计职业道德的好坏,对社会道德环境的优劣会产生一定的影响;反之,社会道德环境的好坏,也影响着会计的职业行为。奖惩机制是抑恶扬善的杠杆。对会计行为而言,判断善恶的标准就是会计职业道德规范。那些遵守职业道德规范的行为,就可称之为善行;反之,那些违背职业道德规范的行为,就可称之为恶行。通过倡导、赞扬、鼓励自觉遵守会计职业道德规范的行为,贬抑、鞭挞、谴责、查处会计造假等不良行为,有助于人们分清是非,形成良好的社会风气,从而进一步促进会计职业道德的发展。

就道德规范自身特点而言,它主要是依靠传统习俗、社会舆论和内心信念来维系的。这种非刚性的特征也就决定了它的落实、实施还必须同时借助政府部门的行政监管、职业团体自律性监管和企事业单位内部纪律等外在的硬性他律机制。只有这样,才能有效地发挥道德规范潜在的裁判和激励效力。

二、会计职业道德检查与奖惩机制

会计职业道德检查与奖惩机制的建立是一个复杂的系统工程,需要政府部门、行业组织、有关单位的积极参与,运用经济、法律、行政、自律等综合治理手段。在我国,会计职业道德检查与奖惩机制的建立尚处于探索阶段,需要在理论上深入研究,在实践中不断摸索。

(一)财政部门对会计职业道德进行监督检查

《会计法》规定,国务院财政部门主管全国的会计工作,县级以上财政部门管理本行政区域内的会计工作。财政部对注册会计师、会计师事务所和注册会计师协会进行监督指导。会计职业道德建设是会计管理工作的重要组成部分,因此,各级财政部门应负起组织和推动本地区会计职业道德建设的责任。财政部门可以利用行政管理上的优势,对会计职业道德情况实施必要的行政监管。

1. 执法检查与会计职业道德检查相结合。财政部门作为《会计法》的执法主体,可以依法对社会各单位执行会计法律制度情况及会计信息质量进行不同形式的检查或抽查。通过检查，一方面是督促各单位严格执行会计法律法规；另一方面是对检查和检验各单位会计人员遵循会计职业道德情况。

改革开放以来，我国财政部经常开展全国性的财经大检查，2001 年 1 月，财政部在全国范围内组织开展了《会计法》执行情况的检查。对财政部门执法检查过程中查出的违法违规行为，《会计法》等有较详细的处理规定。违反《会计法》的行为，同时也一定是违反了会计职业道德要求的行为。会计人员若存在这种行为，不仅要承担《会计法》规定的法律责任，受到行政处罚或刑事处罚，同时还必须接受相应的道德制裁，可以采取在会计行业范围内通报批评、指令其参加一定学时的继续教育课程、暂停从业资格、在行业内部的公开刊物上予以曝光等。法律惩罚和道德惩罚两者是并行不悖、不可替代的，应同时并举。

2. 会计从业资格证书注册登记与会计职业道德检查相结合。会计从业资格证书注册登记制度，是指取得会计从业资格的人员，被单位聘用从事会计工作时，应由本人或本人所在单位提出申请，按照会计从业资格管理部门规定的时间到会计从业资格管理部门进行注册登记。

《会计基础工作规范》第二十四条规定："财政部门、业务主管部门和各单位应当定期检查会计人员遵守职业道德的情况，并作为会计人员晋升、晋级、聘任专业职务，表彰奖励的重要考核依据。会计人员违反职业道德的，由所在单位进行处罚；情节严重的，由会计证发证机关吊销其会计证。"

因此，将会计从业资格证书注册登记与会计职业道德检查结合起来，有利于强化对会计人员行为的约束，强制引导会计人员遵守会计职业道德。

为了加强对会计人员职业道德情况的考核检查，财政部门正在考虑建立会计持证人员诚信档案。目前，财政部门对会计从业资格证书档案实行电子计算机管理，为建立会计人员诚信档案创造了有利条件。可以结合会计从业资格证书注册登记和其他行政检查工作，将会计人员遵循会计法律制度和会计职业道德情况，以及受到的奖惩情况等，输入电子档案，形成会计人员的诚信档案，不仅作为财政部门监管会计人员的依据，也可以向用人单位和社会公众开放，从而督促、约束、激励会计人员严格自律，认真执行会计职业道德规范。

3. 会计专业技术资格考评、聘用与会计职业道德检查相结合。根据财政部、人事部联合印发的《会计专业技术资格考试暂行规定》及其实施办法规定，报考会计专业技术资格考试的会计人员，应"坚持原则，具备良好的职业道德品质"等。会计专业技术资格考试管理机构在组织报名时，应对参加报名的会计人员职业道德情况进行检查。对有不遵循会计职业道德记录的，应取消其报名资格。

目前，高级会计师资格实行高级会计师资格考试与评审相结合的方式。由于高级会计师资格的取得是采取考试和评审相结合，因此有必要在考试和评审两个方面对其会计职业道德进行检查、考核。一是在考试方面，考虑到职业道德对高级会计师的重要性，有必要增设职业道德的内容，从理论上加深其对会计职业道德的理解和认识；二是在评审方面要对申报人的会计职业道德情况严格审查；三是规定一些关于职业道德规范的否决条款。比如申报人曾因违法犯罪行为而受过刑事处罚，不能参加高级会计师资格的评审。将会计职业道德奖惩与会计专业技术资格的考、评、聘联系起来，必将使广大会计人员像重视自己专业技术职称一样重视自己的职业道德形象，在日常的学习工作中不断提高自身的职业道德修养。

（二）会计行业组织对会计职业道德进行自律管理与约束

对会计职业道德情况的检查，除了依靠政府监管外，行业自律也是一种重要手段。会计行业自律是一个群体概念，是会计职业组织对整个会计职业的会计行为进行自我约束、自我控制的过程。在会计职业较发达的市场经济国家，会计职业道德准则一般由会计职业组织制定、颁布与督导实施的。有些做法和经验值得我们借鉴。

在日常会计工作中，经常发生这样的情况，一些会计人员缺乏必要的专业胜任能力，业务素质低下，专业知识贫乏，对新颁布的会计准则、会计制度知之甚少，从而导致记账不符合规范，账簿混乱，账账、账表不符，报表挤数现象时有发生；还有一些会计人员按照领导的意志，放弃了客观性原则，钻准则、制度的空子，通过改变会计估计或会计方法，调节利润或亏损，从而达到隐瞒拖欠或逃避应交税利的目的。这些做法有的虽然没有触犯法律，但却违反了会计职业道德的要求。在会计行业自律组织比较健全的情况下，可以由职业团体通过自律性监管，对违反会计职业道德规范的行为进行相应的惩罚，根据情节轻重程度采取通报批评、罚款、支付费用、取消其会员资格、警告、退回向客户收取的费用、参加后续教育等方式。目前，我国会计职业的行业自律机制尚不健全，对违反会计职业道德的会计人员和会计师事务所惩处力度不够。所以，必须建立健全会计职业团体自律性监管机制，确保会计职业的健康发展。

当然，近些年来，我国通过会计行业组织强化自律管理和行业惩戒也已取得了一定进展。中国注册会计师协会作为注册会计师行业自律组织，为提高我国注册会计师职业道德水平作出了积极努力，先后发布了《中国注册会计师职业道德基本准则》、《中国注册会计师职业道德规范指导意见》以及《注册会计师、注册资产评估师行业诚信建设实施纲要》等，研究建立调查委员会、技术鉴定委员会、惩戒委员会等行业自律性决策组织。由于我国会计职业组织建立比较晚，自律性监管还比较薄弱，在注册会计师职业道德规范的实施过程中仍存在不少问题，要求注册会计师职业组织从行业整体利益和社会责任出发，切实改进管理和服务，把行业建设好。

（三）依据《会计法》等法律法规，建立激励机制，对会计人员遵守职业道德情况进行考核和奖惩对自觉遵守会计职业道德的优秀会计工作者进行表彰、宣传，可以使受奖者感到对遵守道德规范的回报和社会肯定，从而促使其强化道德行为。同时，还可以树立本行业的楷模、榜样，使会计职业道德原则和规范具体化、人格化，使广大会计工作者从这些富于感染性、可行性的道德榜样中获得启示、获得动力，在潜移默化中逐渐提高自身的职业道德素质。奖励是积极的，是对一个人的肯定。它利用人的上进心，调动人的荣誉感,使其遵纪守法、尽职尽责,并发挥内在的潜能。它带给人的是满足、自尊、自豪感。而惩罚则是消极的,它利用人的恐惧心理,使人循规蹈矩。过分的惩罚会使人产生挫折感,损伤自尊心和自信心。

实践中的大量事实表明,奖励和惩罚相结合的方法优于只奖不罚或只罚不奖。赏罚结合可以带来双重的激励效果。因此,在对违反会计职业道德的行为进行惩戒的同时,还应对自觉遵守会计职业道德的先进人物进行表彰。

我国会计人员表彰制度早在1963年就已实现制度化。1963年1月,国务院发布了《会计人员职权试行条例》,确立了会计人员奖惩制度;1985年1月,全国人大常委会通过的《中华人民共和国会计法》规定:"对认真执行本法,忠于职守,坚持原则,作出显著成绩的会计人员,给予精神的或者物质的奖励。"1988年6月,财政部印发《颁发会计人员荣誉证书试行规定》,为在全民所有制企业、事业单位、国家机关、军队、社会团体、县以上集体所有制企业、事业单位以及中外合资、合作和外资经营企业从事财务会计工作满30年的会计人员颁发"会计人员荣誉证书"。财政部先后于1990年、1995年组织了两次全国先进财会工作集体和先进会计工作者表彰大会,共评选出全国先进会计工作者900名。对先进集体授予"全国先进财会工作集体"荣誉称号,颁发奖牌;对先进个人授予"全国先进会计工作者"荣誉称号,颁发奖章和证书。这些表彰活动,调动了广大会计人员的工作积极性和开拓创新的精神,增强了会计人员的职业荣誉感,树立了可信、可学的楷模,推动了会计职业道德建设活动。

会计职业道德激励机制应当与会计人员表彰制度相结合,以起到弘扬正气、激励先进、鞭策后进的作用。对会计职业道德检查中涌现出的先进人物事迹进行表彰奖励,应注意将物质奖励和精神奖励相结合。

我国会计人员的庞大队伍中,蕴藏着许许多多优秀的先进人物和动人事迹。在会计职业道德检查中,应善于发现典型、树立榜样。通过对优秀会计工作者进行表彰、奖励,营造抑恶扬善的环境,从而在潜移默化中提高全体会计人员的职业道德素质。

任务六 会计职业道德案例分析

【工作步骤】

应用案例一:

1. 麦科特上市了。2000年8月7日,一只新股在上海股市走得很火,那就是麦科特。麦科特通过伪造进出口设备融资租赁合同,虚构固定资产9 074万元港币。就是这么一家虚构的公司,竟然顺利出炉了,竟然招摇上市了。

2. 谁来帮助它。在麦科特发行上市的过程中,深圳华鹏会计师事务所为其出具了严重失实的审计报告,广东正大联合资产评估有限责任公司为其出具了严重失实的法律意见书,南方证券有限公司参与编制了严重失实的发行申报文件。对麦科特及其上述中介机构涉嫌犯罪的有关责任人员,中国证监会依法移送公安机关追究其刑事责任。

麦科特欺诈上市一案中，有关中介机构都卷入其中。如果没有这么多中介机构“配合”，麦科特是不可能招股上市的。如此多的机构，如此多的关口，任何一个“NO”都可能使麦科特的美梦变成一枕黄粱。遗憾的是，在这条“造假流水线”上，所有的中介机构都扮演着极其不光彩的角色。

3. 全为五斗米折腰。华鹏会计师事务所知情不报还参与造假，原因很简单，那就是利益的诱惑。当然其他关联机构也是如此。麦科特发行股票圈了5亿多元，发行费总额也有1 760万元。1 760万元和5亿元相比，只能算九牛一毛。造假成本与造假收益之间的巨额反差，正是我国证券市场造假泛滥的一个重要原因。一个生动的注释是，几家中介机构就是为了这区区1 760万元折了腰，当然，分摊到每家中介机构里自然是不小数额。

案例评析：

古代文人虽然穷酸，但是却不为五斗米折腰，现代“经济警察”虽然高雅却为了金钱就能把自己给卖了，真是悲哀。过好“金钱关”，保证会计师队伍的廉洁性，这是至关重要的，只有这样才能保证其公信力。作为经济社会的成员，除了薪金收入外，会计人员也可以得到法律许可的其他收入，如合法投资的收入、继承遗产收入、稿费收入等，但不能获得影响会计职业行为的不合法收入，有人以会计师严格执法失去客户为由，为不法的会计行为开脱，这是没有理由的。正如人们不能原谅家贫而去偷盗的行为一样，更何况比较社会各阶层收入水平，会计师行业是公认的高收入行业。高报酬，意味着应该承担更多的责任和义务。保持清正廉洁的品质，是会计人员非常重要的职业道德规范。

应用案例二：

刘新华，一个极普通的会计人，在近十年的财会工作中，恪尽职守，勤奋敬业，甘于清贫，淡泊名利。多年的职业生涯使他树立了一个职场信念：没有人能打败你，能打败你的只有你自己，无论对个人还是对公司而言都是如此，必须从自身做起，廉洁自律、诚实守信、坚持原则。他最欣赏的一句话就是：会计人员要有一双透彻的眼睛，要知道数字背后是什么，这就需要不断了解企业的运营，了解企业的战略，并结合企业战略制定财务战略，转而达到提升企业的目的。刘新华供职的上市公司是一家历史悠久的大型国有企业，但公司的产品质量与国外的同类产品有很大的差距。产品的重要原料有80%靠进口，自己生产的原料质量达不到国内重要大客户的要求。由于进口原料价格昂贵，成本居高不下，在市场中价格没有竞争优势，同时进口原料的产量波动也会对其产品造成直接影响。

根据当时情况，公司要生存下去，就必须对原材料自行生产，进行技术改造，提高原料质量。但进行技术改造，企业就得投入大量的资金，而且相应的生产设备也要大量进口，并且在技术上需要专家指导。公司虽然在目前的情况下还不至于亏损，可是公司现金流不充足，技术改造的大量资金要从银行贷款，同时每年的贷款利息也是笔很大的支出。

这个重大决策从某种程度上讲可能是企业唯一的生存之路,但同样也可能让企业败走麦城,陷入困境。一旦技改投资失败,那对企业来讲就是灭顶之灾,也许从此就一蹶不振,更不要说发展了。这个重大的决策要经过各部门和领导层的反复讨论,在很大程度上需要真实的财务数据的支持,财务数据是决定是否进行投资和技术改造的重要依据。

然而这个重大的决策却在匆忙之中由企业上市后的第一批领导层作出了。在第二批领导层接手时,这个决策的失误就已经显山露水了,企业因此而走上亏损之路。第一批领导眼看企业已经深陷泥潭,便走的走,溜的溜。于是在危难之际,第二批领导层匆忙上任。作为第二批领导层中的一员,刘新华上任以后,开始认真分析公司目前所处的境况:公司所需设备是从国外进口的二手设备,公司高层对这个项目所需资金估计不足,两年内已经陆续投入两个亿,两年的资金利息让企业不堪重负,同时随着国际市场的变化,当企业在大张旗鼓地进行技术改造投入时,国外已经停止生产这种产品了,也就是说,这些产品基本属于淘汰品种,受到国外大环境的影响,国内市场对这种产品的需求也急转直下。

刘新华根据对企业目前状况的分析,清楚地意识到企业现在所处的困境,企业实际上已经陷入了一个死循环——用自己的原材料生产出来的产品质量达不到客户要求,可是又不能停止生产,因为机器设备停止生产后重新启动的成本更大,产品不断生产又不断积压,企业为了维持生存,保证现金流,又不得不亏本出售,生产越多,亏损就越多。

总之,企业寄予希望的技术改造非但没有给企业带来一条光明之路,反而把企业引入了一个死胡同。还有一个更大的压力,那就是公司已经有一年亏损了,如果再亏损一年就会转入ST企业。在这种情况下,只有良好的年度报告会使投资者增加信心,对公司的股票价格产生有利的影响。

当这些问题摆在面前的时候,企业即将面临会计师事务所的年报审计,尽管一份明晰、详尽的年度报告在中国还属罕见,但不可否认的是,年度报告的数字仍然是决定企业价值的核心要素,也是决定社会公众对其信任度的重要因素,如果按真实的数字进行披露就势必影响投资者的信心,最直接的后果是造成公司的股票大幅度下跌,而且极有可能跌破面值。

于是公司领导从企业的利益出发,同时也为了其自身利益,开始要求财务部门在数字上做一些文章,也就是掩饰一些东西,从而达到粉饰报表的目的。

公司的总经理将刘新华找去语重心长地对他说:“新华,你是公司的老员工了,对公司应该很有感情,公司对你也不错,培养了你,也曾经送你出去学习深造,现在公司遇到了困难,我们是不是都应该为公司出一把力呢?而且你和你爱人都在这个公司,你也不愿意看着公司就这么垮了吧?公司垮了,对你的家庭也是最为不利的。”

显然公司领导希望刘新华在今年公司年度报表上做文章。刘新华当然对公司当前面临的困境十分清楚,他对公司也很有感情,自从大专毕业后他就被分配到公司从事财务工作,一干就是十多年,加上爱人也是公司的员工,这个公司可以说是他半个家。但在工作中他已经养成了客观、严谨的工作态度,诚实可靠、有责任感的工作作风与职业道德,这些都自动驱使他去增产节约、开源节流、廉洁自律、奉公守法,但并没有教会他如何去舞弊造假。

在经过反复细致的痛苦思考后刘新华对总经理说:"我对公司是很有感情的,公司的现状摆在眼前,我也一直在认真思考,但是很难。你看我手里的借款合同就有整整 89 份之多,总计金额近几个亿。几个亿啊,我拿在手里,心里都发慌,这些全是欠国家的钱,每天都有银行打电话追着要钱,那种尴尬与狼狈就不必说了,我现在与那过街的老鼠又有什么区别? 现在我只要一听到电话铃声,心里就发慌。我认为,现在我们的首要问题是如何真正让公司摆脱困境,而不是在财务上做文章骗取社会信任。"

听了刘新华的话,老总的脸色特别难看,他站了起来,大声地说道:"你知道吗? 你的态度和决定将会关系到企业的生死存亡,不要被公司暂时的困难所吓倒,如果公司能够挺过今年这一关,就会东山再起,所有这些有点不合理的东西都会得到更正。你们年轻人就是没有经历过大风大浪,一遇到困难就打退堂鼓,这点困难算什么呀? 我知道你的能力,只要在报表上面做做文章,一切问题不就迎刃而解了吗? 我知道,你为公司作了许多贡献,公司是不会亏待你的,你会因为你的付出而有所回馈,你不要担心以后的生活。我明说吧,你的付出将会为你换来下半辈子的安逸,我希望你能认真考虑一下,你不用立即回答我,回家去和老婆商量一下,我相信孰重孰轻你应该能够分得清。"

回到家里,刘新华不停地抽烟,他心里特别矛盾,如果公司挺不过今年,那么就会沦为 ST 类公司,甚至有退市的危险,同时这也将影响到他的前途和家庭的命运。而且不可否认的是摆在他面前的还有一份相当大的诱惑,如果能在报表上做做文章,那么他就会得到一份不菲的收益,非但自己的位子依然会稳如泰山,而且家庭的条件也会得到改善。

但刘新华也深刻认识到,一个上市公司的财务报告是面对社会公众的,它应该呈现出充分的透明度。公司数据如果不实将会对投资人和债权人造成损害,从而使广大的中小投资者蒙受更大的损失。如果他按照决策层的要求去做,不但违背他做人的原则,同样也违背了一个会计人应遵循的职业道德准则。

显然公司的老总也找他的爱人谈了话,爱人回到家里对刘新华说:"你应该好好考虑一下,我们两个人都在一个公司,如果我们两人都丢了工作,那么孩子读书怎么办? 而且老总说了,公司这些都是暂时性的困难,他说已经联系好了,马上就有新的投资人加入,只要能顺利渡过这个困难期,所有的亏损就可以消化掉,他说根本就没有什么风险,是你的胆子太小了。"

听了爱人的话,刘新华叹道:"我何尝不想为自己的利益和家庭的利益打算,但是,你知道吗? 老总说在报表上做做文章,实际上就是要我做假账,你和我都不是小孩子,应该分得清什么是对,什么是错。任何作假都是违背实事求是的精神,违背了实事求是的精神,也就丧失了作为一名合格会计人员最起码的职业道德和行为准则。难道你要我一辈子都活在痛苦的煎熬之中,时时刻刻等着被揭穿的那一天吗?”

刘新华彻夜未眠,直到天色越来越亮。从夜晚到白天,转眼之间已经是旭日东升了,这个世界渐渐苏醒并开始忙碌起来。刘新华依然呆坐着,他一夜未眠但却毫无倦意,就在此时他终于下定了决心。早晨一上班,他就向董事长提交了辞职报告,并且委婉地劝告说:“我认为公司应该想办法真正地走出困境,而不仅仅在报表上作秀,业绩不是做出来的,纸是包不住火的,希望老总能好好考虑考虑,我就言尽于此。”

刘新华走了,离开了他工作十多年的公司,离开了让很多人眼红的位置,带着他会计人的信念和执着走了……

案例评析:

您认为刘新华这样做值得吗?笔者认为是值得的,因为他表现出了一个会计人应有的品质,不做假账,廉洁自律是一个会计人应具备的底线。从表面上看,刘新华很亏,他不但丢了财务总监的饭碗,而且他的家庭也受影响不小。但是毕竟财务造假也只能隐瞒一时,却不能掩盖那越来越严重的经营困境。要想救活一个企业,需要真正在经营上下功夫,找到突破,从根本上改变它。否则无论怎么去包装,都不能解决实质性问题,这些虚假东西一旦被捅破、暴露,就会成为第二个“银广夏”。

上市公司作假最终所带来的巨大的危害就是动摇市场经济的信用基础。如果证券市场的投资人知道上市公司在向他们骗钱,他们还会甘心买它的股票去投资吗?如果信用基础被破坏,投资者对公众信息失去了信任,公司又如何能通过上市来达到筹集资金的目的呢?那最终这个公司就会被市场淘汰。

如果上市公司股东知道上市公司作假,它还会持有这家公司的股票吗?如果政府知道上市公司在利用虚假会计信息偷逃税款,税务机关还会信任公司的账目和按报表来征税吗?如果银行知道公司提供的报表都是假的,它还会借钱给公司吗?如果大家都互不相信,市场经济体系也就难以为继了。

在刘新华的身上折射出了会计人正直诚实的本性;在他的血液里,有着公正、独立、诚信的会计精神,有着刚直不阿、廉洁自律的情操。诚信社会的建设正是无数个刘新华牺牲了个人的利益逐步建立、完善起来的。

项目小结

- 会计职业道德
  - 会计职业道德概述
    - 1. 职业道德的概念和主要内容
    - 2. 会计职业道德
    - 3. 会计职业道德与会计法律制度的关系
  - 会计职业道德规范的主要内容
    - 1.爱岗敬业
    - 2.诚实守信
    - 3.廉洁自律
    - 4.客观公正
    - 5.坚持准则
    - 6.提高技能
    - 7.参与管理
    - 8.强化服务
  - 会计职业道德教育
    - 1.会计职业道德教育形式
    - 2.会计职业道德教育内容
    - 3.会计职业道德教育途径
  - 会计职业道德建设组织与实施
    - 1. 财政部门组织和推动会计职业道德建设，依法行政，探索会计职业道德建设的有效途径和实现形式
    - 2. 会计职业组织建立行业自律机制和会计职业道德惩戒制度
    - 3. 企事业单位任用合格会计人员，开展会计人员职业道德教育，建立和完善内部控制制度，形成内部约束机制，防范舞弊和经营风险，支持并督促会计人员遵循会计职业道德，依法开展会计工作
    - 4. 社会各界各尽其责，相互配合，齐抓共管
    - 5. 社会舆论监督，形成良好的社会氛围
  - 会计职业道德的检查与奖惩
    - 1. 会计职业道德检查与奖惩的意义
    - 2. 会计职业道德检查与奖惩机制

从业资格训练

一、单项选择题

1. 会计人员对于工作中知悉的商业秘密应依法保守，不得泄露，这是会计职业道德中(　　)的具体体现。

A. 爱岗敬业　　B. 诚实守信　　C. 办事公道　　D. 奉献社会

2. 公司为了扩大销售，拟向客户支付 5 万元的回扣，销售人员持公司总经理的批示到财务部要求支取该笔款项。财务部经理刘某认为该项支出不符合有关规定，但考虑到

公司总经理作了同意的批示,且支付金额在其批准的额度内,便支付了该款项。刘某的以上行为违背了(　　)的会计职业道德规范要求。

A. 诚实守信　　B. 坚持准则　　C. 参与管理　　D. 强化服务

3. 会计人员公私分明、不贪不占、遵纪守法、清正廉洁,并成为一种自觉的行为,这是会计职业道德(　　)的要求。

A. 诚实守信　　B. 客观公正　　C. 坚持准则　　D. 廉洁自律

4. (　　)是会计人员必须具备的品德,是会计职业道德的灵魂。

A. 不做假账　　B. 客观公正　　C. 不偏不倚　　D. 搞好服务

5. 会计人员整天和钱打交道,经常会受到钱财的诱惑,没有"理万金分文不沾"的道德品质和高尚情操是不行的。它体现了会计人员必须具有(　　)的职业道德。

A. 提高技能　　B. 诚信为本　　C. 廉洁自律　　D. 不贪不占

6. 所谓职业道德,就是同人们的职业活动紧密联系的符合职业特点所要求的(　　)。

A. 道德准则、道德情操和道德品质的总和

B. 道德准则、道德情操和职业习惯的总和

C. 道德准则、道德品质和职业要求的总和

D. 职业习惯、职业纪律和职业原则的总和

7. 真心实意,实事求是,不弄虚作假,不欺诈,遵守承诺,讲究信用,注重信誉,这是会计职业道德中(　　)的具体体现。

A. 爱岗敬业　　B. 诚实守信　　C. 坚持准则　　D. 客观公正

8. 社会主义道德的核心是(　　)。

A. 为人民服务　　B. 敬业奉献

C. 自由、平等　　D. 勤俭自强

9. 会计人员看人办事,"官大办得快,官小办得慢,无官拖着办"这一现象违反了(　　)的会计职业道德规范的要求。

A. 强化服务　　B. 诚实守信　　C. 参与管理　　D. 提高技能

10. 会计职业道德警示教育的主要形式是(　　)。

A. 理论教育与课堂教授　　B. 典型案例讨论

C. 理论教育与自我教育　　D. 实际情况讨论和分析

11. 职业道德产生的直接原因是(　　)。

A. 政治需求　　B. 经济发展

C. 社会分工　　D. 生产力的要求

12. 会计职业道德教育有各种途径,但具有基础性地位的是(　　)。

A. 会计继续教育　　B. 会计自我教育

C. 会计学历教育　　D. 会计职业荣誉教育

13. 我国《公民道德建设实施纲要》提出了职业道德的基本内容,其中,职业道德的基

础是(　　)。

A. 爱岗敬业　　B. 诚实守信

C. 办事公道　　D. 服务群众

14. 下列属于会计职业道德教育的核心内容并贯穿始终的是(　　)。

A. 会计职业道德观念教育　　B. 会计职业道德警示教育

C. 会计职业道德规范教育　　D. 会计专业知识、技能教育

15. 中国现代会计学之父潘序伦先生倡导:“信以立志,信以守身,信以处事,信以待人,毋忘‘立信’,当必有成。”这句话体现的会计职业道德内容是(　　)。

A. 参与管理　　B. 诚实守信

C. 廉洁自律　　D. 客观公正

16. 广义的职业道德是指从业人员在职业活动中应该遵循的(　　)。

A. 工作纪律　　B. 行为方式

C. 基本制度　　D. 行为准则

17. 会计人员在处理业务过程中,要严格按照会计法律制度办事,不为主观或他人意志左右,这体现了会计职业道德中(　　)的要求。

A. 客观公正　　B. 坚持准则

C. 廉洁自律　　D. 诚实守信

18. “坚持好制度胜于做坏事,制度大于天,人情薄如烟”,这句话体现的会计职业道德规范是(　　)。

A. 客观公正　　B. 坚持准则

C. 强化服务　　D. 廉洁自律

19. 会计职业道德规范“诚实守信”的基本要求中,侧重于对注册会计师提出的要求是(　　)。

A. 保守秘密,不为利益所诱惑

B. 公私分明,不贪不占

C. 做老实人,说老实话,办老实事

D. 执业谨慎,信誉至上

20. 会计人员在做好本职工作的同时,努力钻研相关业务,全面熟悉本单位经营活动和业务流程,积极主动地就单位经营管理中存在的问题提出合理化建议,协助领导决策,这体现了会计职业道德中(　　)的要求。

A. 爱岗敬业　　B. 提高技能

C. 参与管理　　D. 坚持准则

21. 判断会计从业人员是否具有职业道德的首要标准是(　　)。

A. 客观公正　　B. 诚实守信

C. 坚持准则　　D. 爱岗敬业

22. 在现实社会中,会计职业道德准则和会计法律制度的关系是(　　)。

A. 二者是相互联系的　B. 二者是相互排斥的
C. 二者完全等同的　D. 二者相互制约的

23. 下列不属于会计职业道德自我教育内容的是(　　)。
A. 会计职业义务教育　B. 会计职业荣誉教育
C. 会计职业节操教育　D. 会计职业法制教育

24. 对会计职业道德进行监督检查的部门主要是(　　)。
A. 工商行政管理部门　B. 会计行业组织
C. 单位监察部门　D. 财政部门

25. 会计人员经常对自己所做的会计工作进行自我批评、自我解剖,认真找出自己的缺点、差距,并通过主观努力来加以改正。这种自我教育的方法属于(　　)。
A. 自我解剖法　B. 自重自省法
C. 自警自励法　D. 自律慎独法

26. 遵守会计法律,是对会计从业人员行为的(　　)要求。
A. 最高层次　B. 最低限度
C. 最高标准　D. 社会实践

27. 会计职业道德体系的核心是(　　)。
A. 会计职业道德准则　B. 会计职业道德规范
C. 会计职业道德教育和修养　D. 会计职业道德评价和惩戒

28. 将职业道德认识、情感、信念转化为(　　),是职业道德培养的根本目的。
A. 经济效益　B. 利益　C. 行动　D. 习惯

29. 会计职业组织对违反会计职业道德规范的行为进行惩戒的方式中不包括(　　)。
A. 通报批评　B. 参加继续教育
C. 取消会员资格　D. 处以罚金

30. 我国注册会计师行业的自律组织是(　　)。
A. 国务院财政部门　B. 会计师事务所
C. 中国注册会计师协会　D. 职业道德委员会

二、多项选择题

1. 会计职业道德中强化服务规范对会计人员的要求包括(　　)。
A. 树立服务意识　B. 提高服务质量
C. 保持应有谨慎性　D. 努力维护和提升会计职业的良好形象

2. 关于会计职业道德的作用,下列表述中正确的有(　　)。
A. 会计职业道德是对会计法律制度的重要补充
B. 会计职业道德是规范会计行为的基础
C. 会计职业道德是会计核算质量的重要保证
D. 会计职业道德是提高会计人员自身素质的首要条件

3. 张某忠于职守，尽心尽力，并且刻苦钻研业务，积极提供合理化建议，体现了他具有(　　)的会计职业道德。

A. 爱岗敬业　　B. 客观公正

C. 提高技能　　D. 参与管理

4. 会计人员违反职业道德，可能会受到(　　)的处罚。

A. 所在单位　　B. 行业协会

C. 财政部门　　D. 业务主管部门

5. 会计职业道德修养的环节包括(　　)。

A. 树立坚定的会计职业道德信念

B. 形成正确的会计职业道德认知

C. 培养高尚的会计职业道德情感

D. 养成良好的会计职业道德行为

6. 会计职业道德自我教育的方法包括(　　)。

A. 自我解剖法　　B. 自警自励法

C. 自律慎独法　　D. 自重自省法

7. 会计职业道德是指(　　)的职业行为准则和规范。

A. 国家制定或认可　　B. 会计职业活动中应当遵守

C. 体现会计职业特征　　D. 调整会计职业关系

8. 会计职业道德的特征主要体现在(　　)。

A. 自觉性与强制性相结合　　B. 会计活动与社会公众利益密切相关

C. 时效性与程序性相结合　　D. 公正性和独立性相结合

9. 会计职业道德体系的框架结构与基本内容主要由(　　)构成。

A. 会计职业道德准则和规范　　B. 会计行政法规和部门规章

C. 会计职业道德教育和修养　　D. 会计职业道德评价和惩戒规范

10. 下列有关会计职业道德建设组织与实施的说法，正确的有(　　)。

A. 财政部门组织和推动会计职业道德建设

B. 会计职业组织建立行业自律机制

C. 社会各界各尽其责，相互配合，齐抓共管

D. 社会舆论监督，形成良好的社会氛围

11. 爱岗敬业应做到忠于职守，忠于职守的内涵体现在(　　)。

A. 忠实于国家　　B. 忠实于服务对象

C. 忠实于社会公众　　D. 忠实于单位领导

12. 下列选项中，体现会计职业道德“爱岗敬业”要求的有(　　)。

A. 工作尽职尽责　　B. 工作一丝不苟

C. 工作兢兢业业　　D. 工作精益求精

13. 会计职业道德规范中的强化服务，是要求会计人员具有(　　)。

A. 强烈的服务意识　　B. 崇高的服务目标
C. 文明的服务态度　　D. 优良的服务质量

14. 下列各项中,符合会计职业道德规范中“参与管理”要求的有(　　)。
A. 对企业财务报告进行综合分析,并提交风险预警报告
B. 参加公司重大投资项目的可行性研究分析
C. 分析坏账形成的原因,提出加强授信管理、加快货款回收建议
D. 分析现金流量状况,查找存在的问题,提出改进措施

15. 会计职业道德教育形式的接受教育是对会计人员进行以(　　)为核心的正面教育。
A. 职业责任　　B. 职业权利
C. 职业技能　　D. 职业义务

16. 会计职业道德教育形式的自我教育是会计人员(　　)的行为活动。
A. 自我学习　　B. 自身道德修养
C. 自我完善　　D. 自我发展

17. 参与管理与强化服务的关系是(　　)。
A. 参与管理是强化服务的一种表现形式
B. 强化服务有利于参与管理
C. 不参与管理,也完全可以提高服务水平和质量
D. 不强化服务,就难以保持参与管理的热情和动力

18. 提高技能既是会计职业道德的基本要求,也是会计人员胜任本职工作的重要条件。下列各项中,属于会计技能的内容有(　　)。
A. 会计理论水平　　B. 会计实务能力
C. 职业判断能力　　D. 沟通交流能力

19. 下列属于会计职业道德基本原则的有(　　)。
A. 为民理财原则　　B. 诚实守信原则
C. 廉洁公正原则　　D. 集体主义原则

20. 会计职业道德评价的方法主要通过(　　)来进行。
A. 社会舆论　　B. 传统习俗
C. 内心信念　　D. 考核评比

21. 会计职业道德规范的实施途径主要有(　　)。
A. 自我修养与外部监督相结合　　B. 宣传教育与检查惩戒相结合
C. 行业自律与政府监督相结合　　D. 道德规范与法律监管相结合

22. 为加强会计职业道德建设,财政部门可以采取的措施有(　　)。
A. 组织开展《会计法》执法检查
B. 将会计职业道德的内容全部予以法律化
C. 采取多种形式组织开展会计职业道德宣传教育

D. 将会计职业道德建设与会计从业人员管理相结合

23. 某企业员工在讨论职业道德时提出的下列观点中，正确的有（　　）。

A. 社会分工形成各种不同的职业是职业道德产生的必要条件

B. 职业道德是从业人员对社会所应承担的道德责任和义务

C. 职业道德主要解决职业生活中的具体道德冲突

D. 职业道德由社会经济关系所决定

24. 开展会计职业道德教育活动的意义在于（　　）。

A. 培养会计职业道德情感　　B. 树立会计职业道德观念

C. 提高会计职业道德水平　　D. 促使会计职业健康发展

25. 道德的职能有（　　）。

A. 调节职能　　B. 教育职能

C. 强制职能　　D. 认识职能

26. 下列有关会计职业道德"廉洁自律"的表述中，正确的有（　　）。

A. 自律的核心就是自觉抵制自己的不良欲望

B. 廉洁自律是会计职业道德的内在要求

C. 只有自身廉洁自律，才能阻止他人的不法行为

D. 不能做到廉洁自律，也就很难做到客观公正和坚持准则

27. 会计职业道德的功能有（　　）。

A. 强制功能　　B. 指导功能

C. 教化功能　　D. 评价功能

三、判断题

1. "会计人员应当遵守职业道德，提高业务素质"这是我国首次在《会计法》中以国家法律的形式对会计职业道德所作的具体规定。（　　）

2. 会计职业道德首先是调整社会人际关系的行为规范的总和。（　　）

3. 职业道德是职业活动对职业行为的道德要求，与职业活动的要求密切相关。（　　）

4. 会计职业道德具有一定的强制性。（　　）

5. 会计职业道德是会计核算质量的保证，是履行会计监督职能的前提。（　　）

6. 会计人员是会计工作的主体，其职业道德水准和敬业精神，将直接影响单位的会计信息质量。（　　）

7. 违反《会计法》的行为，同时也一定是违反了会计职业道德要求的行为。（　　）

8. 对认真执行《会计法》，忠于职守，坚持原则，做出显著成绩的会计人员，应给予精神的或者物质的奖励。（　　）

9. 会计职业道德与会计法律制度的作用范围不同，会计职业道德只调整会计人员内在的精神世界。（　　）

10. 会计职业道德既有国家法律相应要求，又要求会计人员自觉遵守。（　　）

11. 会计人员继续教育是指会计人员在完成某一阶段专业学习后，重新接受一定形式的、有组织的知识更新和培训活动。（ ）

12. 当单位利益与社会公众利益发生冲突时，会计人员应该首先维护社会公众利益。（ ）

13. 会计职业道德教育要取得成效，不能脱离自我教育。（ ）

14. 加强理论学习是提高会计职业道德修养的根本途径。（ ）

15. 单位负责人应支持并督促会计人员遵守会计职业道德，依法开展会计工作。（ ）

16. 违反会计职业道德必将受到法律惩戒。（ ）

17. 财政部门可以通过将会计从业资格证书注册登记管理与会计职业道德检查相结合的途径来实现对会计职业道德的监督检查。（ ）

18. 会计人员陈某认为，会计工作只是记记账、算算账，与单位经营决策关系不大，没有必要要求会计人员参与管理。（ ）

19. 会计职业道德"强化服务"的结果，就是奉献社会。（ ）

20. 会计职业道德具有很强的他律性。（ ）

21. 会计职业道德是一种职业规范，应由会计行业组织对不遵守会计职业道德的会计人员（会员）进行惩戒，其他部门和单位不宜处理。（ ）

22. 会计行业的自律机制和会计职业道德惩戒制度是由财政部门组织建立的。（ ）

23. 将会计执法检查与会计职业道德检查相结合是财政部门对会计职业道德进行监督检查的途径之一。（ ）

24. 变造、伪造会计资料，提供虚假财务会计报告，违反了《公民道德建设实施纲要》的规范。（ ）

25. 实事求是、不偏不倚体现的是会计职业道德规范的"诚实守信"的要求。（ ）

26. 会计人员遵循参与管理的职业道德规范，就是要积极主动参与到企业管理工作中，对企业经营活动作出决策。（ ）

27. 职业道德的主要内容有职业道德认识、情感、意识、信念和行为习惯等。（ ）

28. 社会价值与自我价值相统一，是会计职业道德的基本取向。（ ）

29. 奉献社会既是职业道德的出发点，又是职业道德的归宿。（ ）

30. 在我国会计职业道德建设的主管部门是会计师事务所。（ ）

31. 会计职业道德的检查与奖惩内容包括财政部门对会计职业道德进行监督检查。（ ）

32. 在经济活动中，经常发生没有违反会计法律制度，但违反会计职业道德的行为。（ ）

33. 会计职业道德行为规范是职业道德在会计职业行为和会计职业活动中的具体体现。（ ）

34. 通过会计职业道德警示教育,可以提高会计人员法律意识和会计职业道德观念,提高会计人员辨别是非的能力。(　　)

35. 会计职业道德与会计法律制度有着共同的目标、相同的调整对象,承担着共同的职责,但其地位不能互相转化。(　　)

36. 强化服务的关键是提高服务质量。(　　)

37. 违反会计职业道德的行为,同时就违反了会计法律制度。(　　)

38. 会计职业道德与会计法律制度作为社会规范,均属于会计人员行为规范的范畴,两者既有联系,也有区别。(　　)

39. 在会计职业道德规范中,坚持准则的基本要求是熟悉准则、遵循准则和坚持准则。(　　)

40. 会计职业道德教育的主要形式包括接受教育和自我教育。(　　)

☞ 参考答案

一、单项选择题

1. B　2. B　3. D　4. B　5. C　6. A　7. B　8. A　9. A　10. B　11. C　12. C　13. A　14. C　15. B　16. D　17. B　18. B　19. D　20. C　21. D　22. A　23. D　24. D　25. A　26. B　27. B　28. C　29. D　30. C

二、多项选择题

1. ABD　2. AB　3. ACD　4. ABCD　5. ABCD　6. ABCD　7. BCD　8. ABC　9. ACD　10. ABCD　11. ABC　12. ABCD　13. ACD　14. ABCD　15. AD　16. AB　17. ABD　18. ABCD　19. ACD　20. ABCD　21. ABCD　22. ACD　23. ABCD　24. ABCD　25. ABD　26. ABCD　27. BCD

三、判断题

1. √　2. ×　3. √　4. √　5. √　6. √　7. √　8. √　9. ×　10. √　11. √　12. √　13. √　14. ×　15. √　16. ×　17. √　18. ×　19. √　20. ×　21. ×　22. ×　23. √　24. ×　25. ×　26. ×　27. √　28. √　29. √　30. ×　31. √　32. √　33. √　34. √　35. ×　36. √　37. ×　38. √　39. √　40. √

附 录

《中华人民共和国会计法》

（1999 年 10 月 31 日修订）

第一章 总 则

第一条 为了规范会计行为，保证会计资料真实、完整，加强经济管理和财务管理，提高经济效益，维护社会主义市场经济秩序，制定本法。

第二条 国家机关、社会团体、公司、企业、事业单位和其他组织（以下统称单位）必须依照本法办理会计事务。

第三条 各单位必须依法设置会计账簿，并保证其真实、完整。

第四条 单位负责人对本单位的会计工作和会计资料的真实性、完整性负责。

第五条 会计机构、会计人员依照本法规定进行会计核算，实行会计监督。

任何单位或者个人不得以任何方式授意、指使、强令会计机构、会计人员伪造、变造会计凭证、会计账簿和其他会计资料，提供虚假财务会计报告。

任何单位或者个人不得对依法履行职责、抵制违反本法规定行为的会计人员实行打击报复。

第六条 对认真执行本法，忠于职守，坚持原则，做出显著成绩的会计人员，给予精神的或者物质的奖励。

第七条 国务院财政部门主管全国的会计工作。

县级以上地方各级人民政府财政部门管理本行政区域内的会计工作。

第八条 国家实行统一的会计制度。国家统一的会计制度由国务院财政部门根据本法制定并公布。

国务院有关部门可以依照本法和国家统一的会计制度制定对会计核算和会计监督有特殊要求的行业实施国家统一的会计制度的具体办法或者补充规定，报国务院财政部门审核批准。

中国人民解放军总后勤部可以依照本法和国家统一的会计制度制定军队实施国家统一的会计制度的具体办法,报国务院财政部门备案。

第二章 会计核算

第九条 各单位必须根据实际发生的经济业务事项进行会计核算,填制会计凭证,登记会计账簿,编制财务会计报告。

任何单位不得以虚假的经济业务事项或者资料进行会计核算。

第十条 下列经济业务事项,应当办理会计手续,进行会计核算:

(一)款项和有价证券的收付;

(二)财物的收发、增减和使用;

(三)债权债务的发生和结算;

(四)资本、基金的增减;

(五)收入、支出、费用、成本的计算;

(六)财务成果的计算和处理;

(七)需要办理会计手续、进行会计核算的其他事项。

第十一条 会计年度自公历1月1日起至12月31日止。

第十二条 会计核算以人民币为记账本位币。

业务收支以人民币以外的货币为主的单位,可以选定其中一种货币作为记账本位币,但是编报的财务会计报告应当折算为人民币。

第十三条 会计凭证、会计账簿、财务会计报告和其他会计资料,必须符合国家统一的会计制度的规定。

使用电子计算机进行会计核算的,其软件及其生成的会计凭证、会计账簿、财务会计报告和其他会计资料,也必须符合国家统一的会计制度的规定。

任何单位和个人不得伪造、变造会计凭证、会计账簿及其他会计资料,不得提供虚假的财务会计报告。

第十四条 会计凭证包括原始凭证和记账凭证。

办理本法第十条所列的经济业务事项,必须填制或者取得原始凭证并及时送交会计机构。

会计机构、会计人员必须按照国家统一的会计制度的规定对原始凭证进行审核,对不真实、不合法的原始凭证有权不予接受,并向单位负责人报告;对记载不准确、不完整的原始凭证予以退回,并要求按照国家统一的会计制度的规定更正、补充。

原始凭证记载的各项内容均不得涂改;原始凭证有错误的,应当由出具单位重开或者更正,更正处应当加盖出具单位印章。原始凭证金额有错误的,应当由出具单位重开,不得在原始凭证上更正。

记账凭证应当根据经过审核的原始凭证及有关资料编制。

第十五条 会计账簿登记,必须以经过审核的会计凭证为依据,并符合有关法律、行政法规和国家统一的会计制度的规定。会计账簿包括总账、明细账、日记账和其他辅助性账簿。

会计账簿应当按照连续编号的页码顺序登记。会计账簿记录发生错误或者隔页、缺号、跳行的,应当按照国家统一的会计制度规定的方法更正,并由会计人员和会计机构负责人(会计主管人员)在更正处盖章。

使用电子计算机进行会计核算的,其会计账簿的登记、更正,应当符合国家统一的会计制度的规定。

第十六条 各单位发生的各项经济业务事项应当在依法设置的会计账簿上统一登记、核算,不得违反本法和国家统一的会计制度的规定私设会计账簿登记、核算。

第十七条 各单位应当定期将会计账簿记录与实物、款项及有关资料相互核对,保证会计账簿记录与实物及款项的实有数额相符、会计账簿记录与会计凭证的有关内容相符、会计账簿之间相对应的记录相符、会计账簿记录与会计报表的有关内容相符。

第十八条 各单位采用的会计处理方法,前后各期应当一致,不得随意变更;确有必要变更的,应当按照国家统一的会计制度的规定变更,并将变更的原因、情况及影响在财务会计报告中说明。

第十九条 单位提供的担保、未决诉讼等或有事项,应当按照国家统一的会计制度的规定,在财务会计报告中予以说明。

第二十条 财务会计报告应当根据经过审核的会计账簿记录和有关资料编制,并符合本法和国家统一的会计制度关于财务会计报告的编制要求、提供对象和提供期限的规定;其他法律、行政法规另有规定的,从其规定。

财务会计报告由会计报表、会计报表附注和财务情况说明书组成。向不同的会计资料使用者提供的财务会计报告,其编制依据应当一致。有关法律、行政法规规定会计报表、会计报表附注和财务情况说明书须经注册会计师审计的,注册会计师及其所在的会计师事务所出具的审计报告应当随同财务会计报告一并提供。

第二十一条 财务会计报告应当由单位负责人和主管会计工作的负责人、会计机构负责人(会计主管人员)签名并盖章;设置总会计师的单位,还须由总会计师签名并盖章。

单位负责人应当保证财务会计报告真实、完整。

第二十二条 会计记录的文字应当使用中文。在民族自治地方,会计记录可以同时使用当地通用的一种民族文字。在中华人民共和国境内的外商投资企业、外国企业和其他外国组织的会计记录可以同时使用一种外国文字。

第二十三条 各单位对会计凭证、会计账簿、财务会计报告和其他会计资料应当建立档案,妥善保管。会计档案的保管期限和销毁办法,由国务院财政部门会同有关部门制定。

第三章 公司、企业会计核算的特别规定

第二十四条 公司、企业进行会计核算,除应当遵守本法第二章的规定外,还应当遵守本章规定。

第二十五条 公司、企业必须根据实际发生的经济业务事项,按照国家统一的会计制度的规定确认、计量和记录资产、负债、所有者权益、收入、费用、成本和利润。

第二十六条 公司、企业进行会计核算不得有下列行为:

(一)随意改变资产、负债、所有者权益的确认标准或者计量方法,虚列、多列、不列或者少列资产、负债、所有者权益;

(二)虚列或者隐瞒收入,推迟或者提前确认收入;

(三)随意改变费用、成本的确认标准或者计量方法,虚列、多列、不列或者少列费用、成本;

(四)随意调整利润的计算、分配方法,编造虚假利润或者隐瞒利润;

(五)违反国家统一的会计制度规定的其他行为。

第四章 会计监督

第二十七条 各单位应当建立、健全本单位内部会计监督制度。单位内部会计监督制度应当符合下列要求:

(一)记账人员与经济业务事项和会计事项的审批人员、经办人员、财物保管人员的职责权限应当明确,并相互分离、相互制约;

(二)重大对外投资、资产处置、资金调度和其他重要经济业务事项的决策和执行的相互监督、相互制约程序应当明确;

(三)财产清查的范围、期限和组织程序应当明确;

(四)对会计资料定期进行内部审计的办法和程序应当明确。

第二十八条 单位负责人应当保证会计机构、会计人员依法履行职责,不得授意、指使、强令会计机构、会计人员违法办理会计事项。

会计机构、会计人员对违反本法和国家统一的会计制度规定的会计事项,有权拒绝

办理或者按照职权予以纠正。

第二十九条 会计机构、会计人员发现会计账簿记录与实物、款项及有关资料不相符的，按照国家统一的会计制度的规定有权自行处理的，应当及时处理；无权处理的，应当立即向单位负责人报告，请求查明原因，作出处理。

第三十条 任何单位和个人对违反本法和国家统一的会计制度规定的行为，有权检举。收到检举的部门有权处理的，应当依法按照职责分工及时处理；无权处理的，应当及时移送有权处理的部门处理。收到检举的部门、负责处理的部门应当为检举人保密，不得将检举人姓名和检举材料转给被检举单位和被检举人个人。

第三十一条 有关法律、行政法规规定，须经注册会计师进行审计的单位，应当向受委托的会计师事务所如实提供会计凭证、会计账簿、财务会计报告和其他会计资料以及有关情况。

任何单位或者个人不得以任何方式要求或者示意注册会计师及其所在的会计师事务所出具不实或者不当的审计报告。

财政部门有权对会计师事务所出具审计报告的程序和内容进行监督。

第三十二条 财政部门对各单位的下列情况实施监督：

（一）是否依法设置会计账簿；

（二）会计凭证、会计账簿、财务会计报告和其他会计资料是否真实、完整；

（三）会计核算是否符合本法和国家统一的会计制度的规定；

（四）从事会计工作的人员是否具备从业资格。

在对前款第（二）项所列事项实施监督，发现重大违法嫌疑时，国务院财政部门及其派出机构可以向与被监督单位有经济业务往来的单位和被监督单位开立账户的金融机构查询有关情况，有关单位和金融机构应当给予支持。

第三十三条 财政、审计、税务、人民银行、证券监管、保险监管等部门应当依照有关法律、行政法规规定的职责，对有关单位的会计资料实施监督检查。

前款所列监督检查部门对有关单位的会计资料依法实施监督检查后，应当出具检查结论。有关监督检查部门已经作出的检查结论能够满足其他监督检查部门履行本部门职责需要的，其他监督检查部门应当加以利用，避免重复查账。

第三十四条 依法对有关单位的会计资料实施监督检查的部门及其工作人员对在监督检查中知悉的国家秘密和商业秘密负有保密义务。

第三十五条 各单位必须依照有关法律、行政法规的规定，接受有关监督检查部门依法实施的监督检查，如实提供会计凭证、会计账簿、财务会计报告和其他会计资料以及有关情况，不得拒绝、隐匿、谎报。

第五章 会计机构和会计人员

第三十六条 各单位应当根据会计业务的需要，设置会计机构，或者在有关机构中设置会计人员并指定会计主管人员；不具备设置条件的，应当委托经批准设立从事会计代理记账业务的中介机构代理记账。

国有的和国有资产占控股地位或者主导地位的大、中型企业必须设置总会计师。总会计师的任职资格、任免程序、职责权限由国务院规定。

第三十七条 会计机构内部应当建立稽核制度。

出纳人员不得兼任稽核、会计档案保管和收入、支出、费用、债权债务账目的登记工作。

第三十八条 从事会计工作的人员，必须取得会计从业资格证书。

担任单位会计机构负责人（会计主管人员）的，除取得会计从业资格证书外，还应当具备会计师以上专业技术职务资格或者从事会计工作三年以上经历。

会计人员从业资格管理办法由国务院财政部门规定。

第三十九条 会计人员应当遵守职业道德，提高业务素质。对会计人员的教育和培训工作应当加强。

第四十条 因有提供虚假财务会计报告，做假账，隐匿或者故意销毁会计凭证、会计账簿、财务会计报告，贪污，挪用公款，职务侵占等与会计职务有关的违法行为被依法追究刑事责任的人员，不得取得或者重新取得会计从业资格证书。

除前款规定的人员外，因违法违纪行为被吊销会计从业资格证书的人员，自被吊销会计从业资格证书之日起五年内，不得重新取得会计从业资格证书。

第四十一条 会计人员调动工作或者离职，必须与接管人员办清交接手续。

一般会计人员办理交接手续，由会计机构负责人（会计主管人员）监交；会计机构负责人（会计主管人员）办理交接手续，由单位负责人监交，必要时主管单位可以派人会同监交。

第六章 法律责任

第四十二条 违反本法规定，有下列行为之一的，由县级以上人民政府财政部门责令限期改正，可以对单位并处三千元以上五万元以下的罚款；对其直接负责的主管人员和其他直接责任人员，可以处二千元以上二万元以下的罚款；属于国家工作人员的，还应当由其所在单位或者有关单位依法给予行政处分：

（一）不依法设置会计账簿的；

(二)私设会计账簿的;

(三)未按照规定填制、取得原始凭证或者填制、取得的原始凭证不符合规定的;

(四)以未经审核的会计凭证为依据登记会计账簿或者登记会计账簿不符合规定的;

(五)随意变更会计处理方法的;

(六)向不同的会计资料使用者提供的财务会计报告编制依据不一致的;

(七)未按照规定使用会计记录文字或者记账本位币的;

(八)未按照规定保管会计资料,致使会计资料毁损、灭失的;

(九)未按照规定建立并实施单位内部会计监督制度或者拒绝依法实施的监督或者不如实提供有关会计资料及有关情况的;

(十)任用会计人员不符合本法规定的。

有前款所列行为之一,构成犯罪的,依法追究刑事责任。

会计人员有第一款所列行为之一,情节严重的,由县级以上人民政府财政部门吊销会计从业资格证书。

有关法律对第一款所列行为的处罚另有规定的,依照有关法律的规定办理。

第四十三条 伪造、变造会计凭证、会计账簿,编制虚假财务会计报告,构成犯罪的,依法追究刑事责任。

有前款行为,尚不构成犯罪的,由县级以上人民政府财政部门予以通报,可以对单位并处五千元以上十万元以下的罚款;对其直接负责的主管人员和其他直接责任人员,可以处三千元以上五万元以下的罚款;属于国家工作人员的,还应当由其所在单位或者有关单位依法给予撤职直至开除的行政处分;对其中的会计人员,并由县级以上人民政府财政部门吊销会计从业资格证书。

第四十四条 隐匿或者故意销毁依法应当保存的会计凭证、会计账簿、财务会计报告,构成犯罪的,依法追究刑事责任。

有前款行为,尚不构成犯罪的,由县级以上人民政府财政部门予以通报,可以对单位并处五千元以上十万元以下的罚款;对其直接负责的主管人员和其他直接责任人员,可以处三千元以上五万元以下的罚款;属于国家工作人员的,还应当由其所在单位或者有关单位依法给予撤职直至开除的行政处分;对其中的会计人员,并由县级以上人民政府财政部门吊销会计从业资格证书。

第四十五条 授意、指使、强令会计机构、会计人员及其他人员伪造、变造会计凭证、会计账簿,编制虚假财务会计报告或者隐匿、故意销毁依法应当保存的会计凭证、会计账簿、财务会计报告,构成犯罪的,依法追究刑事责任;尚不构成犯罪的,可以处五千元以上五万元以下的罚款;属于国家工作人员的,还应当由其所在单位或者有关单位依法给予降级、撤职、开除的行政处分。

第四十六条　单位负责人对依法履行职责、抵制违反本法规定行为的会计人员以降级、撤职、调离工作岗位、解聘或者开除等方式实行打击报复,构成犯罪的,依法追究刑事责任;尚不构成犯罪的,由其所在单位或者有关单位依法给予行政处分。对受打击报复的会计人员,应当恢复其名誉和原有职务、级别。

第四十七条　财政部门及有关行政部门的工作人员在实施监督管理中滥用职权、玩忽职守、徇私舞弊或者泄露国家秘密、商业秘密,构成犯罪的,依法追究刑事责任;尚不构成犯罪的,依法给予行政处分。

第四十八条　违反本法第三十条规定,将检举人姓名和检举材料转给被检举单位和被检举人个人的,由所在单位或者有关单位依法给予行政处分。

第四十九条　违反本法规定,同时违反其他法律规定的,由有关部门在各自职权范围内依法进行处罚。

第七章　附　则

第五十条　本法下列用语的含义:

单位负责人,是指单位法定代表人或者法律、行政法规规定代表单位行使职权的主要负责人。

国家统一的会计制度,是指国务院财政部门根据本法制定的关于会计核算、会计监督、会计机构和会计人员以及会计工作管理的制度。

第五十一条　个体工商户会计管理的具体办法,由国务院财政部门根据本法的原则另行规定。

第五十二条　本法自 2000 年 7 月 1 日起施行。

大连出版社教学支持说明

为了建设立体化精品教材，秉承大连出版社对其教材类产品的一贯教学支持，我们将向使用本套教材的高校教师免费提供教学课件和习题答案。

为确保此资源仅为教师教学使用，烦请授课老师清晰填写如下开课情况证明，并邮寄（传真）至以下地址，我们据此给您提供。谢谢您的合作！

地　　址：大连市西岗区长白街 12 号　大连出版社

邮　　编：116011

电　　话：0411－83620416　83621075

传　　真：0411－83610391

电子邮箱：hjj@ dlmpm. com

证　　明

兹证明____________大学____________系/院第____________学年开设的____________________课程，采用大连出版社出版的______________作为本课程教材，授课老师为____________，学生______个班共______人。

授课教师需要与本书配套的教学课件和习题答案为：

____。

地　　址：____________

邮　　编：____________

电　　话：____________

电子邮箱：____________

系/院主任：____________（签字）

（系/院办公室盖章）

20______年______月______日